Storytelling with You

演讲就是
讲故事

Plan, Create, and
Deliver a Stellar Presentation

[美] 科尔·努斯鲍默·纳福利克 —— 著 王小皓 —— 译
(Cole Nussbaumer Knaflic)

人民邮电出版社

北京

图书在版编目（CIP）数据

演讲就是讲故事 /（美）科尔·努斯鲍默·纳福利克
(Cole Nussbaumer Knaflic) 著；王小皓译 . -- 北京：
人民邮电出版社，2025. --（图灵新知）. -- ISBN 978
-7-115-66363-4

Ⅰ . H019

中国国家版本馆 CIP 数据核字第 2025MU1757 号

内 容 提 要

本书是《用数据讲故事》的姊妹篇，旨在指导读者通过故事讲述的技巧提升演讲和沟通能力。书中内容分为计划演讲、构建演讲和发表演讲三大部分，涵盖了从了解受众、设计信息、汇编内容到实际演讲的全过程。作者通过个人经历和 TRIX 案例研究，详细阐述了如何将数据和故事相结合，制作出既吸引人又具有说服力的演示文稿。本书适合需要提升公众演讲技巧的商业人士、企业家，以及任何希望在演讲中更好地传达信息和数据的读者。通过学习本书，读者将能够掌握如何有效地组织演讲内容，设计视觉辅助材料，提升自信心，并以富有魅力的方式进行演讲。

◆ 著 [美] 科尔·努斯鲍默·纳福利克
(Cole Nussbaumer Knaflic)

译 王小皓

责任编辑 王振杰

责任印制 胡 南

◆ 人民邮电出版社出版发行 北京市丰台区成寿寺路11号

邮编 100164 电子邮件 315@ptpress.com.cn

网址 https://www.ptpress.com.cn

北京九州迅驰传媒文化有限公司印刷

◆ 开本：800×1000 1/16

印张：21.5 2025 年 5 月第 1 版

字数：301 千字 2025 年 5 月北京第 1 次印刷

著作权合同登记号 图字：01-2023-3726 号

定价：99.80 元

读者服务热线：(010)84084456-6009 印装质量热线：(010)81055316

反盗版热线：(010)81055315

版权声明

献给你和你的下一场演讲

本书的**基本故事**

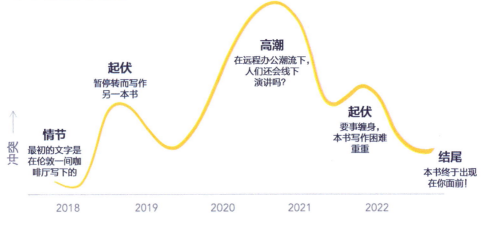

↑ 关注度

高潮
在远程办公潮流下，
人们还会线下
演讲吗？

起伏
暂停转而写作
另一本书

起伏
要事缠身，
本书写作困难
重重

情节
最初的文字是
在伦敦一间咖
啡厅写下的

结尾
本书终于出现
在你面前！

2018　　2019　　2020　　2021　　2022

我要感想感谢的人们

我的家人
兰迪、埃弗里、多里安、埃洛伊丝：你们每天都激励着我，并给予我坚定的支持。我爱你们。

"用数据讲故事"团队
乔迪·里恩多、伊丽莎白·里克斯、亚历克丝·韦莱兹、迈克·西斯内罗斯、埃米·埃塞尔曼、西蒙·罗、凯特琳·坦斯：你们每个人都非常优秀，才能形成我们这个优秀的团队，我从你们身上学到了很多。

我的编辑
玛丽卡·罗恩：你对逗号的使用出神入化，在写作本书期间我们也成了好友。

Flight Design工作室
阿丽安娜·沃尔夫、马特·米克尔、凯瑟琳·马登、伊丽莎·奥谢洛：感谢你们出色的设计和耐心。

还要感谢以其他方式为本书提供帮助的人们，以及支持我事业和家庭的各位：
金·舍夫勒、米歇尔·埃尔斯纳、比尔·法伦、普尔维·帕特尔、萨曼莎·恩德斯、萨曼莎·吴、让－卡尔·马丁、艾米·劳迪卡诺、贝克·桑德科克、史蒂文·基里茨、希瑟·琼斯、香农·瓦戈、迈克尔·弗里德伯格、雷亚·西格尔、玛莎·加伦特、米西·加尼特、史蒂夫·奇普凯、科琳·库比亚克、珍妮弗·拉什、布兰迪·布莱克、迪潘卡尔·普拉丹、詹姆斯·萨维奇、李·普劳特、郑易（音）特蕾莎·埃内亚、黛安娜·哈伦兹、鲍里斯·德桑契奇、莫琳·奥利里、贝蒂·塔皮亚、约利梅尔·罗亚、卡塞雷斯、奥列西娅·巴纳赫。

引　言

让我们用一个故事开始本书

我还记得在 12 岁时竞选学生会干部的故事。

我还在上初中，这是我第一次参加学生会的竞选。我记得当时花了很多时间来完善我的竞选标语。我会央求母亲带我去小镇上的杂货店，挑选色彩鲜艳的纸板还有颜料，供我制作海报。我对邀请哪些朋友来帮忙很挑剔，例如，丽萨的字是否足够美观？选举前，我的卧室地板上堆满了各种材料：有用来确保线条笔直的尺子，有保证印字精准的刻字模板，有制作徽章机器的耗材。贴在墙上的一张面积很大的牛皮纸，记录了我草拟的各种竞选口号。最后我选择了"百里挑一，就选尼姬"（Be picky, vote for Nicky），当时觉得特别自豪，现在想来只是平常。

我还花了很多时间在准备演讲上。我提出了许多工作重点，例如学生商店应该售卖新鲜出炉的饼干，在足球场上举办一次露天舞会（而不是在臭气熏天的体育馆里），还有在校历中安排专门的志愿者服务时间，这些都是我的首要任务。我在家里的电动打字机上飞快地打字，随着手指跳动，一行行文字出现在小小的显示屏上，每输入完一行，我就审校、完善一行，然后继续输入下一行。我觉得这次演讲肯定会非常精彩。

我清楚地记得选举日那天，我紧张地穿过体育馆，走上讲台，发表我精心准备的演讲。观众席上，两百多张熟悉的面孔望着我，眼里充满了期待。我开始读自己写的演讲稿，但是我的手在颤抖。"大声点儿！"人群中有人喊道。我能听到自己的声音在颤抖，颤抖的声音被扬声器放大后传了出去。我感到呼吸都有些困难。这并非一次成功的演讲。

尽管如此，我还是赢得了选举。显然，在观众心里，新鲜饼干的诱惑压倒了我不自信的表现。我至少做对了一件事：我了解我的受众。应该说，这是我演讲生涯早期重要的一课，直到多年之后我才领悟其内核。虽然承诺提供烘焙食品肯定不是赢得受众的良方，但是真正的良方确实与"甜头"有关：找到受众无法抗拒的观点、机遇、回报或者愿景。

我成为故事讲述者的道路

我绝不是天生的演说家，讲故事的能力也非与生俱来。我认为自己是一个内向的人。现在我正坐在桌前写下你读到的文字，我所处的这个环境恰是让我感到最为自在的环境——独自一人，眼前只有我的笔记本电脑。你肯定猜不到我有这样的一面，因为今天的我无论是在座无虚席的会议室里坐着发言，还是站在讲台上发表演讲，都能做到信心满满、游刃有余。我的成长并非偶然，而是不断认真练习和磨砺技能的结果。虽然这些学习都是刻意为之，但是说来也非常奇怪，其中的很多经历是机缘巧合的结果。

我的第一份工作是在银行。当时我刚本科毕业，拿到了应用数学的学位，在信贷风险管理部门担任分析师。我工作很勤奋，总是想方设法提高工作效率。我擅长的是分析数据然后绘制能够说明问题的图表，因此得到了晋升。没过几年，我已经开始管理小团队，每月负责向首席风险官及其领导的团队提交数据。

我面临的主要挑战是，做报告的时候，我仍然会像初中时那样双手和声音不断颤抖。我面对的听众大多是男性，至少比我年长十岁，这会让我非常紧张。随着时间的推移，我学会了把手中的材料放下，这样他们首先注意到的就不会是我颤抖的双手。深呼吸有助于稳定我的声音。但是我的报告仍然有一个大问题——哼哈词。两句话之间沉默会让我感到不舒服，因此我基本不会停顿。如果找不到合适的措辞，我也不会停下来整理思绪。相反，我会用"比如""啊"和"嗯"来填补空白。我试着采取惩罚性措施强制自己改变这种习惯。我会让我的团队成员通过电话会议的形式听我的月度报告，然后统计我说哼哈词的次数。每说一次，我就给团队捐出 10 美分。这些钱会拿来支付团队的娱乐活动费用。然而，在与管理层的会议上，我的表现并没有提升多少。

虽然从专业角度讲，我的职业生涯不断进步，我能够出色地完成幕后工作，但是我的现场演讲依旧乏善可陈，没有充分体现出我们准备的材料和研究结果的价值。

2007 年美国次贷危机爆发后，我离开了银行业，入职谷歌人力资本分析团队，继续在另一个领域运用我所掌握的数据分析技能。谷歌的工作环境非常棒，这个职位让我取得了长足的进步，至今我都心存感激。它给我带来了许多难得的职场机遇，其中就包括允许我开设一门教导别人如何有效交流数据的课程。

课程的焦点是数据可视化，这也是我一直以来感兴趣的领域。结果这门课程大受欢迎，在谷歌全球各地的分部推广开来。这个结果令我受宠若惊，因为我此前从未有过如此正式的授课经历。我报名参加了一系列内部课程，学习如何教学。在学习的过程中，有两个十分简单的技巧令我受用终身，彻底地改变了我的沟通方式：站起来和不要晃动。稍后你会读到更多相关内容。

在谷歌工作的几年里，除了在人力资本分析部门担任核心职务外，我还教授了几十门有关数据可视化的课程。学员来自谷歌的各个部门：销售、工程、产品、市场和人力运营等。在这个过程中，我开始认识到不同类型的人都有属于自己的沟通方式。通过学员分享的故事和我授课遇到的各种情况，我对沟通的各种场景以及存在的挑战和机遇有了更深入的了解。面对人数不多的受众，我会组织受众能够亲身参与的实践活动；面对人数较多的受众，我会确保内容结构化特征鲜明，并促进受众讨论。随着演讲经验的不断积累，我也第一次受邀在大型会议上发言。谷歌以外的公司对我的课程产生了浓厚的兴趣，因此我也会走出谷歌前往其他公司授课。

2012 年年初，我逐渐意识到，需要利用数据进行有效沟通的人群并不限于谷歌之内。我跃跃欲试，决定将倾注了我热情的项目——用数据讲故事——提升到一个全新的高度。我辞去了谷歌的工作，全身心地投入其中。通过一次次工作坊授课，我立志根除人们在演讲中出现各种与数据有关的低级错误，例如使用"分离型三维饼状图"。刚开始，工作坊的规模很小，当然我的投入也相对较低（有主办方给我支付差旅费，有观众给予我支持，我就很开心了）。早期的工作坊活动让我获得了越来越多的支持，也积累了大量的实践经验。起初，对于课程我关注最多的是幻灯片出彩、课程易懂、授课流畅。经过不断打磨，对授课内容感到满意之后，我将注意力转向授课方式。是时候面对我曾经在体育馆里遇到的心魔了。

我观察到，同样的数据，表达的图表形式不同，受众的反应也会不同。同样，我开始注意到表达中的细微差别也会影响到受众的反应。通过观察受众寻找蛛丝马迹和聆听反馈，我发现改变演讲中一些简单部分，例如音量和语速，就能影响受众。我可以利用自己在演讲场地的位置促使受众参与讨论，使用手势和其他肢体语言强调信息。受众陷入沉思时，让自己的声音轻柔起来可以把他们拉回当下，让他们竖起耳朵集中注意力。而如果我的嗓音变得生动活泼，场地里的气氛也会立刻活跃起来。每次面对新的受众都意味着新的机会，让我可以试验、学习和完善我讲故事和做演讲的技巧。

在不断的实践中，我脑海里一个突破性认知也愈发清晰：作为一名优秀的演讲者，我可以让受众为我关心的事情投入时间、精力和金钱；相反，如果我不能有效地表达我的想法，就不可能推动我所寻求的变革。

我的公司叫"用数据讲故事"（storytelling with data），我们的使命是促使大家用数据进行沟通，从而激发世界的积极变化。随着时间的推移，这项事业愈发艰巨，所以我需要一些帮手。公司发展到今天，已经拥有一批才华横溢的员工。我们要求每个成员必须善于沟通，演讲方式必须能够吸引受众。我对团队成员倾囊相授，他们的演讲充满感染力，他们讲述的故事振奋人心。只要你能够按部就班完成本书的练习，贯彻本书的理念，你也能和他们一样。

为什么要讲好故事

你是否有过这样的经历：沟通时，自己的想法还未表达清楚，就已经失去了对受众的控制；有受众将你引向意想不到的方向或者提出了你始料未及的问题，让你偏离正轨；你刚开始说话，就发现你在受众眼中严重缺乏可信度；演讲结束后，不知道自己是否改变了受众的想法，或者是否有受众会根据你分享的信息采取行动。

能够讲好故事或者做好演讲，并不能根除这些挑战，但是能大幅降低它们出现的概率。例如为了一个项目，你呕心沥血地工作，但是，他人看到的往往只是最终你就项目展开的沟通。相比项目工作长时间的付出，短短的沟通时间甚至决定了此前努力的成败。有时，虽然此前的工作蕴含着巨大价值，但是仍然难免以失败告终，究其原因就是未能有效地进行沟通。

运用本书的知识，你能大幅提升沟通的成功率。只要能够有效沟通，就能抓住受众的注意力，吸引他们，激发他们采取行动。

本书的目标读者

如果你正在准备演讲或者即将发表演讲，那么本书就是为你准备的！"演讲"可以是商务会议发言、大型会议发言或者主题演讲等。

　　本书关注的重点是做好计划和实操练习，因此本书的内容相当于一门综合性的沟通课程，尽管也涵盖了针对每周例会或者每月总结会议这种沟通场景的建议，但是本书最适合的还是比此类会议更加重要的场合。如果你需要鼓励别人从不同的角度看待事情、采取某项行动或者做出某种改变，本书的策略将助你一臂之力。

本书内容

　　本书整体分为三个部分：计划演讲、构建演讲和发表演讲。在计划演讲这一部分，你将学习了解受众、设计信息和汇编内容的重要性。在这部分，我们会深入讨论与故事有关的内容，并讨论在商业演讲中如何讲故事。我们也会学习如何将"讲故事"这种方法作为说明问题的工具，同时也作为组织内容的策略。在构建演讲这部分，我们将探讨如何有效构建演讲材料，确保我们的故事能够有效传达并且让受众牢记。在发表演讲这部分，我将告诉你作为演讲者应该如何做好准备，如何提升技能，其中不仅包括完整地记住演讲内容，还包括如何才能充满自信并且彰显自信等内容。总之，无论你面对的是会议发言还是登台演讲，这三个部分都将帮助你掌握计划、构建和发表一场精彩演讲所需的所有策略。

　　各章概要如下。

第1章：了解受众

　　演讲的对象并非你自己，你要从受众的角度出发进行沟通。在本书的开篇一章中，我们将了解受众：他们是谁，你要如何与他们沟通，他们应该采取怎样的行动。准备演讲时，无论做什么事情，都要先考虑到你的受众，这样能够收到事半功倍的效果。

第2章：设计信息

　　你到底需要传递什么信息？这个问题听起来简单，但是如何简明扼要地回答这个演讲中至关重要的问题，是所有演讲者都要面对的挑战。我会介绍如何设计关键信息，你将学会用一句话阐明你的观点，表明利害关系。

第 3 章：汇编内容

了解面对的受众和需要传递的信息后，就可以开始规划内容了。我们先进行头脑风暴，然后将得到的想法编辑整理成故事板，也就是以"低科技"的手段制订详细的演讲过程计划。我们还会讨论必须舍弃哪些内容、获取反馈的方法，以及如何独自或者和团队一起完成前述工作。

第 4 章：形成故事

故事能引起共鸣，能够为人们所记住，这是枯燥的事实所不具备的特质。在计划演讲这一部分的最后一章，我将介绍叙事弧线（narrative arc）和冲突在沟通中的重要性。我们将研究故事的不同形态，以及如何将这一章的概念融入上一章介绍的故事板之中。你将学会如何在商业环境中使用故事来吸引注意力并推动行动。

第 5 章：确定风格和结构

这一章是计划演讲内容向构建演讲内容过渡的一章。首先，我们将概述在设计演示文稿时需要考虑到的一般注意事项，然后构建起演示文稿的框架，其中包括将以"低科技"的方式准备的内容转化为幻灯片的实用流程。

第 6 章：用文字表达

文字在视觉沟通中扮演着重要角色。在这一章中，我们将探讨在幻灯片中使用文字的几种策略。我将介绍要点标题及其用法。我们还将探讨文字作为幻灯片内容所蕴含的力量。

第 7 章：用图表展示数据

在沟通中，如果要以数据支撑你传递的信息，通常意味着你应该以可视化的形式呈现数据。在这一章中，我会分享在演讲中使用图表的最佳实践，包括概述数据可视化的设计原则。从此以后，你演讲中的数据会更加易于理解。

第 8 章：用图片说明

一张图片就一定胜过千言万语吗？不尽然。但是，在优秀的演示文稿设计中，使用得当的图片肯定占有一席之地。在构建演讲这部分的最后一章，我们将深入探讨照片、插画和示意图的使用，特别是需要避免的常见误区。

第 9 章：练习精进

我们已经构建了演讲的内容，现在可以将注意力转移到作为演讲者的你身上了。为了确保演讲过程的顺畅，我会讨论掌握演讲内容的策略还有演练的方法。我们还将介绍如何获得有意义的反馈，以完善和改进演讲内容。

第 10 章：建立自信

熟练掌握演讲内容并不意味着你能吸引全场受众的注意力。在这一章中，我们将探讨通过言行散发自信的重要性，其中包括有效利用肢体和声音来构建演讲者的存在感。

第 11 章：自我介绍

演讲时，你经常需要介绍自己以及说明为什么要由你来做此次演讲，此类介绍无论长短，方式都非常重要。在这一章中，我们将深入探讨自我介绍的方法，告诉你编写有关自己的故事具体有哪些步骤。

第 12 章：精彩演讲

通过计划、构建和练习这三个阶段，是时候发表你的演讲了。在重要的会议或者演讲之前、期间和之后，你可以做一系列事情来确保演讲的成功：牢牢吸引受众，激励他们采取行动！

计划演讲

发表演讲

了解受众

用图片说明

练习精进

设计信息

用图表展示数据

建立自信

汇编内容

用文字表达

自我介绍

你好，我叫

形成故事

确定风格和结构

精彩演讲

构建演讲

目　　录

第三部分　发表演讲　　/ 213

第一部分

计划演讲

第 1 章

了解受众

受众指的是你需要传递信息、启发或激励其行动的对象。归根结底，你计划、构建和发表演讲付出的所有努力都是服务于他们的。

然而，这与平时我们思考演讲目的时的想法有着极大的不同。

以我为例，对我来说，最自然的沟通方式是服务于自己的目的，从自己的角度出发，只考虑自己的喜好。我对自己的思维了如指掌，所以我很清楚自己需要什么。这意味着，不需要太多思考，我就能为了实现自己的目的而进行沟通。

与他人沟通显然更复杂。这类沟通较为困难，因为我们必须积极理解对方。什么内容能迫使对方采取行动？如果我们能够找到受众的动机，吸引受众，就能抓住他们的注意力，推动他们按照我们的意愿采取行动。换句话说，我们需要充分分析沟通对象，我们自己的需求才能得到满足。

在本章中，我们将学会如何确定应该优先考虑的目标受众，探讨如何才能更好地了解他们的需求。我们还会介绍如何了解不熟悉的受众。一旦对受众有了清晰的了解，我们就能为受众打造大量量身定制的内容，为有效沟通奠定基础。

确定应该优先考虑的目标受众

你在与谁沟通？当我向客户或工作坊的学员提出这个问题时，他们往往会伸出手，掰着指头数起来。他们通常会列举的群体是：高层领导、董事会成员、同事、内部利益相关者、客户、顾客、公众。如果我让他们继续列举，他们会列举更加具体的对象：审计员、科学家、工程师、财务人员、商店经理、监管人员。

回想一下你自己经常面对的受众，即你经常沟通的对象。分析不同的受众群体时，注意这些群体是由何种不同类型的人组成的，而这些不同类型的人又有着怎样不同的需求。

本书重点关注的沟通形式是商业演讲，如果你进行的是此类沟通，那么大部分情况下，你的受众人数较多。面对人数较多的受众，我们进行沟通时，常出现的问题恰是内容过于宽泛，针对的对象过多，远超必要的范围。这种沟通方式是非常危险的，因为我们很难同时满足不同的需求，而且多人在场的情况下，受众的需求肯定不同。

这并不意味着我们无法同时与一个以上的对象进行沟通。但是我们也应该明白，确定目标受众的优先级非常重要，这样我们才能在设计演讲方法和内容的时候最先考虑他们。

让我们从最简单的情况开始，探讨如何确定应该优先考虑的目标受众，然后逐步过渡到复杂场景。

受众明确，只有一人

有时候，演讲的目标"受众"比较明显，只有一个人。例如，你被要求处理一个项目或者完成一次分析，你的受众很可能就是该工作的委托人。在其他情况下，受众中会有一个决策者，目标明确。在确定受众是一个人的时候，我们要思考：他关心的是什么？什么内容能够激励他？什么内容令他恐惧？什么内容能够鼓动他采取行动？什么内容会令他犹豫不决？他希望我如何向他传递信息？在设计演讲中的任何内容时，我们都应该考虑这个对象，将其作为沟通目标。

我们通过一个例子来具体说明。设想你的组织最近进行了一次全员调查，评估工作环境的方方面面。你是数据分析团队的一员，现在正在准备报告调查的结果。

在分析中，你有一个意外的发现，与员工之间的沟通相关。员工的情绪普遍比较积极，但是工程团队例外。因此你深入挖掘原因，进一步细分数据。你了解到，工程团队给员工之间的沟通打出低分是因为他们对该部门的一位主管有意见。令人惊讶的是，这位主管在日常工作中坚持以行动为导向，不仅是公司享有终身职位的超级明星员工，更广泛受到同行的尊重。但是，他的团队认为他沟通不够频繁，也缺乏透明度。

我们在制订沟通计划时，应该考虑到员工的反馈。需要传达的信息是员工之间存在沟通不畅的问题。但是，在直接说明问题之前，我们也应该考虑一下沟通的对象——那位主管。我们可以以各种方式来解读我们发现的问题。在与主管的沟通中，我们可以将这个问题描述为他可以抓住的机会或者他此前的盲点。也许促使这位主管做出改变的最有力动机是改变沟通方式后，可以对团队的生产力产生积极影响。其他做出改变的动机可能还包括如果不做出改进，会有在同行中失去信誉的风险。如果我们想要促成他的转变，就必须在沟通中从这些角度切入。

在这个例子中，表达同一信息的各种方式没有一定的对错之分。它们的角度各不相同，可能针对不同的对象也会有不同的效果。进一步说，从正面、反面或者其他角度解读、表达信息本身没有对错，但是考虑到你的沟通场景和沟通对象，有些方式显然更好，有些则是较差的选择。

利用竞争，促进行动

我还想分享一下我丈夫的相关经历。那时他效力于一家企业的人力资源部门，担任部门领导。他想对陪产假制度进行改革。他意识到，改革可能会面临阻力，这种改革不一定是公司首席执行官优先考虑的问题。但是他很清楚首席执行官特别关心公司为员工提供的福利和营造的工作环境，即使不能胜过同行业的其他组织，至少也要不相上下。人力资源部门没有直接表明需要增加陪产假天数，而是尝试了一种不同的方法来获得首席执行官的支持。他们首先介绍了同行公司提供的陪产假天数，然后列出了自己公司的陪产假天数。他们询问首席执行官的意见：是保持现状还是做出调整。以这样的方式进行沟通，人力资源部门激励首席执行官自己提出改革建议。他们深入思考了如何对这个唯一的沟通对象产生最大影响，最终也实现了目标。

如果你的受众非常明确，只有一个人，那么你可以直接与他沟通。但是，沟通方式有很多方面可以调整，我们将在本章后面的部分讨论。在此之前，我们先来研究一下更为常见的情况：受众属于混合型受众。

如果可能，缩小范围

混合型受众，是指受众来自组织内部不同团队，资历各不相同，或者来自多家公司，这无疑是一种挑战。组成受众群体的个人有不同的偏好，他们关心的事情和愿意采取的行动并不一致。然而，混合型受众是我们必须面对的现实，与他们沟通时，可以采用更加明智的方法。

如果你面对的是混合型受众，首先要思考的是，是否可以缩小受众的范围。能不能优先考虑某一个人或者具有共同兴趣的较小的受众子集，优先关注他们的需求？

答案往往是肯定的。

让我们更进一步，以一个实例来说明。想象一下，你效力的公司即将推出新产品。你管理的团队已经对竞争对手的定价进行了分析，作为决策过程中需要考虑的因素，你需要将这一内容传递出去。

我们需要广撒网，列出可能的受众。谁会关心我们的产品如何定价？首先，是内部利益相关者。董事会肯定会对定价感兴趣。高管团队也肯定会关心定价，而这个受众群体包含各种不同的成员，例如首席执行官、首席财务官、产品主管、销售主管，他们关心定价也是出于不同的原因：财务部门希望得到相关的报告，是因为他们必须在建立公司收入模型时考虑产品定价；销售团队会关注产品定价，是因为他们未来需要在市场上销售该产品。那么外部利益相关者呢？零售商肯定会关注我们的定价情况，以此决定是否销售我们的产品。竞争者会关注，以此作为自己战略的参考。消费者也会关注，以此为依据权衡购买哪种产品。实际上，从某种角度来讲，整个世界都会关注！

虽然有些夸张，但是我这么说只是希望强调一下，我们会面对各种不同的潜在受众。我们能否在考虑如此多的受众群体的情况下成功进行沟通呢？不可能！他们关心的事情各不相同。我们希望不同受众采取的行动也不一样。我们无法同时与所有受众进行沟通。或者，我应该这么说，如果这样做的话，我们就没法成功地进行沟通。

为了有效沟通，我们应该缩小受众的范围。我们可以按照一个特定的流程行动，更具体地说，我们可以分两步走：首先聚焦当下，然后确定谁是决策者。

所谓聚焦当下，我指的是先考虑当前时间点上，必须进行沟通的对象。我们列出的所有受众群体最终可能都会对我们产品的定价方式感兴趣，但是在此刻他们并非都很关注。考虑一下我们近期的受众。现在产品还未进入市场，所以我们可以把外部利益相关者从名单中剔除。我们还没有为产品定价，所以可以排除财务和销售部门。那么，目前只剩下董事会和领导团队了。聚焦当下有助于我们缩小受众群体的范围。

在缩小受众范围之后，接下来需要在其中确定决策者。我们的目标是为产品定价。定价不是董事会的事情，所以我们可以把他们从我们的名单里划掉。这样，名单里就只剩高管团队了。可能所有人都会对我们的产品定价感兴趣，并提供意见，但是，并非所有人都要承担定价决策的责任。最终的决策者是产品负责人和首席执行官。我们已经成功地把受众的范围从世界上所有人（即便不是如此，也是很多人）缩小到具体的两个人。这是成功的一步！

适应虚拟环境

现在，举行虚拟会议已经是许多组织的常态。这种形式在创造独特的新优势的同时也带来了挑战。由于虚拟会议技术的存在，此前小型的公司内部会议，现在可以轻松地让更多人参与进来，所以与会人数可能会大大增加。如果需要邀请的参会人员越来越多，就要考虑一下缩减参会人员的规模是否可行或者可取。你可以邀请所有人参会，并不代表你应该这么做。如果在这方面你很难控制自己，请注意确定你需要优先考虑的目标受众，然后应用随后提到的挑选受众的策略，从而实现与混合型受众的成功沟通。

客观来讲，与在现实环境相比，计划虚拟环境中的沟通时，我们使用的方法并没有太大的变化。有许多行之有效的方法可以帮助我们在虚拟环境中优化演讲材料，我们将在"第二部分 构建演讲"中讨论。设备和发表演讲的方式不同也会影响到演讲的结果，我们将在第9章、第10章和第12章探讨。

如果不缩小受众范围，我们需要考虑所有受众的个性，关注他们关心的问题；但是缩小范围之后，需要考虑的内容大大减少，这可以减轻作为演讲者的我们的工作负担。只要有可能做到这一点，大胆去做。在其他情况下，我们可能会面对真正的混合型受众，不得不同时与多个个体沟通。现在，让我们来研究一下这个问题。

面对混合型受众

如果有人告诉我，他们不得不与不同的受众沟通，我的脑海里出现的画面是，他们要面对领导团队、指导委员会、员工、客户、大型会议的与会人员等。这样的场景非常棘手，原因我们已经说过，要同时平等地满足不同的需求是很困难的。不过，我们仍然有办法做好准备，成功沟通。下面我们来讨论一下相关的策略。

承认受众需求各不相同，并且对此直言不讳。第一种策略是首先坦然承认受众持有不同观点且需求各不相同。在会议发言或者做商业演讲时，直接说明受众兴趣不同确实造成了挑战，因此应该就如何解决不同偏好制订周密的计划。如果我向一个由公司各部门人员组成的指导委员会介绍一个项目提案，坚持描述全局而不谈细节可能是更好的方法。但是，如果我了解到部分参会人员不满足于全局情况，我会直白地表达出来："我今天会持续讨论全局性问题。汤姆，我知道你想要我分享细节内容，我很乐意在会后和你坐下来详聊。"更好的解决方案是提前与汤姆见面，提供他想要的细节内容，这样在随后的会议中，你就可以保持只关注全局。

在大型会议的场景中，你可以主动解释，让受众有合理的预期："我知道大家对我的演讲主题有不同程度的理解。我会先花很短的时间介绍一些基础内容，然后我们会讨论细节内容。"这样就提前告知了参会者，你很清楚他们的需求，会在演讲过程中以某种方式满足。

找到兴趣重合的领域。这个策略其实是将先前的策略翻转过来：不要思考所有参会人员或者不同群体之间的不同之处，而是寻找他们的相似之处。他们是否有共同目标或者痛点，能够让他们形成一个群体，或者可以帮助你确定演讲的主题？有时，我们可以使用"中心思想工作表"，详见第 2 章。最需要考虑的内容是对于受众来说，最重要的是什么。对于混合型受众，针对每个成员或者每个有共同兴趣的受众子集，思考他们最关心的内容，找到它们之间重叠的领域，能够帮助你敲定沟通方法。找到受众共同关心的主题，以此吸引他们的注意力，让他们达成共识，激励他们行动。

为不同类别的受众创建角色

如果面对混合型受众，且人数众多，我们可以选择创建有代表性的人物角色，细分受众群体，区分演讲时可能面对的不同观点。可以依据受众的愿望或者动机创建角色，通常我们会概括性归纳。我可能会创建角色甲，他扮演某类人物或者具有某种个性（必须明确表述），可能有诸多类似的偏见（列举出来），可能通常会关心 A、B 和 C 等内容，可能会质疑 X、Y 和 Z 等做法。如果受众有 100 人，你不可能对每个人进行这样的设想。但是，如果能够将他们分成具有相同点的子群体，就可以避免无奈地双手一摊："我根本没法解决他们所有人的问题。"通过这种方式将相似的个体归为一类，可以更好地考虑他们的观点和偏好，从而更好地满足各个群体的需求。通过综合考虑，确定主要角色，根据他们的个性和要求，思考何种策略才是为他们提供信息的最佳方式。

展示与每个人相关的内容。为了寻找共性，创造重叠领域，一种方法是展示与每个人相关的内容，且这些内容可以在更广泛的群体中进行比较。回到我之前提到的员工调查的例子，看看我们能做出怎样的改变。假设我们必须向整个领导团队报告调查结果，我可能会附上一张表格或图表说明调查中值得关注的内容，例如，按领导团队中每个人负责的领域细分之后，每个方面的综合好评率。这一做法让所有受众看到了共同的会议背景：他们可以看到自己部门的得分相较于其他职能部门乃至整个公司到底如何。此外，各个部门的表现肯定会参差不齐，那么利用这种高低之分可以引出会议下一阶段的细节内容，或者促使大家进行高质量的讨论。

你可能有过这样的经历：演讲者将受众按照人口统计学分类，然后展示结果，或者实时进行调查并且公布结果。其实这与前述做法类似。演讲者展示的是与每个人都相关的内容，让每个人都参与进来，也更愿意关注接下来的内容。

通过口头表达获得关注。面对混合型受众时，我们并不一定自始至终需要每个人同等的关注。如果你想确保你抓住了某个人或某个细分群体的注意力（尤其是此前的内容与该细分群体不太相关而失去了他们注意力的时候），可以直接表达。例如，假设我的沟通对象是由多人组成的指导委员会，我会这么说："简，你一定想听听这部分内容，因为这部分与你的团队有关。"或者，以大型会议的主题演讲为例，我可以宣布："在座的各位经理，下面的这个策略你们可以在自己的团队中应用。"这样明确的语音提示，可以确保你顺利抓住特定群体的注意力。

无论采用了上述哪种策略，或者将多个策略组合使用，面对混合型受众的时候，注意思考：如何定义沟通是否成功？面对混合型受众，要明白你能够完成哪些任务，而哪些内容应该分解出来，以更具针对性的方式在其他时间与特定群体沟通。

无论沟通的对象是一个人，还是一个人数不多的群体，或者是人数众多的混合型受众，我们都必须积极采取措施，走入受众的内心世界，深入了解他们。接下来我们就来谈谈这个问题。

了解、评估受众

你可能认识你的受众，也许此前与他们有过交流。但是，你是否花时间客观、批判性地评估过他们？例如，他们最关心的事情是什么？他们有何种偏好？他们有怎样的要求？如果与他们的沟通如此重要，那么花时间了解、评估受众显然是值得的。

虽然具体情况需要具体分析，但是你可以借助这个问题清单，更好地了解沟通对象：

- 受众关心什么？受众做某事的动力是什么？
- 是什么让受众感到恐惧甚至夜不能寐？
- 是什么能够激励受众？是什么让受众想要行动？
- 是什么阻碍了受众采取行动或让他们犹豫不决？
- 受众喜欢什么？什么让他们感到快乐？
- 是什么让受众感到烦恼或者恼火？
- 受众听从谁的命令？什么会影响到他们？
- 受众对你个人有怎样的看法？他们相信你吗？
- 受众为什么会支持你？（对于混合型受众，受众中谁可能会支持你？）

- 受众为什么会抵制你？（对于混合型受众，受众中谁可能会抵制你？为什么？）
- 受众抱有哪些偏见？
- 受众受到哪些限制？
- 受众以什么标准衡量成功？

通过绘画与头脑风暴更好地了解受众

找一张白纸、一支笔，完成下面这个小练习。将纸张横向摆放（宽度大于高度）。设想你的受众中的一个人，然后把他画在纸的中间，两边留出空白。画出受众是提醒你，沟通的根本目标是他人而不是你自己。

即便不擅长绘画也没关系。画出受众时可以只是简单地描绘面部，然后用简单的线条代替身体（如果你想要尽情发挥创意，那也没有问题）。在你的画作下面为人物加上标题。如果是具体的某个人，可以用他的名字，也可以用"支持我的经理"或者"犹豫不决的客户"这种概括性的描述。

在画像的左边，简单写下几个字说明为什么此人可能会支持你。为什么他会这么轻易地支持你？他会在哪些方面赞同你的观点？在画像的右边，列出对方可能抵制你的原因。他在哪些方面存在偏见或怀疑？你提出的哪些观点他可能会有异议？试着走进对方的内心世界，了解或者假设是什么驱使他产生了你所描述的想法。

完成后，阅读你写出的所有内容并进行思考：经过思索，你预期自己将在某些方面获得支持，在某些方面遭遇阻力，那么该如何准备才能成功完成沟通？

如果不知道受众关心什么，应该怎么办

我们所做的这些其实是为了帮助我们在与受众沟通的时候考虑周全，充分考虑他们的需求。但是，如果我们不了解受众，又该怎么办呢？我们怎样才能根据他们的喜好来调整我们的方法？以下是一些了解陌生受众的策略。

和他们交谈。如果能提前直接与受众接触，而且有机会与他们交谈，这是最好的。现实中，与受众交谈并非总是可行，但是如果可以，应以此作为沟通的起点。向他们提问，努力搞清楚我们此前讨论的问题：受众关心什么？有怎样的动机？害怕什么？如果你无法提前与受众建立联系，可以在演讲前或者演讲过程中寻找机会直接了解他们的喜好。利用演讲开始前的片刻时间，与受众交谈，提出问题，以此深入了解他们。或者，在演讲开始后进行讨论，了解受众的期望。利用收集到的信息，调整自己的措辞和材料的组织方式，让他们产生共鸣。

向认识他们的人了解。如果无法直接与受众交谈，可以考虑是否有认识他们的人可以与你聊聊。这个人可以是他们的同事，也可以是此前与他们成功沟通过的人，甚至可以是此前与他们沟通不畅的人。从他们与受众的沟通情况中了解你的受众。

向与受众类似的人了解。确定你最不熟悉受众的哪些方面。你是否从未跟扮演此类角色或者发挥此类工作职能的人沟通过，或者即便有过，他们所处的技能层级也有所不同？他们所处的行业你是否不太熟悉？找到与目标受众观点类似或者能提供其他目标受众背景信息的对象进行沟通。

收集数据。在某些情况下，例如你需要与公司产品或服务的潜在消费者沟通，你可以进行市场调研，以便更好地了解目标受众。其他收集数据的方法包括产品试用或者测试，以此了解对方使用产品的动机，获得反馈。对于大型会议上的演讲，可以询问与会

者的信息。许多会议组织者会分享参会人员的汇总信息，包括他们来自哪个行业、哪家公司和所处职位，通过这些信息可以对受众有所了解。

通过阅读了解受众。如果你要向某个知名人士、公司或组织做商业演讲，可以上网查找相关信息，浏览他们的网站，查看他们当前的招聘信息，翻阅他们的社交媒体，阅读与他们有关的新闻。即便你的受众是组织中的个人或者一个群体，对组织文化有更加深入的了解，也可以帮助你更好地构思故事。

如果由于时间有限或者其他原因，你未能实际了解受众，就只能假设哪些内容对于受众来说是重要的，假设哪些方式是向受众传递信息的最佳途径。这时，请批判性地思考你的受众与你有何不同。与他人沟通时，我们总是默认对方重视的问题以及偏好与我们一样。我们要清楚沟通对象在哪些方面与我们不同，这有助于我们表达自己需求的同时也考虑到他们的目标。

做出假设并进行压力测试

任何时候，只要我们做出假设，无论是关于受众的假设还是在项目、分析和沟通中做出的假设，都应该与同事进行讨论。请你的同事提出能够切中要害的问题，帮助你确认假设并进行压力测试。如果你的假设是错的，是否会对事情的结果造成影响？会造成怎样的影响？有些情况下，一个错误的假设并不会带来实质影响；而在其他情况下，错误的假设会得到截然不同的结果或者损害你的可信度。做出假设时，一定要谨慎小心，尽可能使其无懈可击。

更好地了解受众和认识陌生受众需要时间，但是，在事关重大的演讲中，这样做是值得的，因为这意味着你可以根据受众的喜好为他们量身定制沟通方案。下面让我们关注如何应对这一挑战。

为受众量身定制沟通方案

在为受众量身定制沟通方案的时候，有三个方面非常重要，即我们沟通的常规方式、制作的辅助材料以及会面的场地环境。在后文中，我列出了一些问题，可以帮助你确定每个方面的具体内容。我提出这些问题的时候，依据的出发点是沟通对象是只有一人还是人数不多的群体（我们并没有针对很多人参加的大型会议，当然，你也可以考虑在这种情况下应该提出怎样的问题）。此外，仅仅回答这些问题并不足够，它们的目的是启发你的思维。

常规方式

- **对方希望你如何与他们沟通？** 他们更倾向于面谈、视频会议、电话交流还是使用电子邮件?

- **沟通持续多长时间最为合适？** 考虑到对方繁忙的日程安排，你应该速战速决，还是希望他们能为你留出较多的时间？

- **常规对话你会如何措辞？** 对方是希望你循序渐进，先介绍相关背景，最后阐述重点，还是直接回答对方最为关切的问题？

辅助材料

- **是否需要准备辅助材料?** 对方会要求你制作一套精致的幻灯片吗? 还是随意地交谈更适合?

- **是否需要提前发送材料?** 对方希望你提前发送材料,了解情况,见面之后只解决问题,还是希望你在指定时间内讲完所有内容?

- **怎样分享信息是最佳选择?** 对方希望看到屏幕上的幻灯片,还是希望翻阅打印出来的宣传材料并在上面做笔记?

- **对方对于细节的关注程度如何?** 他们是希望你始终描述宏观情况,还是希望了解全部细节?

- **对方希望你加入数据和图表吗?** 他们非常重视数据或者期待你引入数据吗? 他们喜欢还是反感材料中有图表? 你应该加入的是简单的数据或者图表还是复杂的数据或者图表?

场地环境

- **你们要在哪里会面?** 对方是希望你前往他们的办公室见面,或者在会议室会面,还是边走边谈? 如果是视频会议,对方希望你使用哪种软件?

- **一天中什么时候见面最合适?** 对方是早上精力充沛,午餐之前则变得不耐烦,还是在某个例会之后会变得情绪低落?

- **你是否应该让其他人参与进来?** 是否应该单独与对方进行沟通? 你的团队成员、组织其他部门支持你项目的人员或者是对项目有影响力的人员,他们的参与是否有助于沟通成功?

如果能客观、仔细地思考，沟通计划在许多方面会更具针对性。我们不可能优化沟通的所有元素，但是优化的元素越多，沟通效果就越好。正如本章开头所述，如果你能满足受众的需求，那么你的需求也将得到满足。

接下来，让我们来看看如何应用本章的内容。

了解受众：TRIX 案例研究

下面，我将介绍的案例在本书随后的章节中也会被反复讨论。通过这个案例，你能具体地了解计划各个阶段的进展，知道各个部分如何组合成最终的演讲材料，了解你可以如何利用现实世界模型准备和发表精彩演讲。我给出的案例基于真实事件，但是为了保密起见，具体细节有所改动。

假设我在一家市场调研公司工作，公司通过收集和分析相关数据揭示消费者的偏好。我刚刚作为领导接手了一个新客户的试点项目，新客户是一家名为诺什（Nosh）的食品生产商。如果试点项目进展顺利，诺什将与我公司建立持续的合作关系，由我们为他们所有的产品线开展市场调研。换言之，试点项目的成败事关重大。

诺什公司的产品 TRIX 混合坚果广受消费者欢迎，但是他们有意重新调整其配方，以降低生产成本。我与我的研究团队一起，分析了市场的竞争格局，并对当前 TRIX 混合坚果的多个方面进行了深入研究。我们进行了一系列的测试，对得到的数据进行分析，以了解消费者喜欢哪种替代配方和替代包装。我决定采用配合幻灯片讲解的方式向诺什公司报告我们的研究结果，并提出建议。在我的团队的帮助下，我着手准备。

我的首要目标是促使受众展开讨论，让他们决定是否需要对混合坚果的配方和包装进行修改，要做什么修改。此外，我还希望我团队的工作能够给他们留下深刻的印象，从而推荐诺什将这方面的业务交给我们公司。

有了首要目标，第一件事就是确定目标受众最关心的问题。改变混合坚果的配方会影响到很多人，例如诺什诸多部门的员工，如果考虑到供应商和客户的话，这一影响还会波及诺什之外的人员。但是，我们在进行沟通时并不需要考虑所有群体，其中很多人员的问题我们会通过下游其他形式的沟通来解决。

如果我把关注的范围缩小到当下和决策者，那么我应该将目标锁定在诺什派来与我对接项目的团队之上。诺什一方的团队来自不同部门，每个人都有自己的个性、视角和兴趣。让我们来研究一下这个团队的每个人。

瓦妮莎是产品线的负责人，此次试点项目的 TRIX 混合坚果就是她管理的重点产品。正是她委托我的公司进行这项研究，如果报告的内容能够打动她，那么她将会成为随后双方合作的倡导者。一方面，她似乎不愿意对产品做出改变，因为该产品经受了时间的考验，证明了自己是一款成功的产品。另一方面，她也清楚，其中一种关键原料的成本不断上涨，使得目前的配方难以为继。她非常担心改变配方会对消费者的情绪和 TRIX 品牌整体造成负面影响。

马特是瓦妮莎的办公室主任。在整个项目中，他一直是我的主要联系人之一，为我们提供帮助与指导，有时我们还能通过他深入地了解瓦妮莎的喜好以及与她合作的最佳方式。马特在项目开始前几周才加入诺什，但是他上手很快，而且他此前就曾与瓦妮莎共事，颇受其信任。我们会让他及时了解我们的工作进展，并且努力让他认同我们的工作方向，这样他就能够以对我们有利的方式影响瓦妮莎的决策。

杰克是部门首席财务官。他个性很强，只要在场，肯定会仔细研究数字和成本。杰克工作繁忙，经常缺席项目会议或者迟到。他无法出席时，就会派自己团队的香农代表财务团队出席。香农话不多，而杰克出席会议时则非常注重细节，希望自己的问题能立即得到明确的答复。有鉴于此，我们正确的做法应该是在最终报告之前先与杰克和香农会面，分享细节内容，了解杰克的看法，全面回答他的任何问题。杰克对整个项目的看法将影响诺什是否继续与我的公司合作，因此他抱有积极态度至关重要。

赖利是 TRIX 品牌的营销副总裁。她的团队已经创造、积累了一定的营销资产，她很可能会抵制那些可能威胁这些资产的改变。此类改变就包括改变包装，因为这可能会使得部分营销材料不再适用，导致营销部门花费更多的精力来制作新的广告材料。

查利是 TRIX 产品线的客户满意度经理。他担心的是此前的配方长期以来备受市场欢迎，堪称神奇，一旦做出改变，需要面对未知的后果。查利似乎是诺什团队中最不愿意承担风险的人。我需要让他适应我们的工作流程，谨慎思考我该如何提出修改建议，尤其是考虑到目前消费者的情绪尚不确定。

阿比和西蒙是诺什研发团队的两位感官科学家。正常情况下，他们的团队应该承担我们所做的工作，但他们目前的工作重点是新产品而非现有产品。正是由于他们承担工作的范围有限，瓦妮莎才会选择与我们公司签订合同。虽然我担心我们彼此之间在业务上会出现矛盾，但是这并未发生。相反，阿比和西蒙各自提出了一些有益的指导意见，也借此表达了自己对我们工作的支持。他们还对我们的工作方法进行了审核，确保其与他们研发团队的内部流程一致。而我在整个项目过程中与他们的密切沟通同样有助于促进双方的互相认同。

显然，受众的愿望和目标各不相同。尽管他们关心的问题各异，但有一个问题将他们团结在一起，那就是保证 TRIX 混合坚果在市场上的成功。如何平衡消费者的情绪和生产成本，将是诺什小组成员高度关注的问题。我将利用这一共同点，为激发他们的讨论做好铺垫，提出各种备选方案，并希望通过富有成效的讨论促成明确的最终决策。

　　我知道我们的团队出色地完成了项目，剩下的就是说服诺什一方的团队了。通过迄今为止与他们的会谈，我已经对他们的性格有了一定的了解，其中一些人显然已经成为我的盟友，可以进一步指导我更好地调整沟通方法和修改材料。我将在三周后向诺什一方的整个团队做最后的报告。

　　我们已经做到了充分了解受众，让我们把注意力转向沟通的信息。

第 2 章

设计信息

你已经确定了目标受众并了解了他们的需求。接下来你需要思考一个看似显而易见的问题：**你想要沟通的内容是什么？**

大部分情况下，我们不会停下来思考这个问题。我们完成项目或者确定了报告的主题，然后马不停蹄、不加选择地构建内容、制作幻灯片或指示他人代劳。但是，如果我们不能简明扼要地阐述自己的观点，又该如何整合内容来传递信息呢？沟通会变得非常困难。

与此相对，如果我们可以用一句话来陈述关键信息，就能更有针对性地计划演讲需要的材料。

我的受众应该做什么

准备与对方进行沟通的时候，要确定你需要对方怎么做，即你希望他们采取的具体行动。行动本身可以有多种形式，可以是进行讨论、权衡选择、回应想法或做出决定。很多演讲都会在这个方面出现不足。你花了大量时间整理内容，给受众讲述了大量信息，却从未想过你希望他们做些什么。你的辛勤付出到底是为了促成什么行动？如果你不能阐明受众应该采取的行动，就应考虑是否该进行此次沟通。

　　我们将简要介绍"三分钟故事法",然后深入探讨"中心思想",这些工具将提升你设计沟通内容的能力。从做出计划、准备内容,到与人沟通,再到获得关注和促成你所寻求的行动,一条清晰的信息有助于一切工作的顺利进行。

　　让我们一起了解一下这两种方法及其应用,我会举例说明。

构建你的三分钟故事

　　三分钟故事法,顾名思义,如果你只有几分钟时间告诉受众他们需要知道的内容,你会如何表述?在这个精简版的故事中,到底应该包含哪些要素?哪些细节可以省略?搞清楚这些问题非常重要。如果你遇到利益相关方(例如在电梯里或者是在视频会议中),想快速通报最新情况或征求意见,那么三分钟故事法会非常有效。如果会议分配的发言时间突然减少,这一方法同样好用。能够为自己的故事准备一个简洁的版本,就表明你对于需要沟通的所有内容已经了如指掌。你熟悉自己的故事,无论给你的时间是长是短,你都可以从容地讲完。这还能减少对幻灯片的依赖,是非常有用的方法。

　　在"三分钟故事"这个名字中,有一个词非常重要,那就是"故事"。我们会在第4章深入探讨故事。现在我们先来简单定义一下故事:故事要有情节、起伏、结尾。在你的三分钟故事中,情节(plot)是你为受众设置的背景,以便他们准备好接受你沟通的内容。起伏是有趣或出人意料的部分,或者是需要受众理解的新信息。结尾是行动号召:你希望受众根据你分享的信息做些什么。以下是三分钟故事的"三步走"式概括。

1. **情节**:为受众提供的背景。
2. **起伏**:受众需要了解的新信息。
3. **结尾**:你希望受众采取的行动。

创作自己的三分钟故事的时候最好包含这三部分。完成之后，大声朗读并加以改进（我们将在第 9 章改进演讲方式时更详细地讨论这种大声练习的方法）。我们会在本章稍后的部分举例说明。

确定自己的三分钟故事之后，它就会成为一个锚点，可以在此基础上进行扩展或者浓缩，无论是扩展还是浓缩都有其对应的用途。在与同事讨论项目以寻求反馈时，在与注重细节的利益相关者进行先行对话时，或者项目完成后在计划就工作展开沟通的方式时，你可以扩展自己的三分钟故事，用于沟通。我们将在第 3 章和第 4 章探讨如何扩展，届时我们将进行头脑风暴，丰富细节，按照故事板安排内容，将其编排为打动他人的叙事。

不过，在扩展故事之前，我们先来练习如何浓缩故事。我刚刚介绍了"三分钟故事"这个概念，因为将整个故事情节直接浓缩成一句话是很困难的，但这正是我们接下来要做的。

中心思想

还记得我在本章开头提到的观点吗？面对演讲任务，我们常常使用各种方法构建内容，但是心中不一定有明确的目标。"中心思想"就是我们的最终目标，就是我们想要传递的关键信息。它是为我们指路的"北极星"，制作辅助内容的过程都要遵循它的指引。一旦确定了自己的中心思想，就有了随时可用的试金石，可以检验你想要选用的内容或者方法，例如：这种方法能帮助我传达我的中心思想吗？

我在南希·杜瓦特（Nancy Duarte）的《沟通：用故事产生共鸣》（*Resonate*）一书中首次读到了"中心思想"（**Big Idea**）这一概念，随后我对其进行了改造，并在我的工作坊授课中使用。多年来，我已向数千人传授并一起实践了如何构思和使用中心思想。

它是我教学中涉及的最重要的概念之一。

中心思想应该——

1. 阐明你的观点；
2. 点明利害关系；
3. 使用完整句子。

让我们逐一了解中心思想的三个要素。

阐明你的观点

中心思想的第一个要求实际上是鼓励你具体地阐述对事情的看法。我经常能看到大家因为中心思想只能是一句话而陷入一个误区，即过于笼统，例如"让我们改进流程，增加收入"。虽然没人会反驳你的观点，但是这样的中心思想苍白无力、毫无意义，因为我们表述得过于笼统，没有传递任何具体的或者有说服力的内容。如果想要自己的中心思想强而有力，应该反其道而行之，说得具体一些："通过解决销售流程中的这一特殊痛点，我们估计可以额外吸引 10% 的潜在客户，从而增加 30 万美元的收入。"

根据情景和受众的不同，我们可能会改变措辞，更加明确地建议采取何种行动："销售流程中存在的这个痛点急需解决，批准了相关预算之后，我们就能挽回那些原本会退出销售流程的潜在客户，从而增加收入。"

点明利害关系

点明利害关系并不是表明事情与你的利害关系，而是与受众的。这往往意味着思维模式的转变，因为我们更习惯于从我们自己的角度而不是从受众的角度，来解释为什么他们应该关心我们的主题。从受众的角度表述中心思想意味着，把重点放在对他们最有吸引力的内容上。中心思想就是价值主张，也揭示了受众应该听你演讲的原因。点明利害关系也使得我们在传递信息的同时，将第 1 章讨论的理念融入其中。

在点明利害关系的时候，我们可以使用正面措辞，也可以使用负面措辞。正面措辞指的是，如果受众按照你建议的方式行事，他们会有何收获或者好处。负面措辞则与此相反，指如果不采取相应行动，他们会失去什么或者会面临什么风险。为了帮助受众厘清其中的利害关系，我经常会提示对方从最坏的情况开始想象：你的受众不按照你的建议去做，结果导致了 X（算不上好事），进而导致了 Y（更加糟糕的结果），又导致了Z（一场灾难）。在预设了最坏的情况之后，需要思考现实可能的结果和它存在多少差距，最终回到实际情况中来。正面措辞也可以使用这种方法。可以将两种措辞方式进行比较，权衡哪种方式更适合你的受众和具体情况。

使用完整句子

中心思想不能是要点清单，也不能是不成熟的想法；中心思想必须是一个完整的句子。更具挑战性的是，它也只能是一句话。虽然将中心思想用一句话写出来或者说出来看似容易，真正做起来的时候却颇费心思。但是这是值得的。

篇幅仅限一句，看似略显"专横"，实则至关重要。首先，仅有一句话的篇幅，会迫使我们放弃细枝末节。由于篇幅有限，必须毫不留情地决定最应该保留的内容。这样才能准确地抓住关键信息。鉴于篇幅限制，必须做到字字珠玑。这意味着，我们创作、改写中心思想，吸收反馈意见时（我们很快会详细讨论这些内容），可能会发现自己在反复更换个别字词甚至改变整句的措辞。虽然在形成中心思想的过程中，并非每次文字的修改都能带来成效，但是这样的修改会使思路逐渐变得清晰。

限制之美

时间限制、工具限制、空间限制，人们通常认为这些都是强加给他们的负面力量。我希望你重新审视这些限制。限制能够孕育创造力。自我施加的限制条件，比如中心思想的单句限制，或者我们很快就会了解到的使用便利贴时遇到的篇幅限制，都是有益的，它们可以帮助你以新的方式解决问题。如果想要了解更多这方面的信息，可以收听《用数据讲故事》播客（*Storytelling with Data* podcast）第 5 集，题为《限制之美》（"The Beauty of Constraints"）。

"中心思想工作表"是一个帮助我们撰写一句话信息的工具。

中心思想工作表

刚开始在工作坊讲授中心思想这一方法的时候，我会先介绍概念，然后举出几个例子，随后邀请参与者针对具体的沟通内容需求起草中心思想。这样做的效果还算不错，但是我发现参与者有时还是感到吃力。因此，我开发了一种更好的方法——中心思想工作表。工作表将中心思想分解成数个部分，针对每个部分提出问题。只要回答了每个问题，然后像拼拼图一样将答案合理地组合在一起，就能得到中心思想。

中心思想工作表如图 2-1 所示。

中心思想工作表

假设你现在正在进行某个项目，该项目需要
你向某人传递某些信息。请思考下述内容，
然后填写表格。

项目名称：_____

你的受众是谁?

(1) 列出你沟通的主要群体或者个人。

(3) 你的受众关心的是什么?

(4) 你的受众需要采取什么行动?

(2) 如果你必须将沟通对象范围缩小至
一个人，他是谁?

有何利害关系?

(1) 如果你的受众按照你希望的方式行动，
会有怎样的益处?

(2) 如果他们不采取你希望的行动，
会有何种风险?

形成你的中心思想

中心思想应该——

(1) 阐明你的观点;
(2) 点明利害关系;
(3) 使用完整句子。

图 2-1 中心思想工作表

中心思想工作表简单易用。如果你正在进行的项目需要向受众传递一些信息，那么请花十分钟完成工作表，帮助你形成中心思想。以这种先分后总的方式构建中心思想，可以帮助你摆脱以自己为出发点传递信息的习惯，迫使你客观地考虑受众的需求。如前所述，这样设计的中心思想就不再是你觉得他们为什么必须以某种方式行动，而是为什么他们希望如此。

那么，我们来看看中心思想工作表的应用实例。首先，我们来回顾一些常见的问题。

与中心思想有关的常见问题

过去十年，在我授课的大多数工作坊中，我都会讲解"中心思想"这一概念，并要求学员实践。在此过程中，我回答了许多相关的问题。我会与你分享常见的问题，还有我的想法和一些相关的趣闻逸事。

我无法用一句话说清楚，该怎么办？ 继续尝试。我是认真的。你肯定能够办到，并且也会因此获得巨大收益。我想重述一下我之前提出的一个问题：如果不能用一句话清楚地表达你的想法，那你到底要怎样组织自己的演讲，才能把信息传递给别人呢？中心思想不是你要表述的唯一内容。你还需要辅助材料，其他的细节内容都会包含在这部分里。我们将在第 3 章对此进行讨论。首先能够明确简洁地表达你的主要信息，才能更好地构建辅助内容，从而有效地向对方传递所有内容。

如果即便是"创造性"地使用了逗号和分号等标点符号，也很难把关键信息浓缩成一句话，那么你可以尝试下面的两种方法。第一种方法是由多到少。你可以根据需要写出尽可能多的句子，然后从中删减。这也是我以三分钟故事作为本章开头的原因之一。要从面面俱到浓缩至一句话是很困难的。在做到极致的简洁之前，先形成一个高度浓缩的版本，保留一些背景内容，以此作为过渡步骤，是非常好的方法。第二种方法是由分到总地构建中心思想的句子。使用中心思想工作表，逐个解决中心思想的各部分，再整合到一起。采用这种方法，无关信息就很难"溜进"中心思想的句子之中。

用负面措辞来点明利害关系是否总是效果更好？ 聚焦风险当然是激发关注、促进行动的一种方式。但是，在某些情况下，负面措辞可能并非最佳途径。举例来说，如果对方的情绪高度紧张，那么我们应该谨慎措辞。

我在谷歌工作时的经历就能印证这一点。每年，谷歌都会进行一次员工调查，询问员工与工作和工作环境相关的各种问题，还会向员工了解他们的管理者各个方面的情况。

我的任务是指导一位主管，他的团队成员对他的反馈非常糟糕，由我帮助他解读与他相关的反馈结果。他的管理相关测评得分很低，而且针对他的负面反馈并不局限于此，甚至还包括一些尖刻的评论。这样的反馈很难用言语转述，也很容易让人情绪激动。如果我使用负面措辞（例如"你真的有问题！"）来与他沟通，会让他处于防御状态，很难展开富有成效的讨论。相反，我强调了积极的一面：获得坦率的反馈和相应的帮助非常难得，可以帮助他进步。员工的反馈给了他和我一起反思的机会，有助于迅速将初步的改进措施落实到位。这次谈话困难重重，但是由于我提前考虑了谈话的措辞，整个过程变得相对轻松了一些。我始终将我的受众放在首位。

如果你不确定使用正面措辞还是负面措辞，可以同时考虑两者，然后思考哪一种更有可能达到你想要的结果。如果还是不确定，可以与其他人商量。

还要注意，对于选择正面措辞或者负面措辞，每个人都有自己的倾向。措辞倾向与我们人生态度的积极或者消极无关，而是由哪种措辞能够给我们带来最强的驱动力决定的。我更倾向于正面措辞，因为取悦他人更能够给我带来强大的驱动力。

措辞的选择不仅和个人倾向有关，还与组织文化有关。我曾与工作坊的参与者讨论过这个问题。一般来说，组织的沟通方式会影响到我们对措辞的选择，让我们自然而然地选择正面（谈论好处）措辞或者负面（提示风险）措辞，同时，组织的沟通方式也会影响到哪种方式更容易被组织中的其他人接受。在一次工作坊活动中，一位与会者认为他们的组织文化是竭尽全力为员工提供支持且极其注重团结。在场的人都能简明扼要地描述公司的核心价值观。他们普遍认为，在这种环境下，以负面措辞叙述中心思想绝不可能有好的效果。可能他们的观点没错，但是在这种情况下，使用负面措辞可能会通过打破常规，获得额外的关注。在选择中心思想的措辞时，并无一定之法，但是你必须意识到你的观点，以及你持有这样的观点的原因。

如果我的受众不关心我提出的利害关系怎么办？ 我曾和很多人讨论如何撰写中心思想，他们都在努力解决这个问题。几乎所有此类案例中，出现问题的主要原因都是演讲者关注的是对自己来说重要的事情，而不是对受众来说重要的事情。只要定位准确，受众会自然而然地关心，因为你的中心思想与他们的利益息息相关。

我前面提到的设想极端结果的方法在这种情况下有时效果会非常好，而且无论是正面措辞还是负面措辞都适用。正面措辞可以这样讲：如果你按照我的希望采取行动，那么……（某件好事）会随之发生；然后，……（另一件更好的事情）也会发生。这样持续将事情的结果推向极端，最终甚至可以得到"世界和平""主宰世界"或者任何对方渴望的终极目标。反之，如果是负面措辞，最终可以推导出的结局可能是世界末日。这些结果都会出现吗？显然不会。但是这样的练习可以让我们熟练使用这种方法，学会面对某一特定情况，选择合适的措辞阐述利害关系。

最后我们还要注意一点，使用本方法时，一定要深思熟虑，评估哪些内容相关性强，避免使用对受众来说过于极端的内容。有一次，我在完成中心思想活动之后，与一位研修班的学员聊了聊，我们都迎来了自己的顿悟时刻。我们就称她为凯特吧。凯特在审计团队工作，一直尝试让她的同事们了解区块链（公开记录交易的数字账本），应对其带来的变革。凯特认为，审计从业者如果不能立刻采取行动，为未来做好准备，整个审计行业都将面临危险。她面对的挑战是让他人接受她的观点。她给我大声朗读了她的中心思想，我大致转述一下："你们即将被淘汰，整个审计行业注定会因为区块链的出现而终结；你们必须现在就采取行动，为区块链时代的到来做好准备！"

回想一下我们前文提到的假设最坏情况。凯特确实做到了。问题在于，她并没有从这个极端情况适度回调。整个行业就此消失，所有从业者明天就会失业，这种结果不太可能发生，所以她的话语很容易被受众忽视。经过我们的讨论，凯特明白了自己为什么没有得到积极的回应，我也见证了凯特的进步。

如何解决呢？我和凯特讨论了组织中的声誉风险和观念问题，凯特认为，如果利害关系能够与这两个方面关联，同事们会更愿意听取她的意见，并在短期内采取行动。

中心思想应该包含数字吗？ 中心思想之所以简短，就是因为它迫使你放下诸多细节，其中就包括数字。中心思想通常不会包含数字。除非某个数字特别引人注目或者极具黏性（容易被人记住），否则你应该将精力集中在文字和观点而非数字上。可以看看前文中我修改中心思想的例子，我去掉了所有数字，转而强调了我希望受众采取的行动。这也自然引出了下一个常见问题。

中心思想是否应该包含行动号召？ 你的受众在会议或者报告结束之后，能记住什么？这是我们构思中心思想的一种方式。如果你希望受众采取某种行动（如前所述，你应该有这样的考虑），那么，没错，它必须被包含在中心思想之中。注意，中心思想中的行动号召并不总是"我们得出了某个结论，因此你必须做某事"这么简单。行动可以有无数种形式：你希望利益相关者进行的讨论，他们应该做出的决定，需要权衡的选项，对你要求的内容的理解。明确你希望受众采取的行动，将之巧妙地融入你的中心思想。

我的演讲要表达的不止一个想法，而是很多内容，我该怎么做呢？ 人们更容易记住一两个要点，而不是一连串的内容。如果你确实希望受众采取很多行动，解决的方法之一是让中心思想更加概括，能够把这些行动统一联系起来：我们需要确定 20 个行动项目的重要程度并且为它们赋权，这样才能……或者是：如果我们诸多关键举措的预算得不到批准，我们就有可能……

　　你的受众可能记不住所有关键举措，也肯定记不住 20 个需要采取的行动。实际上，他们也不必记住。如果有必要，他们可以参考辅助材料。重要的是，受众要记住你最需要他们做什么。在重新构思时，想想他们必须记住什么并付诸行动，并注意如何构建你的中心思想才能实现这一点。

　　我面对的是混合型受众，我该如何应对？ 正如我们在第 1 章所讨论的，面对混合型受众是棘手的挑战。混合型受众中的个体往往关心不同的内容。因此，很难写出一句适用于所有人的中心思想。不过我们依旧有解决问题的办法：聚焦决策者，缩小针对的受众范围；根据受众关心的内容对其进行分组，寻找各组之间的交集，从这些交集着手进行沟通；为不同的受众分别制定中心思想，然后判断是否可以整合诸多中心思想，形成一个统一的中心思想。

　　前面概述的只是工作坊中与中心思想相关的最为常见的问题。在你构建自己的中心思想的过程中，要想很好地回答这些问题以及其他问题，一个办法就是与其他人一起讨论。接下来，我们来谈谈反馈意见的重要作用。

寻求反馈意见

　　无论是自己直接写出，还是将较长内容浓缩成一句话，或是使用中心思想工作表，形成中心思想之后，接下来的关键一步就是与他人讨论。授课中，练习中心思想法的时候，我会发出这样的指令："伙伴们，接下来你们的任务非常重要。我将邀请一人同大家分享自己的中心思想，请你们尽可能多地提出问题，帮助他清晰、简明地表达中心思想。"学员之间的问答不会持续太长时间，但是能够有效地帮助他们厘清思路。

向别人寻求反馈非常重要，因为这有助于你摆脱自己的思维定式。随着时间的推移，在你工作的领域中，你会拥有大量的隐性知识。你会认为其他人拥有同样的知识背景，会做出相同的假设。这就意味着你很容易提出一些对你来说合情合理，对别人来说却完全陌生的观点。这也是寻求反馈意见非常重要的原因之一。你寻求反馈意见的对象并不需要熟悉你的项目。与不了解情况的人进行讨论，回答他们提出的问题，效果反而更好。例如回答与对象、方式、重要性等有关的基本问题，能够促使你清晰地表达自己的逻辑和思维过程。这样的问答是富有成效的对话，可以为你完善自己的中心思想提供启示。

和团队一起构思中心思想

如果你背后有一个团队，准备演讲的时候，一起构思中心思想也是非常好的练习。首先让团队每个成员独立地提出自己的中心思想。然后将每个人的想法写在白板上或共享文档中（后者适用于分处各地的团队）。将大家的想法放在一处，就能很好地了解大家的想法是否一致，或者找出不一致的地方。

作为一个团队，花时间讨论并形成一个总的中心思想，这有几个好处。最终形成的中心思想很可能优于所有个人单独构建的中心思想。每个人会以不同的方式措辞，这样就提供了多种表达方式供我们选择。大家看到自己的工作成果被纳入最终版本，也有助于形成认同感和主人翁精神。在此过程中，团队成员的讨论会催生许多话题，往往也能提供丰富的信息，还确保了团队所有成员都能明确所有相关信息和总体目标，并在这两方面形成统一认识。

下面我就用一个例子说明前述概念。

设计信息：TRIX 案例研究

让我们重温一下第 1 章结尾提到的和市场调研有关的案例。我的团队与知名食品制造商诺什签订了合同，对其广受欢迎的 TRIX 混合坚果进行研究并提出调整建议，力求在降低成本的同时不对消费者的情绪产生负面影响。我们刚刚完成了项目，正在规划我与诺什团队即将进行的沟通，届时我将概述我们的结论和建议。我们希望的结果是，对方在充分了解情况的基础上展开讨论，并就如何改变混合坚果的配方和包装做出明确的决定，同时给集团高管留下深刻的印象，从而促使诺什把未来的业务交给我们公司。

我首先概述了这种情况下总体故事的组成部分——情节、起伏和结尾。

1. **情节**：鉴于 TRIX 原料的成本上升，需要对混合坚果的配方进行改良。
2. **起伏**：两种替代配方在消费者中的测试结果都不如现有配方好。
3. **结尾**：仍有不错的其他选择可供考虑。让我们讨论并确定下一步行动。

确定了故事的组成部分之后（再加上我现在要告诉你的一些其他细节），就形成了下面这个三分钟故事。

TRIX 混合坚果广受消费者喜爱，而夏威夷果是其中的关键原料，它的成本在不断上升。诺什委托我们进行研究，在不影响消费者对产品的青睐的前提下，就降低成本提出建议。TRIX 混合坚果所处的市场竞争激烈，我们深入了解了情况，进行了一系列调查、测试，并对结果进行了深入分析，从不同维度了解了消费者在对比 TRIX 混合坚果现有配方、包装和替代配方、包装时的偏好。

在配方方面，没有一种替代配方能像现有配方那样得到消费者的认可。不过，仍有一些不错的选择值得考虑。我们认为，存在另外的配方，它从两种已经测试过的配方中汲取经验，虽然目前无法直接测试，但是它在降低成本和提高消费者满意度方面很可能是制胜法宝。尽管如此，诺什对风险的承受能力将影响决策。

有几种选择需要权衡。如果想不影响消费者的情绪，那么只能保持现有配方。考虑到目前和预期的原料成本，保持现有配方就必须提高价格，而我们对市场能够支持我们的涨价没有信心。诺什可以直接向市场推出我提到的新配方，其中夏威夷果的含量会减少，转而加入椰子脆片。这样做存在一定的风险，因为这一配方尚未经过测试，没有明确结果。另外一个选择是进行更多的测试和分析，全面评估我们提到的新配方或者其他替代配方，但是这样做的缺点是需要额外的成本和时间。

我们还对产品包装进行了研究和测试。我们倾向于采用替代方案，在包装上开窗，消费者通过开窗可以直接看到产品。我们理解，考虑改变产品外观的时候，要统筹考量市场营销的方方面面。但是，开窗包装能够促进购买意向。在包装上做出这样的改变，长期来讲，不会增加产品的生产成本，却可以吸引更广泛的消费者群体。

以此为基础，让我们进一步讨论并确定今后产品的发展方向。

我会在第 3 章扩展这个三分钟故事，依靠头脑风暴为故事提供细节内容作为支撑。在此之前，我会把这个三分钟故事浓缩为简洁明了的一句话——中心思想。

在传达关键信息的时候，需要确定具体建议的推荐程度。在决定沟通内容的时候，这一点时常需要我们权衡，关系到如何措辞表达我们的中心思想。我们是仅仅列出一系列可能的选择，不表明任何偏好，还是力推我们认为最好的选择？

把这一观点应用到我们正在讨论的案例之中。一个选择是直接概述 TRIX 混合坚果可以做出的所有调整，供我们客户的团队参考，然后由他们讨论并做出决定，类似于我对三分钟故事的构思。另外一个选择是，我可以根据自己的观点，就我认为他们应该采取的行动方案提出明确的建议。这两种方法各有利弊，哪种方法更好视具体情况而定。

在 TRIX 这一案例中，考虑到我们需要赢得客户的信任，获取未来业务，我想大胆一点。我会根据我在这一领域的专业知识以及我的团队所做的深入研究，向他们提供各种选择，同时也会提出明确的行动方案建议。这有点冒险，但考虑到如果一切顺利我将获得的收益，值得一试。

在讨论我的中心思想之前，你可以根据我提到的背景，复习一下中心思想工作表（图 2-1），思考一下你将如何回答其中的每个问题。思考之后（你也可以做一些笔记），请查看图 2-2，这是我填写的中心思想工作表。

中心思想工作表

storytelling |ılıl| data®

假设你现在正在进行某个项目，该项目需要
你向某人传递某些信息。请思考下述内容，
然后填写表格。

项目名称：*TRIX 市场研究*

你的受众是谁？

(1) 列出你沟通的主要群体或者个人。

来自诺什的团队：
- 瓦妮莎 + 马特（产品）
- 杰克 + 香农（财务）
- 赖利（营销）
- 查利（客户满意度）
- 阿比 + 西蒙（研发）

(2) 如果你必须将沟通对象范围缩小至
一个人，他是谁？

瓦妮莎（产品主管）

(3) 你的受众关心的是什么？

- 降低 TRIX 的生产成本
- 保持较高的客户满意度
- 未知的情况：风险承受能力

(4) 你的受众需要采取什么行动？

- 考虑借鉴了研究结果但
是未经测试的方案
- 决定 TRIX 的配方和包
装调整方案

有何利害关系？

(1) 如果你的受众按照你希望的方式行动，
会有怎样的益处？

- 降低生产成本
- 维持受消费者欢迎的原料
- 以全新的配方和积极的品牌
影响取悦消费者

(2) 如果他们不采取你希望的行动，
会有何种风险？

- 目前的产品配方生产成本过高，
利润减少，产品可能消亡
- 额外的测试耗费时间、金钱

形成你的中心思想

中心思想应该——

(1) 阐明你的观点；
(2) 点明利害关系；
(3) 使用完整句子。

*改变 TRIX 的配方：不要彻底抛弃消费者喜爱
的夏威夷果，减少其含量，同时引入椰子脆片
作为补充，并改变包装，以平衡成本和消费者
的情绪。*

图 2-2　TRIX 市场研究项目的中心思想工作表

我邀请参与了项目的四位同事分别完成中心思想工作表，各自形成自己的中心思想。我将它们全部放入一个共享文档之中，具体内容如下（你会发现最后一个是我在我的中心思想工作表中填写的内容）。

1. 夏威夷果的价格太高。如果不修改配方，降低 TRIX 混合坚果的生产成本，会影响到产品已经取得的成功。

2. 我们为 TRIX 测试了各种方案，它们在制造成本和消费者偏好方面都存在差异。让我们来讨论其中的利弊，并制定未来的战略。

3. 我们可以通过更新 TRIX 的配方和包装来降低生产成本。

4. 决定生产成本和消费者反应哪个更重要，从而决定是保留现有的配方，提高价格，还是采用新的替代配方。

5. 改变 TRIX 的配方：不要彻底抛弃消费者喜爱的夏威夷果，减少其含量，同时引入椰子脆片作为补充，并改变包装，以平衡成本和消费者的情绪。

我和同事们开了个会，回顾了此前的工作，讨论并形成了最终版的中心思想。我们饶有兴趣地就正面措辞还是负面措辞进行了讨论，之后我们决定采取正面措辞，强调受众的收益而非他们的损失，这样可以更好地为富有成果的对话奠定基调。我们还注意到，有些人在中心思想中主要关注成本，有些人则偏重消费者情感。诺什团队一致表示，他们对于前述两个因素都很重视，因此在最终的中心思想中，必须同时包含两者。（经过气氛良好的辩论）我们最终决定，我们要直接推荐具体的行动方案。我们的中心思想会包含行动方案，作为支撑，我们也会提供一系列高质量的选择，供客户在决定采取哪种行动方案时权衡利弊。

有鉴于此，我和我的同事们经过充分讨论和对文字的耐心斟酌，最终确定了以下中心思想。

> 诺什应该考虑推出现有配方的替代配方，减少夏威夷果含量，加入椰子脆片，改变包装，方便潜在买家看到产品，以此在赢得消费者喜爱和降低成本之间取得平衡。

我们一致认为，这就是我们想要传递的主要信息。我们将以此为出发点，构建最终的报告，促使诺什团队围绕不同行动方案展开讨论，权衡其中利弊，并且引导他们就 TRIX 混合坚果的未来战略做出决定。

请牢记这个案例，我们将在下一章继续讨论。

我们此前已经讨论过，投入时间形成中心思想之后，就有了试金石，可以用来检验最终演讲中包含的所有内容。你只需思考："这个内容是否有助于我表达中心思想？"说到计划内容，我们接下来就做这件事。

第 3 章

汇编内容

在第 2 章中，我要求你放弃诸多细节，简明扼要地传递信息。我大胆猜测一下，这可能会令你感到不适。不要担心，现在，你可以全面地思考沟通的内容了，其中就包括各种有助于你传递信息的辅助元素。

在本章中，我将指导你制订行动计划——故事板。我们会先投入一定的时间进行头脑风暴，提出各种有关演讲内容的想法，列举可能的内容。随后我们还要编辑，排序，重新排序，寻求、思考、采纳反馈意见。最终，我们将为你的演讲内容制订万无一失的初步计划。

什么是故事板

故事板（storyboard）是我在商业环境中使用的一个术语。故事板是一连串的图画，代表了电影、电视节目或广告的拍摄计划（对很多人来说，这个词会让人联想到美国电视剧《广告狂人》中的广告草图）。准备商业演讲的时候，我所说的"故事板"就是演讲内容的视觉大纲。即便不擅长绘画，这一方法也能让你受益匪浅。在计划故事的时候花些时间制作故事板，除了帮助你整理思路和制订计划，让工作步入正轨，往往还能缩短沟通时间，提高沟通效率，使沟通更有针对性。

关于本章讨论的所有内容，我给你的第一个建议是：始终以"低科技"的方式去处理。让我们以"低科技"的方式开始吧。

学会爱上"低科技"

在这个阶段，一定要克制自己使用工具的冲动！现在还不是打开 PowerPoint、Google 幻灯片或 Keynote 开始制作幻灯片的时候。在此之前，我们还有大量的工作要做，而且要保持"低科技"的方式。我们将使用笔、纸和便利贴来完成。

让我们来看看我们习惯过早使用"高科技"的原因，以及其意想不到的负面影响，由此你会体会到保持"低科技"的好处。当我们使用工具构建内容时，会有一种成就感。例如，制作幻灯片让你很有成就感。更进一步说，制作大量幻灯片会让你感到自己取得了巨大进步。尽管如此，进展太快，可能会适得其反。你花费时间构建的内容，可能最终并不适合实际情况。一张多余的幻灯片并不代表世界末日，但是，一旦进入了制作幻灯片的流程，你可能会制作出一整套无法传递你中心思想的幻灯片。而且我们经常会犯这样的错误。"低科技"的方法可以帮助我们避免这种情况，因为"低科技"可以确保所有内容都经过彻底审核。这就引出了我的下一个观点。

我们会被电脑吸引的另外一个原因是它能帮助我们制作更加精致的内容。在很大程度上，我们已经不再使用纸笔写作，使用纸笔的时候会略显笨拙和缓慢。也许你认为自己不擅长绘画，或者认为自己字迹潦草，但是你能轻松地在 PowerPoint 中制作精美的幻灯片，那么你应该使用 PowerPoint 而非纸笔，是吧？非也！有使用 PowerPoint 之类工具的冲动，合情合理，但是粗略的想法、拙劣的笔迹、糟糕的绘画，哪怕是仅仅用笔在纸上写写画画的过程，都有其存在的价值。用纸笔写画的过程就是我们测试内容的过程。我们会认真地思考。如果你将自己的想法写出来，你就可以感受到自己的反应，也可以征求其他人的意见，而且这时无论是你还是他人，关注的都是"元方法"而非具体的内容（一旦制作了幻灯片，就需要对其内容和设计进行评判；我们需要这样做，但是这是随后的事情）。我们首先需要的是一个结构合理、步骤详细的计划。

此外，在计划过程中保持"低科技"有助于我们避免"依恋陷阱"（attachment trap）。你是否注意到，一旦你花时间制作了某样东西，比如幻灯片，你就会对它产生某种好感？在某些情况下，即使知道它可以做得更好，或者可以做出改变并使你获益，你也可能会因为你为它所付出的努力而对改变产生抵触情绪。

例如，我刚刚花费四小时在一张漂亮的幻灯片中制作了一张精致的表格。我正在向你展示幻灯片，你恰好看到了这张我精心制作的幻灯片。你对我说："科尔，我觉得这张幻灯片与主题不相关。也许你可以把它放到附录里。"

这种感觉很糟糕，会令人失落不已。如果考虑到花费的时间，我肯定会觉得放进附录是一种损失。

现在，假设我一直保持"低科技"的做法，我忍住了打开笔记本电脑的冲动，没有制作任何幻灯片。相反，我使用便利贴进行头脑风暴，并将它们整理成一个故事板。让我们以同样的场景为例：我正在向你介绍这个计划，然后我们看到一张便利贴，上面是我脑海中图表的草图。你指出这无关紧要。我想了想，意识到你是对的，就把它剔除了。我并没有对这张便利贴产生依恋或者好感，不会觉得剔除它是种损失。自然，也不存在浪费时间去创建内容随后又将其丢弃或者只是加入附录的情况。

虽然使用演示文稿软件制作幻灯片会让你感到掌控自如、效果良好，但使用"低科技"的方法做计划自有神奇之处。让我们从头脑风暴开始，仔细看看如何使用"低科技"的方法计划演讲内容。

头脑风暴

每当我要介绍新的内容或以不同的方式呈现某些内容时，我都会制作故事板。我希望你也能这样，因为这种方法能够迫使你认真考虑具体情况，避免按习惯行事。

制作故事板最好从头脑风暴开始。对我来说，头脑风暴是一个宣泄的过程，目的很简单，就是产生想法，然后写下来。在头脑风暴的过程中，你会产生各种想法。不要担心它们不会出现在最终的故事板中，也不要在意它们产生的顺序，你现在要做的只是把脑海中的想法释放出来，然后记录下来。对我来说，通常集中精力进行 10 到 15 分钟的头脑风暴就足够了。在我完成故事板的其他部分时，想法依旧会不断涌现出来。

我最喜欢的故事板工具：便利贴

我会使用小号的便利贴来制作故事板。我选择 $1\frac{7}{8}$ 英寸（约 47.6 毫米）见方的便利贴，包括各种颜色，因为有时我会用颜色来分类。我喜欢便利贴的原因是它们尺寸不大，书写空间有限，可以让我写下的想法更加简洁。此外，我还很喜欢便利贴的黏性，在我开始整理时可以将它们固定在任何位置，我们将在编辑步骤中讨论这一点。

觉得便利贴空间太小？

虽然我提倡在进行头脑风暴和将想法编排到故事板中时使用便利贴，但是便利贴肯定不是唯一选择。我有些朋友坚称索引卡是计划阶段最好的工具（它们同样易于重新编排，而且用一两根橡皮筋就能将它们整齐地捆起来，以便随时随地使用）。

某次工作坊活动，一位参与者告诉我，便利贴让他感到紧张。他觉得便利贴空间太小了，因为他习惯于在整张纸上进行头脑风暴（这种方法完全没问题，不过我建议事后把纸剪开，这样就可以随意移动剪裁后的纸片）。比工具更重要的是机制。我们的目标是批判性地思考哪些内容有助于传递信息，思考如何以受众易于理解的方式编排内容。只要是能帮助你轻松完成这些工作的工具或者设备，都可以拿来使用。

关于应该在便利贴上写些什么，我们马上会有更详细的介绍。在我进行头脑风暴时，我通常会写下主题和对相关内容的大致想法。准备写作本章时，我主要在便利贴上写下节标题和小节标题。在为制作演示文稿进行头脑风暴时，想象一下每张便利贴最终都会成为演示文稿中的一张幻灯片。但是也要具有一定的灵活性：可能你在某张便利贴上只写了一个想法，但是最终它会转化为数张幻灯片；或者你会将数张便利贴上的内容整合为一张幻灯片。在编辑便利贴上的内容时，你会对便利贴的内容如何转化为幻灯片有更加清晰的想法。现在，重要的是产生大量的想法。

改变环境，提升创造力

头脑风暴和制作故事板的环境会对最终结果产生影响。我的办公室中间有一张黑色大办公桌，一般我会坐在桌子后面的椅子上工作。当我制作故事板时，我会站起来走到桌子的另一边，那里的空间相对宽阔（让我有用写有我想法的便利贴把这里填满的冲动！）。站在不同的视角看问题，有助于激发我的创造力。进行头脑风暴并整理好我的想法后，我会找一张大纸，把便利贴转移到上面。这样，当我开始写作或制作幻灯片时，我就可以把便利贴组成的计划带回办公桌那边。

如果你觉得缺少灵感，可以尝试改变周围的物理环境，激发新的想法。

要在便利贴上写些什么

我们前面提到了用头脑风暴产生各种想法，但是这太笼统了。你可能会问，到底是怎样的想法呢？制作故事板没有唯一正确的方法。你可以通过尝试找出适合自己的方法，并在使用中不断调整。

进行头脑风暴时，我写在便利贴上的内容往往分为以下类型。

- 历史背景或环境背景

- 症结、问题或假设

- 我的中心思想

- 我的假设

- 需要解决的偏见

- 数据点

- 图表或其他视觉辅助

- 分析细节或统计方法

- 过程步骤

- 说明性实例

- 结论或要点

- 其他假设

- 需要考虑的选择

- 讨论要点

- 建议

现在你可以稍作停顿，自己尝试一下。你是否正在准备演讲？找一沓便利贴或者裁剪好的白纸，定时十分钟，以我列出的清单为方向，展开头脑风暴，思考并写出能够帮助你传递信息的内容。

考虑各种观点

我们所做的大多数头脑风暴是以自我为中心的。就像我们此前讨论过的，"从自己的角度出发"，以此作为沟通的起点，自然而合理。但是，这绝对不是我们准备演讲的终点。在第 1 章里，我们花了很多时间来了解、思考你的受众。如果在我们计划演讲内容的时候，反而忽略了他们的存在，这显然是不合理的。

从自己的视角出发完成头脑风暴之后，不妨换个视角。首先想象一下受众的观点。重温一下第 2 章形成的中心思想，想想受众想要知道或者看到什么才能更好地理解你的信息，或者按照你希望的方式行动。如果你面对的是混合型受众，可以考虑重复几次，从不同的角度出发，开展头脑风暴，产生更多的想法。有时可能还需要考虑其他立场，假设你的同事、经理或其他利益相关者的观点。在编辑时，一种方法是寻找重叠的方面，利用这些重叠点来建立共同基础，并确保满足各方的关键需求。

说到编辑，产生大量想法之后，如果你已经开始排列顺序或者放弃其中的一些想法，那么就可以开始编辑了。

编辑：完善并重新排序

头脑风暴之后，停下来思考一下。着手整理你的想法，针对不同需求，挑选出最合适的想法。这一步骤通常比头脑风暴花费的时间更长，而且在编辑过程中，你可能会不断产生新的想法。

思考什么样的框架可以帮助你将所有内容整合在一起，方便他人理解。你会如何组织和安排内容？添加新的便利贴，对主题进行分类并开始排序。哪些地方需要加入过渡性内容？添加注释。是否可以将类似的想法或话题合并到同一个部分？将这些便利贴放在一起，或许还可以添加总括性的主题，涵盖同类想法或者话题。确定在何处加入数据或示例。不断重新排列便利贴的顺序，将便利贴揭起、移动位置。必要时添加新的想法。将无法帮助你实现目标的便利贴揉成一团扔掉。

学会主动舍弃

说到舍弃，让我们先来讨论一下使用故事板的最大好处之一——主动舍弃。如果我们一开始就使用工具软件（如 PowerPoint 或 Keynote），除了我在本章前面概述的问题外，另一个问题是我们会错误地认为我们创建的演示文稿必须回答所有问题。而当我们以"低科技"的方法为起点，确定是否将某个内容加入最终演讲中时，我们都会深思熟虑，都会问自己那个非常重要的问题：这个内容是否有助于表达中心思想？如果不是，果断删除。建立"弃牌堆"，凡是无助于表达中心思想的内容，毫不犹豫地扔进去。

制作故事板时，我总会有一个"弃牌堆"。我有时会把同一个想法写上五次，再把它丢弃五次，因为只有这样反复写，我才能说服自己，这个想法（不管内容如何）不属于最终的沟通内容。如果某个想法多次出现，那么深入了解一下其内容或者相关的问题并不是什么坏事，但是并非所有相关信息都必须出现在最终的演讲之中。主动舍弃可以缩短沟通时间，提高沟通效率。

为较长的内容分层制作故事板

对于篇幅较长的商业演讲或书面内容，我通常会在一段时间内多次、分层次地制作故事板。通常情况下，刚开始制作的故事板比较宽泛，然后随着我对具体内容的规划而逐渐细化。本书就是一例。

首先，我制作了整体结构的故事板：全书包含哪几个部分，每个部分由几章构成（这是一种迭代方法，而不是线性方法，目的是让所有内容以一种我认为合理的方式统一起来）。有时，我会深入思考某章的内容，确保全书内容的整体平衡，也会写下在某个范围我认为最合适的内容。随后我会把全书的顶层设计写在便利贴上，贴在我办公室的壁橱门上。我会反复思考这个设计，隔段时间就会做出调整（虽然我现在基本确定了包括本章在内"计划演讲"部分各章的写作内容，但是我正在重新考虑下一部分"构建演讲"的具体结构）。

在考虑写作的"元层面"，也就是整体构思的同时，我也会关注每章的内容。写作每章内容之前，我也会制作故事板。先进行头脑风暴，然后编排章节主题、具体内容、补充内容、图片示例和趣闻逸事。对于文字写作，我一般不会在这个时候征求反馈意见（而如果正在计划演讲，我通常会征求反馈意见）。如果不确定内容的顺序或者表述内容的方法，我会自己大声朗读内容，找到理想的方案。随后我会以每章的故事板为指导开始写作。写作的过程中，如果陷入困境，我会回到故事板，重新编排内容，然后继续写作。不过，通常在这种情况下，编辑的就不再是便利贴，而是书面内容了（而且往往会耗费很长时间）。

类似的方法也适用于准备较长的演讲。首先将演讲的总体布局制作成故事板，以此作为顶层指导。然后按照各个部分不同的细化程度制作故事板，这样你就能在执行计划、构建内容之前直观地看到并审核你的演讲计划。为总体布局制作故事板后，针对特定部分重复这一过程。你可以再次制作故事板来规划特定幻灯片的内容。没错，这需要时间和精力。但正如我们已经讨论过的，这种方法迫使你更加全面地思考，从而提高你构建内容的质量，也会指导你做出更符合实际情况的内容。

中心思想应该出现在故事板的什么位置

在编排内容时，经常出现的问题是："我应该在故事板中的什么位置放置中心思想？是否要为它做铺垫？还是以它为线索？或者有其他方法？"其实，中心思想的位置并没有唯一的正确答案。不同的情况需要使用不同的方法。在某些情况下，不同的方法同样有效。在安排中心思想的位置和故事板各组成部分的一般顺序时，有几点需要考虑。

通常，在最初编排内容时，我们会按照时间顺序或线性方式进行。这往往是最自然不过的，因为这样的顺序符合我们的经验。如果需要就某项分析的结果展开沟通，我可以从这项分析想要回答的问题开始，然后谈谈我使用的数据（数据的来源、处理数据的方法等）。接下来，我可以回顾一下我所做分析的具体内容。这就引出了我的结论和建议。这样的安排合情合理，类似的项目我也确实是这么处理的。

当我们以这样的线性方式编排内容时，中心思想通常会在最后出现。这就意味着，我们必须将受众的注意力保持到最后，才能让他们抓住重点。另一种方法是把中心思想放在开头。但如果放在开头而他人又不同意我们的观点呢？这可能不是最好的开头方式。

因此，我想谈一些注意事项，有助于你确定中心思想应该放在演讲整体的什么位置。

一个需要注意的因素是你在受众心目中的可信度。如果你与受众的关系并不牢靠，一开始就抛出自己的中心思想，而受众却不同意你的观点，那么演讲的开端就充满了不和谐。通常这肯定不是理想的开场。在这种情况下，按时间排序，线性递进，可能是更好的选择，这样就能在逻辑推理的过程中带动受众。当你讲到最后时，即便你没法获取受众的信任，至少他们听完了你的演讲。

不过，在某些情况下，以中心思想开场是绝对合理的。如果你已经与受众建立了融洽的关系，或者你认为受众有可能接受你的建议，那么以中心思想开头可以让大家进入正确的思维架构，更快地建立起富有成效的对话。如果你不确定自己是否有时间从头到尾讲完所有内容，或者你担心有人会打断你，使你偏离正轨，你也可以用中心思想开场。如果受众更关心的是最终的"这说明了什么"这一问题，而不是你如何推导出最终结论，那就用中心思想开场。在某些情况下，如果受众一开始就接受了你的观点，那么你就不必再讲其他细节了。

一般而言，要考虑在特定情况下哪种顺序会最有效，这取决于你的受众是谁以及你与他们沟通的方式。先不要太执着于你的故事板。第 4 章讨论故事时，我们会探讨内容编排的其他方法。届时，我会鼓励你重新审视自己的故事板并进行修改。不过，在此之前，我们可以先研究一下如何征求其他人的意见。

征求反馈意见

就故事板征求反馈意见的好处类似于就中心思想征求意见。通过大声讨论、阐述逻辑和回答问题来帮助你评估别人是否可以理解你的演讲计划，这样做大有裨益。制作完故事板后，找一位同事，花 10 到 15 分钟给同事讲解，与之讨论并获得反馈。

计划演讲的早期阶段也是我们获取客户、利益相关者或管理者反馈意见的时段。虽然并非每次演讲都有这样的机会，而且也并非每次演讲都需要征求他们的反馈意见，但是如果有且需要，这将是极好的机会，可以在你做大量工作之前，确保相关人员能够有统一的认识。在提出征求反馈意见的请求之前，请先说明：“这些想法虽然略显粗糙，但就是我现在正在考虑的内容。”然后与对方分享你真实的故事板，如果没有制作故事板，哪怕只有演讲计划的要点列表也可以。如果对方给予你反馈，例如“你的想法很好，继续下去”，或者“这个计划有点问题，我们应该改变方向”，你就不会浪费大量时间和精力。总的来说，在准备演讲的过程中，越早获得能够指明方向的反馈越好。反过来说，如果你是管理者，并希望能在下属准备演讲的早期提出反馈意见，可以鼓励你的团队成员制作故事板并与你分享。

和团队一起制作故事板

以团队为单位制作故事板是一项非常好的练习，尤其是在多人共同完成一份简报或报告的情况下。如果可以，让所有人前往有白板和记号笔的会议室。在就总体内容和流程达成一致后，在白板上画出与幻灯片宽高大致相等的矩形（如果有大致与幻灯片形状相同的超大便利贴，故事板的制作会变得非常有趣，在团队故事板制作过程中，每张便利贴代表一张幻灯片）。添加草拟的标题，并勾画出需要收集或构建的辅助内容。

这样的方式可以让每个人准确地理解整体愿景，了解他们所承担的任务和全局之间的关系，协助大家彼此提供反馈信息，并通过沟通提升凝聚力，还有助于确保所有人交付结果的一致性。

团队成员身处不同地点，如何一起制作故事板

　　如果大家都在同一办公地点，那么在同一个场地使用一块白板，效果会很好。但是，如果你的团队需要一起制作故事板，成员又处于不同的办公地点，那该怎么办呢？在这种情况下，可以效仿便利贴的方法。我们可以使用任何类型的共享文档，只要能够多人同时查看和编辑即可（在 Google 文档中，你的故事板可能看起来更像一个带项目符号的列表，这完全没问题）。还有一些软件可以反映我们制作故事板的过程，如 Miro、Evernote（印象笔记）或者 Microsoft OneNote。如果想要寻找小规模或者免费的软件，可以考虑 Storyboard That 或者 Padlet。[①]

　　如果技术条件有限，有时也可以使用常用软件。例如，可以使用 PowerPoint，每张幻灯片只放一个内容，字体要足够大，然后进入幻灯片浏览视图，在虚拟会议上共享屏幕，方便大家讨论。在对话过程中，如果需要重新排列内容的位置，可以在幻灯片浏览视图下移动幻灯片。我还记得在谷歌上班的时候，其他地方的同事只需待在办公室里，通过视频会议加入我们，现场的同事会将摄像头对准白板，我们就在白板上制作故事板，这样每个人都能参与进来。

既然我们已经讨论了如何制作故事板，那就让我们来看看它具体是什么样子吧。

汇编内容：TRIX 案例研究

回想一下前两章末尾的案例分析。我的团队与著名的食品制造商诺什签订了协议，

---

① 原书推荐的个别软件可能不便于使用，读者也可自行选择功能相近的中文软件替代。——编者注

对其广受欢迎的 TRIX 混合坚果进行研究，并针对配方提出修改建议以降低成本，同时不能使消费者产生负面情绪。我们已经完成了项目，正在计划由我向诺什方面介绍我们的研究结果和建议。我们希望对方在充分了解情况的基础上展开讨论，并就如何改变混合坚果的配方和包装做出明确的决定，同时能够给对方团队中高级别的利益相关者留下足够深刻的印象，从而促使诺什将未来的业务交给我们公司。

我和同事们一起，为此次报告设计好了中心思想：诺什应该考虑推出现有配方的替代配方，减少夏威夷果的含量，加入椰子脆片，改变包装，方便潜在买家看到产品，以此在赢得消费者喜爱和降低成本之间取得平衡。这是我们想要向受众传递的关键信息。实际的沟通内容是我在会议上展示的幻灯片。我将用它们来展示我们的研究结果，并结合一系列备选方案提出我们的具体建议，供利益相关者讨论并制定 TRIX 混合坚果产品的相关战略。

我先进行头脑风暴，拿出迷你便利贴，开始写下各种想法。我从头到尾思考整个项目，从最初促使我们与诺什合作的背景，一直到我们的建议和中心思想。由于采用了这种方法，我的中心思想本质上是线性的（大致反映了项目的进展）。从我的角度进行分析后，我试图假设不同利益相关者的观点，并根据他们的偏好加入具体的内容。瓦妮莎（产品主管）最关心什么？杰克（部门首席财务官）需要了解哪些细节才能满意？阿比和西蒙（研发）希望获得哪些信息，才能确信我们的方法没有问题？

我花了大概 15 分钟的时间构思，从多个角度进行了假设，然后写下我的想法。由于数量太多，就不一一展示了，我只展示以下我最终写在便利贴上的内容，让你感受一下它们的数量、广度和深度。

- 试点项目旨在评估是否可以继续合作关系
- TRIX 是诺什广受欢迎的混合坚果零食产品

- TRIX 长期以来的销售情况（展示 TRIX 取得的成功）

- 原料：夏威夷果、杏仁、腰果、樱桃干、黑巧克力

- 希望降低生产成本

- 要点：保持在消费者中较高的受欢迎程度

- 探索的方案：改变尺寸、价格、包装和配方

- 数据：产品尺寸

- 数据：包装选择

- 数据：竞品定价

- 数据：竞品配方

- 原料成本分析

- 结论：夏威夷果价格昂贵

- 价格敏感度分析

- 结论：市场不太可能承受更高的价位

- 包装成本分析

- 结论：改变包装的成本增长可忽略不计

- 在消费者中进行测试以了解偏好

- 研究 1：包装测试

- 研究 1：测试替代包装

- 研究 1 的细节：地点、时间、参与者统计数据

- 购买意向数据与分析

- 结论：开窗促进了购买意向

- 研究 2：味道测试

- 研究 2：测试备选配方

- 研究 2 的细节：地点、时间、参与者统计数据

- 偏好评分数据与分析

- 结论：总体上消费者更喜欢现有的配方

- 结论：替代配方 A 在外观和口感上得分较低

- 结论：替代配方 B 在味道上得分较低

- 结论：消费者喜欢椰子

- 成本和消费者的喜好哪个更重要？

- 诺什的风险承受能力如何？

- 实测中并未发现有奇效的配方，但我们确实有很好的选择

- 中心思想：减少夏威夷果，加入椰子脆片，改变包装

- 其他选择：提高价格，进行更多测试

- 讨论

- 确定接下来的行动

如果我直接打开 PowerPoint，可能会为前面所列的每个内容都创建一张（甚至更多）幻灯片。虽然这样做出来的演示文稿对于我来说可能很容易理解，但是考虑到其他人并非像我一样对项目了如指掌，他们显然很难理解我的演示文稿。虽然我的团队需要处理前面提到的背景、数据和分析，以全面了解情况并给出明智的建议，但我的受众不必了解我们一路走来的每一步。相反，我将把这些想法整理成一条"路径"，引导他们沿着这条路径前进。

为此，我开始编辑。现在，报告所有可能的内容都展现在我面前，我需要思考用什么框架来组织这些碎片化的内容。我着手建立"弃牌堆"，把那些可能与中心思想无直接关系或者无法帮助我表达中心思想的便利贴放入其中。组织想法的方法并不唯一，可

以通过多种方式实现。当我思考报告最终应该包含哪些内容以及如何组织内容时，我会牢记我的受众是谁以及我们沟通的方式如何。我会想象沟通大获成功，然后根据我的想象，审视摆在面前的诸多想法，权衡不同的方法之后将它们整合在一起，以求将想象化为现实。

我重新组织了所有零碎的内容，最后一步就是征求反馈意见。我和同事们一起讨论我的故事板。这也是向与项目关系不大的人或者友好的利益相关者征求意见的好时机，他们可以告诉我诺什团队的期望，并评估我的计划是否合理。考虑到我们在第 1 章中描述的受众，瓦妮莎在产品部门中的办公室主任马特就是一个很好的人选。

在与几个人（包括马特在内）分享了我的计划并不断完善之后，我构建了如图 3-1 所示的故事板。

图 3-1　TRIX 市场调研项目故事板

我选择以中心思想为引导。三张蓝色便利贴表示交流的主要部分。在最终的演示文稿中，这三张蓝色便利贴的内容可以将幻灯片分割为三个部分。开头部分介绍背景。我将首先介绍我们参与项目的原因。然后，我会展示我们设计和开展的各项研究的结果，顺理成章地过渡到下一部分，重点介绍研究结论。此时，我可以介绍引出各种结论的数据和分析，以及我们认为应该如何利用这些结论。最后一部分，我会让受众关注行动。我会就消费者喜好与成本哪个更加重要组织对话。我将重申我们团队的建议，并分享一整套方案供利益相关者权衡和讨论。所有这些都将促使他们对 TRIX 混合坚果的未来战略做出明智的决定。

我们进行了头脑风暴、编辑、编排，反复斟酌了各种假设和数据。虽然我们计划演讲这一步可以到此为止，但还有一个重要的概念需要讨论：故事。故事可以帮助我们将演讲的方法提升到一个全新的高度。接下来，让我们把焦点转到故事上来。

第 4 章

形成故事

到目前为止，你已经确定了演讲的受众是谁、需要包含哪些信息以及具体的计划。不过，在开始构建内容之前，让我们停下来花点时间思考一下有关故事的内容，探讨一下如何将讲故事的技巧融入我们的沟通。首先，我将概述商务演讲的典型方法；然后对照说明将故事的结构应用到演讲中的益处；在讨论了我对故事及其形式的看法之后，我将强调冲突的重要作用，并向你介绍如何将叙事弧线作为固定模式，用于重组和进一步完善我们为沟通制订的计划。

你可能会问，为什么我们花了那么多时间制作故事板，现在却要修改？有这样的疑问很正常。不过，我在第 3 章带领你所做的工作并没有白费。头脑风暴得到的各种内容让你沉浸在各种细节之中，让你从多个角度审视具体内容。在编辑便利贴的时候，你与自己（也可能与他人）进行了激烈的辩论，讨论为什么最终的演讲要包含某些内容，哪些主题或路径不适合你的目标受众或信息。你把大量可能会用到的内容整理成更有针对性、更易于掌控的内容。这些将成为你构建故事的要素。

此外，通过与他人分享你的故事板并获得反馈，你阐明了你的逻辑：在众多拼图之中，你选择关注哪几块，它们如何组合在一起以达到你的目的。现在你能够考虑使用另外一种结构来讲述这些内容，正是因为你目前所做的一切都经过了深思熟虑。如果你先期没有完成所有这些工作，就径直进入有关故事的这部分，跨度显然太大，这种飞跃不可能完成，我们随后会详细讨论。

在深入探讨将讲故事这种方法应用于演讲之前，我们先来讨论一种经常被采用的方法：线性路径。

常用演讲方法：线性路径

典型的商务演讲，无论是商务会议还是登台演讲，通常遵循一条可以预测的路径。首先提供背景信息，针对需要沟通的工作，讲述其主题框架或项目背景。提供背景信息时，可能会陈述存在的问题并说明工作的目标。通常情况下，接下来会详述开展的各种活动或者所采用的方法，可能包括开展各种工作的时间表、开展工作的范围、召开的会议、咨询的专家、收集的数据、进行的分析等。在详细介绍这些具体内容后，再总结经验、教训。会议以给出结论、提出建议或接下来应该采取的措施的方式结束。回想一下你上次在会议上的演讲，是不是就是这样？图 4-1 描述的就是我所说的线性路径，虽然这种方式没有致命问题，但是也没有惊艳之处。

图 4-1   商业演讲的典型线性路径

我曾经说过，如果演讲人以这种方式组织内容，是一种自私的表现。当然，我这么说略显激进，但是表达了我的一种观点。这种线性的叙述方法是我们在沟通时惯常采用的方法，因为它反映的是我们在开展工作时经历的各个步骤，而且顺序也大致相同。这种方法按时间排序，符合逻辑，我们用起来得心应手。我想重复一下我在本书开头提到的：对我来说，从自己的角度出发进行沟通非常简单。但是，这样的沟通框架，是否能激励他人采取行动，是否能令人难忘呢？

你知道答案是否定的。你也曾作为受众的一员，体验过这样的演讲。这种方法构建的演讲缺少了一个至关重要的因素——作为受众的你。如果沟通的目的是解释说明某件事情，那么线性路径的失败之处在于，当我们严格按照这一路径计划演讲时，很少或者根本不会去考虑沟通对象。这导致的后果就是无效沟通。这就是这种方法的症结所在！

这与"讲故事"这种路径形成鲜明对比。故事的叙事弧线跌宕起伏，能够让受众沉浸其中。故事会从情感层面吸引我们，让我们参与其中。因为遵循故事结构的沟通具有这些因素，所以它比遵循逻辑的线性路径更为有趣。让我们先来探讨一下我所说的"故事"到底是什么意思。

什么是故事

"故事""故事讲述者""讲故事"，这些概念由来已久，但最近才成为商业领域的流行术语。我经常会听到大家脱口而出这些概念。虽然我很高兴用讲故事的形式进行沟通已经成为大家认可的话题，但是对其过度使用甚至是滥用削弱了讲故事所蕴含的真正力量，同时也导致大家对于这种方式的误用。

谈到在商务沟通中应用讲故事这种方法，我指的是真正的故事。我经常参考儿童读物，帮助我在商务沟通中阐明自己的观点。为什么呢？因为儿童读物很有亲和力。每个成年人都有属于自己的童年经历，参考儿童读物能够让大家对我的演讲产生共鸣。有些人已经为人父母，每晚都会给孩子读故事。儿童故事其实就是对我所说的"故事"的完美诠释，有情节，有人物，有时间，有地点。某件事情的发生打破原有的平衡。

随着故事的发展，情节起起落落。故事中的各种困难或者出现的各种问题吸引着我们，让我们保持专注，想要探究到底是怎么回事。最后，这些困难或者问题通常都会以某种方式得以克服或者解决。我经常用具体的故事来说明与故事有关的各种概念，它们包括《戴帽子的猫》（ *The Cat in the Hat* ）、《野兽国》（ *Where the Wild Things Are* ）、《哈罗德和紫色蜡笔》（ *Harold and the Purple Crayon* ）、《小红帽》（ *Red Riding Hood* ）、《绿野仙踪》（ *The Wizard of Oz* ）、《夏洛特的网》（ *Charlotte's Web* ），还有最近我最喜欢给自己孩子读的"拉里迷路了"（ *Larry Gets Lost* ）系列。你熟悉这些故事吗？我列出的书名是否让你想起了什么或者有什么感受？

让我们再进一步，通过一个小练习来研究故事的效用。请拿出一本你儿时最喜欢的书。这本书的书名是什么？回忆一下故事的主要情节。主角是谁？他们面临什么困境？故事的结局如何？闭上眼睛，你能在脑海中想象出故事的某个部分吗？也许是封面，也许是书中的某个场景。这样的回想能带给你怎样的感觉？

仔细想想，你上一次回味这个特别的故事是什么时候？昨天？去年？十年前？更久以前？无论时间过去多久，你现在都能回忆起它，这难道不令人惊讶吗？

部分原因在于故事的形式。在故事里，总是一个事件引出下一个事件，而且氛围总是张弛有度，所以能够打动受众的好故事都会包含某些便于记忆的锚点。这些锚点都是在故事背景之下发生的、易于回想的事情。它们的存在也使得故事更容易记忆和复述。

好的故事还能在情感层面上吸引受众，无论是听故事的时候，还是故事结束之后，都是如此。作为受众的我们，可能笑了，也可能哭了。也许我们得到了娱乐，或者学到了重要的一课。在某些情况下，我们可能会反思自己在类似的环境中会如何行动，或者对故事中的人物和他们所经历的一切表示同情，因他们悲伤而感到难过，又或者因他们结局圆满而感到喜悦。我希望你在阅读本章的时候，脑海里能够不断浮现此类优秀的故事。

在本章中，我们将从不同的角度来研究故事，研究如何利用故事的各个组成部分帮助我们更好地完成沟通。可能在商务演讲中，我们没法像实际生活中讲故事那样使受众潸然泪下或者捧腹大笑。但是，如果我们能用讲故事的方式吸引对方的注意力，让对方以富有成效的方式参与进来，势必会让我们的沟通极具感染力。

故事的结构

讲故事的过程中，有一个不可或缺的关键因素，那就是你，即故事的讲述者。最终故事的质量，既取决于你计划、制作的材料，构思出的故事（我们当前和下一部分关注的重点），也取决于你在现场讲述故事的方式（我们将在本书最后一部分深入探讨这一内容）。和学习所有新事物一样，我们先从简单的部分入手。随着时间的推移和实践的积累，你会逐渐掌握运用讲故事的形式进行沟通的技巧和经验。在此过程中，你可以完善自己的方法，逐渐细化，同时更好地满足各种沟通场合的需求。

我长期研究如何把讲故事这种方法应用到商业演讲中。随着不断的学习和进步，我对于讲故事的认识和教授讲故事的方式也在不断变化。鉴于此，我认为我需要向你介绍一些故事的具体特性，这有助于你迅速提升讲故事的水平。在我们思考如何将故事应用于商业沟通时，这种简短的探讨可以让我们对与故事有关的术语和结构形成统一认识。

故事的基本组成元素：情节、起伏和结尾

你可能也知道故事的几个基本组成部分，正如在第 3 章我们讨论三分钟故事的时候我请你思考的。现在，我们不会再按线性顺序排列这些元素，而是按照起伏的形状排列——将它们组成一个小型的"故事山"，如图 4-2 所示。

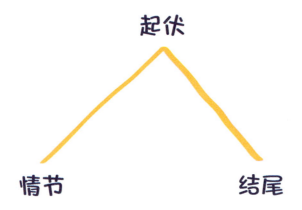

图 4-2   故事的基本结构

情节是背景。它概括了故事开始时发生的事情，介绍了背景和人物。随后事情不断发展，不断向前，经历起伏。起伏产生冲突，冲突使得故事的发展轨迹有了波折，是需要解决的问题。结尾解决了问题，为故事画上了句号，一切完美收尾。

最简单的故事：开头—中间—结尾

我的大儿子第一次在学校学习讲故事时，他的一年级老师告诉他，故事由开头、中间和结尾三部分组成。这只是适合小学生的初级定义，但也是一个不错的起点。人们普遍认为，是亚里士多德提出了这一故事的基本结构，即戏剧的三幕结构。按照亚里士多德的模式，第一幕（开头）是铺垫，铺陈情节和人物。第二幕是中间部分，通常也是最长的部分，在此基础上，随着行动的升级，情节逐渐复杂、曲折。第三幕（结尾）是全剧的结局。

请注意，这种一般性的故事结构类似于本章前面介绍的线性路径，事物以合乎逻辑的方式自然向前发展。我们在商务演讲中可以遵循这种方式推进演讲。但是，正如前面所讨论的那样，通常我们都可以做得更好，明确地突出故事的冲突，使故事发展轨迹更加曲折，最终也会取得更好的效果。

"情节—起伏—结尾"这一基本故事结构，我曾在我的第一本书《用数据讲故事》[①]中重点介绍过，我们在教授有效沟通的短期工作坊中，通常也会采用这一方法。这种方法简单实用，许多商务场景都可以直接使用。而且它能促使大家开始思考如何用讲故事的方式进行沟通。如果你对于在组织中使用故事进行沟通这一想法依旧犹豫不决，那么使用"情节—起伏—结尾"这一结构迈出第一步是非常好的选择。我们将在本章稍后部分再次讨论"冲突"这一概念，并制定有关的具体策略。

在此之前，我们先来讨论一下另一个大家熟知的故事结构，它是在基础版本之上发展而来的。

叙事弧线

叙事弧线（narrative arc）是描述故事发展轨迹的常用方法。与故事基本结构类似，故事的开头即为情节——我们一开始所处的位置。通过引发事件（inciting incident）引入冲突，这种冲突在上升动作（rising action）中不断升级，在故事重要的起伏之处——高潮达到最高峰。故事随后在下降动作（falling action）中趋于平缓，在这一缓冲之后，我

[①] 原书 *Storytelling with Data: A Data Visualization Guide for Business Professionals*，参见《用数据讲故事（修订版）》，人民邮电出版社出版，2022 年。——编者注

们将迎来故事结尾的解决。这就是我前面列举的儿童读物所遵循的一般故事结构。请回想一下你熟悉的故事，我敢打赌，它的主要故事情节也是沿着这条路径展开的（图4-3）。

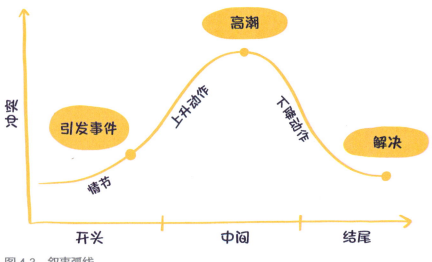

图4-3　叙事弧线

第一次接触叙事弧线时，我有相见恨晚的感觉：我终于找到了我一直渴望的简单易懂的故事结构，它可以帮助我解释和教授如何讲故事！它比基本的"情节—起伏—结尾"模式更加复杂，但是依旧易于理解，可以在短短几分钟内解释清楚。回想一下我们熟悉的故事和现实生活中的商务场景，都可以发现这个框架的踪影。它还可以用作示意图，帮助我们计划商业演讲。我们马上就会学习如何使用它指导我们讲好商业故事。在此之前，我们先来看看它的一些优势。

我想强调一下叙事弧线和我们之前提到的线性路径之间的几个重要区别。也许最容易看出的区别就是故事发展轨迹的形状。与弧线的起伏相比，线性路径是从左至右简单推进。冲突的存在更让叙事弧线从形式上拥有了神奇的要素。这也许正是我们需要把组织商业演讲的方式从线性路径转变为叙事弧线的原因，这种方法促使我们去发现需要沟通的内容中存在的冲突。我所说的冲突，并不是作为内容创作者的我们感受到的冲突，而是能够牵动受众的冲突。以线性方式组织我们的沟通内容很容易忽略受众，但是如果选择叙事弧线这一模型，我们几乎不可能忽略受众。使用叙事弧线，我们就不得不考虑受众以及与他们相关的冲突。在讨论我们如何计划自己的演讲，特别是有关冲突的问题时，我们将进一步讨论。

相较线性路径，叙事弧线还有一个为大家忽略的优势。在使用线性路径时，我们很容易认为各个主题或部分是不连续的、互不关联的，从一个内容到下一个内容的转换可能很突然。而叙事弧线则迫使我们将各个内容联系起来。弧线这一形状会让我们思考如何从一个主题过渡到下一个主题，而线性路径则没有这样的效果。当我们以弧线为轨迹来组织内容时，演讲的每个组成部分都会自然地将故事向前推进。当我们以这种方式计划内容时，沟通会更加流畅。

弗赖塔格金字塔

现代叙事弧线的前身很可能是更古老的戏剧结构。十九世纪德国小说家和剧作家古斯塔夫·弗赖塔格（Gustav Freytag）对亚里士多德的三幕剧结构进行了扩展，勾勒出一个由五个部分组成的叙事模式。该模式通常被称为弗赖塔格金字塔（Freytag's Pyramid），其组成部分与叙事弧线相似，但其线条通常更具棱角（图 4-4）。

虽然"金字塔"与"弧线"的组成部分基本相同，但通常描述它们的语言并不相同。展示（exposition）给人感觉比情节更有力。中间三个部分通常使用与叙事弧线相似的术语来描述。我偏爱来自法语的"结局"（denouement，据说是弗赖塔格之后的学者引入了这个术语），它暗示着复杂问题的解决（字面意思是"解开结"）。

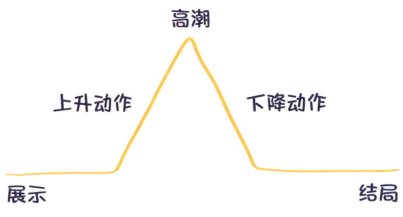

图 4-4   弗赖塔格格金字塔

无论是简单的情节—起伏—结尾，还是更复杂的叙事弧线，这些结构都是完整故事的简化。正如我们在第 3 章创建的故事板只是我们头脑风暴产生的大量内容的一个子集一样，这些结构也只是精心策划的叙事路径，它们不会包含所有细节。包含细节的叙事轨迹看起来更像参差的山峰。

现实更像参差的山峰

现实中事情的发展不可能只有平缓的上升和下降，往往会更加复杂。书籍和电影中的长篇叙事也是如此，整个过程跌宕起伏，推动着故事的发展，引人入胜，娱乐受众。虽然起伏或高潮可能反映了主要矛盾或者最激烈的冲突，但在更广泛的叙事过程中，通常还会引入和解决许多其他问题。正是因为有了这些跌宕起伏，故事才能吸引我们的注意力，让我们不断猜测，并在读故事的过程中获得满足感（图 4-5）。

图 4-5　参差的山峰

　　这座参差的山峰描述了叙事过程中的每一次起伏，回到商业领域，这样的形状象征着项目在整个过程中经历的各种震荡。如果你要写一本 400 多页的书或者制作时长 2 小时的电影，那么这些起伏非常重要，正是因为它们的存在，受众才能始终保持专注。但在工作环境中，受众很少能给你这么长时间，他们的注意力也很难集中这么长时间。此外，我们并不一定需要讲述一个全面完整的故事。

　　不同的受众对于细节的关切各不相同。管理人员可能只想听到基本的故事或者高度概括的情节。财务合伙人感兴趣的内容与营销主管大相径庭，如果把财务合伙人感兴趣的高潮融入故事情节或者用他感兴趣的叙事内容与营销主管沟通，结果势必大打折扣。

　　针对利益相关者或与会者组成的混合型受众，需要筛选、组合细节，满足受众各自和整体的目标。作为沟通者，我们必须对完整故事中所有或者大部分高潮有准确的认识；针对不同受众，将部分高潮整理、组合之后，构建能够打动他们的故事。换种说法：你讲的不是你的故事，你要为受众构建故事。

了解了这些内容，似乎就可以将理论付诸实践，将我们从"讲故事"中提取的方法以及此前讨论过的沟通框架应用到商务沟通之中。接下来，我们就来具体操作一下。

将讲故事融入商务沟通

就业务进行沟通时，我们可以利用故事的诸多特性，比如方便让人记住，在情感方面极具吸引力，而且受众很容易复述。我经历过各种各样的沟通案例，我很难回忆起哪个案例未能从利用故事元素中受益。足够重视以讲故事的形式进行沟通，意味着你考虑了你的受众，考虑了如何将他们融入故事，才能产生最强烈的共鸣。

如果你考虑在沟通中加入故事的元素，但是你的组织成员觉得这种方法令他们不适或者有悖组织的文化，你需要找到在什么情况下使用讲故事的方式进行沟通效果较好，并以此为起点。不要从存在阻力的情景入手，这样风险太大。一旦效果不佳，可能会打击你的信心，损害你的信誉，或者让人们质疑讲故事这种方法。显然，这些都不是理想的结果。不过，这样的结果并不意味着讲故事这种方法本身存在问题，而表明在某一场景中它未能奏效，可能是因为场景特殊或者执行有误。

讲故事的方法何时有效？何时无效？

使用讲故事的方法进行沟通的理想情况如下：你想带领大家踏上一段旅程。你已经完成了某件事情，例如完成了一个项目，是某个话题方面的专家，有一段独特的经历，或者进行了研究，完成了分析，准备带领其他人了解这个过程，帮助他们以全新的方式理解问题，促成对话，做出决定或者激发改变。讲故事这种方法是你引导受众采取行动的路径。

有一种情况可能会让你对使用讲故事的方法产生疑问，那就是你觉得这与你的团队或你的组织通常的交流方式相去甚远。如果你们现在总是以其他方式呈现信息，那么团队或者组织的其他成员可能会拒绝使用"讲故事"这种偏离常规的做法。我曾经与某个组织合作，该组织在就项目结果展开沟通时，有自己必须使用的模板，有些固定的内容必须按照特定的顺序安排（大致反映科学研究的过程：观察问题、研究主题、假设、实验、分析和结论）。与我一起工作的小组成员一致认为，任何改变都会让利益相关者无法接受。事实可能确实如此，组织内部的人通常会考虑到组织背景，以此指导决策。

在这种情况下，如果你没有得到你所寻求的关注或者未能推动你所寻求的行动，也许你应该换一种方式进行沟通。在满足沟通对象的期望和使用新方法之间架起一座桥梁的一种方法，就是兼顾两者。完成你必须完成的工作（例如，按照既定模板构建常规的沟通内容），再把这些内容与新的沟通形式结合起来，并且要告诉沟通对象你的做法。你可以这样说明："今天，我想尝试一些不同的东西。我按照惯例准备了材料，将会和大家分享项目的相关情况。但是，首先我想用几分钟的时间给你们讲一下我们项目的故事。"显然，要确定这样的做法什么时候奏效，什么时候存在适得其反的风险，需要经过深思熟虑。在以讲故事的方式进行沟通之前，先判断其适用与否，是能够助你一臂之力，还是可能会成为你沟通的障碍。

使用这种方法进行沟通的时候，还有一个需要小心谨慎的问题，那就是事关重大的沟通场合。比方说，你即将给公司高层领导做一次商务演讲。请不要采纳我刚才的建议，这不是将讲故事融入业务报告的最佳场合。相反，先在风险较低、有他人支持或更有可能成功的场景进行试验。这会增强你的信心和可信度。随着时间的推移和成功案例的积累，你会逐渐形成良好的势头，并且借助这种势头，在风险更高的环境中越来越熟练地使用讲故事的方式。

确定了故事使用的场景之后，我们再来看看如何找到故事中的冲突。

找到故事中的冲突

当我们就业务内容分享信息时，冲突是关键要素，也经常为我们所忽略。在工作坊中讲授与讲故事有关的课程时，我的表达方式往往比较戏剧化，尤其是在讨论冲突的时候。这样做是为了强调冲突的重要性，但这并不意味着为了让讲故事这一方法效果更好，我们要刻意制造戏剧性。故事中的冲突并非我们刻意构建的，但如果没有冲突，就失去了沟通的初衷。我们要做的是找出沟通内容中存在的冲突，以及如何向受众阐明其存在。如果能很好地做到这一点，我们就能抓住受众的注意力，并能更好地促使他们采取行动。

回想一下第 1 章的一些内容。我认为，再怎么强调了解受众以及他们重视的内容都不为过。专注于对我们有意义的内容很简单，但是这样无法影响到受众。我们需要跳出自我，考虑受众面对的冲突。这与我们在第 2 章讨论的中心思想的要素之一有关，即受众关心的利害关系。找到沟通内容中情节的高潮，然后将其与受众关心的利害关系联系起来，而我们希望受众采取的行动正是解决故事中存在的冲突的方法。

即便不是按照完整的故事结构进行沟通，只是用叙事弧线来组织沟通内容，找到冲突点也能提升沟通效果。在计划的过程中，静下来思考一下：在这个案例中，冲突点是什么？对方关心的存在问题的事情或者可能出现问题的事情到底是什么？

冲突在哪里

正如我们已经讨论过的，冲突是故事的关键组成部分。但如果冲突不明显，该怎么办呢？首先，要确定受众关心的内容。我在第 2 章概述了假设事物发展将走向极端的方法。现在再来重温一下，看看是否有助于你找到冲突所在。关注当前状态和期望状态之间的差距是另一种找到冲突的策略。还可以尝试从行动入手：你到底想让受众做什么？你希望受众采取哪些步骤，以解决或者缓解某个问题？从行动入手可以帮助你倒推找到冲突。如果采取前面的方法，你依旧无法准确地表达冲突，可以与其他人，例如同事、管理者或利益相关者一起讨论，从中获得启发。如果没有很快地找到冲突，也不要放弃，继续努力寻找。只要勤加练习，你也能得心应手。

找到冲突之后，就该回到故事板，在叙事弧线中为之安排合适的位置了。

按照叙事弧线安排内容

如果你需要吸引并保持他人的注意力，一个结构合理的故事可以帮助你实现目标。我们之前已经讨论过，以叙事弧线作为模型，有助于受众记住沟通内容，轻松地向他人复述你的演讲，帮助他们传播你的信息。

叙事弧线值得注意的一个方面是它的形状。它有平滑的部分，又有陡峭的部分，而且是对称的，商业故事的发展轨迹并不一定要与叙事弧线完全吻合。多给自己一些空间，其实我们在日常生活中也会看到他人在故事中使用闪回、铺垫等手法，而非严格按照叙事弧线。你的故事与叙事弧线相比，可能会更加平缓，高潮可能只是一个小的起伏。冲突的最高点可能也不会出现在演讲的中间部分，而可以出现在演讲的开头，也可以用较长的时间来营造气氛，再迎来冲突的最高点。制订沟通的整体计划时，应该考虑到叙事弧线的各个部分（尤其是冲突，这点我已详述）。将讲故事的方法应用到商务沟通中时，比按部就班地遵循叙事弧线更重要的是，叙事应该有发展轨迹，这个轨迹就是你在考虑到沟通的方式、内容和对象的情况下计划出来的。

有了演讲计划之后，我通常会清理出办公桌上的空间（如果我在出差，我会在一张较大的纸上计划演讲，或者完成计划之后把便利贴贴在面积较大的纸上，以便携带）。我会准备一沓便利贴，把叙事弧线的每个主要部分写在便利贴上：情节、上升动作、高潮、下降动作、结尾。我将这些便利贴排成弧形，每张便利贴周围留出一些空间，以便在必要时添加其他便利贴（图 4-6）。

图 4-6   我的便利贴叙事弧线

我喜欢便利贴的原因之一就是，我可以轻松地在故事板中重置它们的位置，并按照叙事弧线进行排列。这一步可以帮助我确认演讲是否已经具备了故事的所有要素。让我们回顾一下叙事弧线的组成部分，以及在以这种方式重新排列故事板内容时需要注意的事项和可能遇到的问题。以下内容摘自我的第二本书《用数据讲故事：专业图表实训教程》（*Storytelling with Data: Let's Practice!*）[1] 一书中的内容。

---

① 参见《用数据讲故事：专业图表实训教程》，人民邮电出版社出版，2023 年。——编者注

- **情节**：为了应对你可能提出的要求，受众需要具有怎样的心态和知识？针对需要沟通的内容，找到其背后你所掌握的可能会直接助力沟通的隐性知识，确保受众理解你的假设和认知。

- **上升行动**：对于受众来说，故事中存在的冲突是什么？如何才能突出存在的冲突？考虑到受众的具体情况，阐述冲突的时候如何做到程度适当？

- **高潮**：冲突的最高点是什么？切记，我们说的冲突并非针对作为演讲者的你，而是针对受众。回想一下我们此前讨论的中心思想，沟通内容一定要与受众关心的利害关系密切相关。受众关心的到底是什么？你将如何吸引他们的注意力并且保持他们对你的关注？

- **下降动作**：在商务沟通中，下降动作可能是最模糊的组成部分。下降动作存在的主要意义是提供缓冲、过渡，避免突然从冲突的高潮进入结尾。在商务沟通中，下降动作这一部分可能是为冲突补充细节，或者在冲突的表现形式上做进一步的细分。例如，存在冲突的问题在业务部门或者不同地区的表现，也可以是你权衡过的不同选择、可能的解决方案或者你想要促成的讨论。

- **结尾**：这部分是问题的解决，也是发出行动号召的部分。在结尾，你要告诉受众如何行动，才能解决故事中存在的冲突。请注意，行动号召绝不是"我们发现了……，所以，你应该……"这么简单。我们的故事结尾应该设计得更加微妙。结尾可能是你想要推动的对话，也可能是供受众选择的选项，甚至可能是你希望受众提供的用来充实你故事的意见。无论如何，结尾都应该包含你希望受众采取的行动，并且表达清晰且有说服力。

按照叙事弧线安排内容时，为了实现从叙事弧线一部分到下一部分的顺畅过渡，我时常会重拾一些制作故事板时产生的想法，或者是加入新的想法。

有时，以这种方式重新计划演讲内容，只需要对我在故事板中构想的内容做出些许调整、改动。在其他情况下，叙事的路径会完全不同。无论是哪种情况，从叙事弧线的视角来审视我的计划，总会让我在之前的基础上做出一些改进。希望分享我的做法，能帮助你完善你的演讲计划。

按照叙事弧线安排好自己的想法之后，确认演讲包含了叙事弧线的所有组成部分，也许还需要继续进行编辑，加入或者移除便利贴，最后，我还会客观地思考一下这样的计划是否能取得良好的效果。

在商业演讲中嵌入故事

虽然我已经概述了如何借用故事结构和其要素来组织你的商业演讲，但是你也可以直接将完整的故事嵌入商业演讲之中。

多年来，无论是登台发表演讲，还是在工作坊授课，我经常用自己生活中的故事或者其他故事来说理，例如，开学季和母亲一起购物，童年难忘的圣诞节，在谷歌工作的日子，我儿子学习阅读，等等。虽然我讲的故事多种多样，但讲故事的动机始终如一：分享自己生活中的经历，让受众产生共鸣，从而在更深层次上吸引他们。讲故事的另外一个目的是激发受众的兴趣，解释或者介绍一些我希望他们记住的重要内容。

思考一下，在何种情况下你可以通过讲故事来与他人建立联系、说明概念、提出观点、树立威信、获得支持、推动变革或者激发灵感。要想把自己的故事毫无痕迹地融入演讲中，必须确保故事真实可信。根据叙事弧线构建你想要讲述的故事。确定需要包含或强调哪些信息，需要省略哪些信息。练习讲述并听取他人意见。使用我在第9章概述的其他方法，通过练习进行完善，确保你能出色地讲述与自己有关的故事。

正如我们已经讨论过的，叙事弧线是完整故事结构的简化示意图，其全貌看起来更像是我们之前看到的那座参差的山峰。我想强调一下，沟通的目的不是把所有信息传递给所有人。关注特定的受众和信息，评估这些受众必须知道哪些要点，以怎样的顺序才能最有效地传达你的信息并促使他们采取你所寻求的行动。

在勾勒出自己满意的故事路径之后，一定要大声讲出来。我们会在第 9 章有关打磨表达的部分讨论这种方法，但是现在可以将这一方法视为一种简单测试，看看你安排内容的方式是否能够构建出一个故事。完成这个练习后，根据需要进行调整。

自己完善故事之后，与其他人讨论你构建的故事。正如我们在中心思想和故事板两部分看到的，向他人解释你为什么选用各种策略的过程对我们大有裨益。让具有影响力的利益相关者了解你的策略，或者征求管理者的意见，让他们确认你的方向是否正确。你们之间的探讨可以帮助你不断完善讲故事的方式。

既然我们已经探讨了如何用常规的故事结构来组织我们的商务沟通，那么就让我们看看在具体场景中的运用吧。

形成故事：TRIX 案例研究

在第 3 章的结尾，我们用故事板展示了我与诺什团队沟通内容的安排。现在，让我们再来看一看这个计划，并将在本章学到的关于故事的知识应用于其中。图 4-7 是我构建的故事板。

图 4-7   TRIX 市场调研项目故事板

首先，我明确地指出了冲突所在。案例的核心其实就是这个冲突：由于成本上升，目前颇受欢迎的 TRIX 混合坚果的配方无法维持。这部分冲突包含在故事的背景和情节之中，但它与我所传达的故事中的冲突是不同的。面对诺什的团队，为了促使他们采取行动，我该向他们强调现存的什么问题？现在的问题是，我们并没有明确的解决方案——原本被我们寄予希望的替代配方并不成功。总的来说，现有配方更受欢迎。哎呀！这个令人沮丧的消息肯定能引起他们的注意，也肯定能吸引他们关注对于他们来说重要的内容。

我又取来一沓便利贴，写下叙事弧线的组成部分：情节、上升动作、高潮、下降动作和结尾。我取下故事板上的所有便利贴，沿着刚刚创建的弧线排列。在这个过程中，我意识到我在简化的故事板上删掉了太多的内容。按照叙事弧线排列内容的时候，我想起了我的受众。这是我们第一次与诺什合作，我需要让他们相信我的团队，相信我们的方法。我必须充分打动他们，让他们愿意继续与我们合作。

为了实现与诺什的进一步合作，我需要找回我头脑风暴后放弃的一些内容，让它们回到我的故事中。我必须在总体故事与细节之间找到一个很好的平衡点，前者将为讨论提供框架，并最终推动客户团队做出决定，而后者则说明我们团队工作稳健可靠。这两个目标存在矛盾之处。

在这种情况下，我该如何继续？

陷入困境时，我通常会尝试几种方法。首先，我会先放下工作，给自己一些空间和时间，放飞自己的想法。具体做法是离开办公室，出去散散步或跑跑步。如果时间充裕，我会把注意力转移到其他工作上，在潜意识中反复思考问题，直到有新的想法，或者已经准备好（或受到截止日期的限制）回到此前的工作中。

在这个案例中，我将便利贴粗略地摆成弧线，还有一些尚未分类的想法。在长达几天的时间里，我只是把它们放在我办公桌闲置的一侧。在这几天里，各种想法在我的大脑中酝酿。我会定期看看这些便利贴，重新排列、添加或者删减内容。我一度觉得，我的报告应该是《选择你自己的冒险》（*Choose Your Own Adventure*）[①] 式的故事。我将首先概述我们团队所承担的各项工作，然后让来自诺什的客户团队决定他们想要听到哪方面的内容。经过进一步思考，我意识到这不是一个好主意。我对整个项目、我们的工作、数据以及结论了如指掌，所以我的视角非常独特，非常适合引导受众了解所有情况。如果由对方来主导，那么我的专业性和可信度都会有受损的风险。在放弃讲述《选择你自己的冒险》式的故事之后，我又有了新的想法。如果我把叙事弧线和概述团队所有工作细节的线性路径结合起来呢？

在思路卡壳或者考虑不同想法时，我采用的另一个策略是与其他人讨论。如果时间

---

① 互动型儿童图书，读者可以根据自己的选择转到对应页码，从而使得故事有不同的发展和结局。

——译者注

有限，必须在截止日期前完成工作，这个方法往往能让我更快地摆脱困境。在这种情况下，我会与项目团队的同事一起研究我的新想法，然后确定计划。我会先讲述有关TRIX 的故事：我们通过深入研究和分析了解到的情况，以及我们认为应该采取的方案。然后，我将在附录中列出我们工作的全部细节，并以易于浏览的方式进行整理，以证明我们工作的稳健可靠。对于一个已经信任我们专业知识和方法的长期客户来说，我们可能不会采取这样的方法，但是在诺什的案例中，选择这个方案是有意义的。这凸显了我们应该始终坚持的目标，即想象一下在特定情况下成功该有的样子，并规划出一种有可能实现这一目标的方法。

确定了这一方案之后，按照叙事弧线安排故事就变得轻而易举了。由于我们还将提供一份内容翔实的附录，我就不会再面对将所有内容都塞进故事情节的压力。我确定了向诺什团队介绍我们的工作和研究结果时引导他们的路径，如图 4-8 所示。

图 4-8　TRIX 市场调研项目叙事弧线

与我最初在故事板中的计划类似，我会从结局入手，即我为客户团队拟定的决定。然后我会设定情节：关键原料的价格上涨意味着需要改变混合坚果的配方。在上升动作部分，我会介绍我们所做的研究和我们所探索的方案，最后在高潮部分道出令人不悦的事实：现有的配方更受欢迎，而测试过的两种替代方案都存在明显的问题。在下降动作部分，我会指出，并非所有希望都已破灭，我们的研究有些出乎意料、引人关注的发现。这样，我顺利过渡到结尾，也就是最终决定这部分。在这部分，利益相关者将权衡我们的建议和一些其他方案，以决定前进的道路。

这与我最初的故事板相比并没有太大的变化。不过，用故事的结构来规划报告，有助于我以不同的方式思考问题。现在，我的脑海中有了受众的清晰画面，这有助于我们找到宏观与细节内容的平衡点。综上所述，现在我的计划比开始时有了极大的改善。

我希望你能够感受到这一方法蕴含的力量。认真思考你的受众——他们是谁，如何确定并满足他们的需求。精心设计中心思想，汇编所有作为支撑的内容。形成故事，故事的发展脉络就是你带领受众理解相关内容、激励他们行动的路径。你已经充分考虑了成功的情形，也考虑了如何将我们迄今为止讨论过的所有内容结合起来，让自己在商务演讲中更接近成功。

现在，你已经为沟通制订了详尽的计划，这个计划就是你要讲述的故事。

那么，是时候制作辅助你完成沟通的材料了。

第二部分

构建演讲

第 5 章

确定风格和结构

经过深思熟虑，你已经计划好了沟通内容。现在，是时候制作辅助材料了。使用幻灯片无疑是会议和报告最为常见的商务沟通形式之一，在本书的这一部分，我们会聚焦幻灯片中包含的内容。沟通的方式多种多样，后文的许多策略可以应用到不同的场景之中，我希望你能够自己思考，判断其适用范围。

另外，我还假设你制作的材料会用作演示，你或者他人将使用你构建的材料进行演讲。演讲可能是面对面的，也可能是在线的，我们将介绍这两种情况下的不同方法。无论是哪种情况，在制作幻灯片时都要牢记一个重要的理念：**沟通的主角并不是你的幻灯片，而是你本人。**

但是我们通常的工作方式并未遵循这个理念。通常，我们制作幻灯片的目标是，它们能够独立完成沟通。如果我们传播的内容就是材料本身，设定这样的目标合情合理。但是，如果制作的内容需要在现场配合演讲，那么幻灯片就只是你演讲的辅助措施，而非用演讲来辅助幻灯片中的内容。因此，在设计演讲用的辅助材料时需要有不同的考量。将幻灯片视为得力助手，它们可以直观地说明概念，帮助你解释细节，提醒你接下来要讲的主题，或强化你提出的观点。但大部分沟通工作还是要由你来完成。幻灯片的作用是为你增光添彩。

幻灯片可能包含文字、图表和图片，这也是我们在本部分主要探讨的内容（分别在第 6 章、第 7 章和第 8 章）。在此之前，我们要从实战出发，先设定沟通的基本风格和结构。

首先设定风格和结构

现在，你终于可以打开你的演示文稿软件了。不过，现在还不是制作幻灯片的时候。首先，花点时间确定沟通的风格和结构。虽然这看似是多余的一步，但正是这一步的存在能让你生成的内容与众不同，并确保你制作的幻灯片能够有力支持你计划好的故事。

所谓风格，我指的是幻灯片的设计，主要包括颜色、字体和版式。就像我们在讲故事时要考虑为受众创造什么样的体验一样，在考虑幻灯片的风格时候也要牢记这一点。也许你已经有了标志性的风格，可以融入任何幻灯片，也许你想从头开始设计。这些情况我们都会讨论，包括每种情况下，你的设计应该如何与主题和演讲的预期基调保持一致。

设定演示文稿的结构或框架，我们就能将计划演讲阶段的"低科技"成果转化到软件中。这样，我们就能将构建演讲辅助材料的工作划分成易于管理的小块，从而实现时间优化。如果是团队协作，提前确定演示文稿的框架，有助于统一所有成员的认识，让大家了解各个部分组成的最终演示文稿的大体样子，这将使得沟通更加和谐。

在本章中，我将与你分享用于确定演示文稿设计和框架的方法，这个方法分为三步，非常实用，不仅是我自己使用的方法，也是我授课的内容之一：

1. 确定风格；

2. 制作幻灯片母版；

3. 确定结构。

让我们从第一步开始。

确定风格

颜色、字体和版式，这些设计元素共同构成了幻灯片的整体外观，也决定了受众的观感。在某些情况下，这些元素是固定的；在另一些情况下，你需要自己做出选择。这两种情况各有利弊。

品牌主导的风格

你的公司或组织此前可能已经建立、定义了自己的品牌。这意味着公司或组织会建议或者要求你使用指定的颜色和字体，可能还会发布品牌手册或者风格指南，概述包括颜色和字体在内的各种要求，例如如何正确地使用公司徽标。甚至还会为你提供演示文稿软件中预先设计好的模板，其中包含了预设的颜色、字体和版式。

如果公司有这样的规定或者模板，你需要遵循、使用。

有些人会觉得使用公司指定的模板会束手束脚，所以犹豫不决。其实，使用已经存在的模板让起步更加容易（尤其是如果你不是专业的设计人员），幻灯片的设计会更加高效，因为需要考虑的因素大幅减少。标准化的模板不仅更加专业，而且一致性更强。

会议幻灯片模板

大型会议通常会为演讲者提供幻灯片模板。尽管如此，我在为主题演讲准备幻灯片时，通常也不会遵从我之前提出的建议，即我不会使用会议提供的模板。这是因为，首先在演讲时我只想代表我自己、我的公司和演讲主题，而不是代表会议品牌。我理解主办方希望各个发言人统一发言模板，以便推广会议的品牌。为了达到这一目标，同时也为了满足组织者的要求，我会以大会提供的模板中的首页和尾页，分别作为我演示文稿的开头和结尾。然后，我会为我的幻灯片设计自己的模板（包括在首页之后我自己的标题页，再过渡到内容页），在某些情况下，我会将大会模板中的颜色或字体融入其中，与大会规定的风格保持一致。如需了解具体操作，请查看我在 2019 年 Tableau 大会上的演讲——《用数据讲故事的低科技超能力》（"Low-Tech Super Powers for Data Storytelling"）。

如果标准化的模板真的很糟糕，那就属于例外情况了。我们对幻灯片模板不满时，抱怨最多的就是颜色不够赏心悦目，或者存在视觉干扰。就我个人而言，我并不相信"我们品牌的主色太难看了"这种说法。如果你同时使用多种颜色，可能会导致这样的结果。但巧妙地将黑色和灰色融合到幻灯片之中，以此配合品牌单一的颜色，似乎总能缓解这一问题，而且即便公司规定了幻灯片使用的配色方案，这种做法也是普遍被接受的。我将在接下来的章节中举例说明。

比较难以克服的情况是，在添加内容之前，幻灯片模板的视觉效果就已经非常杂乱。这可能是由于鲜艳的背景颜色或图案、过多的装饰元素或者突兀的品牌徽标。如果不得不使用这种可能造成问题的模板，在幻灯片中添加内容时必须更加谨慎，一般来说，你需要减少自己加入内容的数量。你还需要考虑如何创造出足够的视觉对比来引导受众的注意力，同时又不让受众感到眼花缭乱。

如果你感到自己始终抗拒现有的幻灯片模板，可以寻找途径，巧妙地向要求你按照模板制作幻灯片的人或者幻灯片模板的创建者提出反馈。或者你也可以寻找调整现有模板的空间，直接进行微小的改动。

风格设计练习

我们已经讨论过，在视觉传播中融入品牌元素有很多好处。不过，要将这些元素巧妙地融入幻灯片，还需要练习。下面我介绍一种风险相对较低的练习方式，在我的第二本书《用数据讲故事：专业图表实训教程》中我也介绍过这个练习。

找两个知名品牌，可以是知名的公司，可以是知名的运动队。选择的品牌如果风格迥异，这个练习会更加有趣，收获也会更多。研究与品牌相关的图片，分别列举 10 个形容词来描述两个品牌的外观和它们带给你的感觉。

接下来，挑选你此前制作的一张幻灯片，重新制作，分别加入你刚才所选品牌的元素。完成之后，比较初始版本和重制的版本。感觉如何？你是否将用来形容品牌的形容词栩栩如生地展现在了幻灯片之中？在沟通时，你要如何概括需要考虑的诸多品牌要素？这样做的好处是什么？在哪些情况下，加入品牌要素毫无意义？

如果有多个幻灯片模板可供选择，我建议选择最简单的。初始模板越简洁，在为每张幻灯片添加内容时就越灵活。如果没有标准化的模板，可以考虑制作一个。

下面我们来讨论一下制作模板首先要做好的几步。

建立自己的风格：颜色

如果从零开始构建模板，需要确定许多内容。这个过程会充满乐趣，同样也会有很多令人不知所措的时候，对于那些对自己的设计能力没有信心的人来说更是如此。我不建议使用演示文稿软件中的预设模板。它们往往比较杂乱，使用的颜色和字体组合也有问题。

我们先从简单的事情开始，找到能激发我们灵感的事物。在为幻灯片设定新的风格时，我通常会从选择颜色入手。有很多在线资源可以在这方面为我们提供有力的帮助。Adobe 建立了 Adobe Color 网站，基于当前的流行趋势提供色彩组合和相关工具，供用户构建自己的配色方案。作为"艺术与文化实验"（Arts & Culture Experiments）的一部分，谷歌在 Art Palette 网站上基于数千件艺术作品提供配色方案。美国国家公园管理局在头部社交媒体上通过"#NPScolorforecasting"标签发布以公园为灵感的调色板。这些只是生成配色方案的部分资源。还有许多在线配色方案生成器，可以从任何画面中提取颜色。例如，在 DeGraeve 网站的调色板应用中，你可以上传任何图片的网址（你图片库的照片、你最喜欢的衬衫照片……任何有网址的图片都可以）。

选择颜色时，请牢记你的目的。你创建的模板是否会成为公司或者团队的新标准？如果是，那么你的颜色组合就应该与既定的徽标和品牌相匹配，而且适配性要强，能够满足不同的设计需求。此外，如果你是在设计某次商业演讲的演示文稿，则应选择与主题相关的颜色，或者选择与你希望传递的情绪或观点相匹配的颜色。

某个意思以视觉方式呈现时，特定的色调会给受众带来特定的感觉。如图 5-1 是在美国词义与色彩之间常见的联想关系。

serious distinctive elegant bold powerful sophisticated expensive night death
conservative classic responsible dull somberness authority neutral logical rich
practical reserved trust authority dignity security confident classic stability trust
calming patient cool water contentment trusting serene sophisticated water
coolness healthy fertile freshness environmentally conscious nature reliable
appetite calm soothing refreshing young youth friendly positive feelings sunshine
surprise cowardice energetic caution fun cheeriness sunset exuberance
spontaneous optimistic speed history autumn earthiness richness tradition
conservative earthy wholesome delicious rich rustic warm natural rich refined
tasty expensive luxurious aggression passion sexy strength powerful assertive
vitality fear speed danger exciting playful tropical flirtatious romantic sweet
tasting femininity innocence softness youthful sophistication mysterious
spirituality dramatic wealth royalty youth creative romantic sentimental nostalgic

严肃　独特　高雅　勇敢　强大　精密　昂贵　夜晚　死亡
保守　经典　负责　枯燥　昏暗　权威　中立　合乎逻辑　富有
实际　内敛　信任　权威　端庄　安全　自信　经典　稳定　信任
平静　耐心　沉着　水　满意　信赖　安详　精密　水　冷静
健康　肥沃　新鲜　有关环境的　清醒　自然　可靠　食欲
镇静　舒缓　提神　年轻　青春　友好　积极感受　阳光
惊喜　怯懦　精力充沛　警告　乐趣　开心　日落　繁茂
自发　乐观　速度　历史　秋天　质朴　富饶　传统　保守
似泥土的　有益身心　美味　富有　朴素　温暖　自然
富有　精制的　美味　昂贵　奢侈　挑衅　激情　性感　力量
强大　果敢　活力　恐惧　速度　危险　兴奋　玩笑的　热带　轻浮
浪漫　甜　美味　女性　天真　温柔　青春的　精密　神秘　灵性
戏剧化　财富　王室　青春　有创造力　浪漫　伤感　怀旧

图 5-1　在美国词义与色彩之间常见的联想关系 [①]

　　颜色的联想意义因地区而异，如需了解概况，请查看 Information is Beautiful 网站上戴维·麦坎德利斯（David McCandless）制作的"不同文化中的颜色"（Colours in Cultures）图表。在你为模板或为某次沟通选择颜色时，请考虑颜色的联想意义。

　　此外，注意色调和亮度的变化，这样就会有更多选择，可以让你的幻灯片在视觉上与众不同。在幻灯片中，如果想要强调某一种颜色或者淡化特定的视觉元素，我的建议

---

① 上方为原图，下方为原图的大略翻译，供参考。——编者注

是加入黑色和各种灰色。在第 6 章和第 7 章，我们将在视觉分层的背景下重新了解这些策略，并研究具体实例。

“用数据讲故事”风格的建立

2010 年，我创建了“用数据讲故事”的公司品牌（图 5-2）。品牌的名称起源于我此前在博客上使用的一个简单的蓝色文字标题。颜色和字体都是从 Microsoft Excel 的标准选项中提取的，过去我所有的图表都是使用这个软件制作的。需要品牌徽标的时候，我自己制作了一个，就是为文字配上了一个条形图案，并将字体从 Arial 改为 Avenir，以与我的第一本书的字体相匹配。随着时间的推移，品牌徽标的颜色也从基础蓝色换成了更大胆、更明亮的版本。

随着时间的推移，我们的徽标也在不断调整，但我用来描述我们品牌的形容词始终如一：平易近人、浅显易懂、简洁清晰、始终如一、鼓舞人心、有人情味、热情友好、精致、优质、简洁、周到、值得信赖。我们的行为方式和视觉传播方式都以此为指导。我们有一套用于工作坊的幻灯片模板，也经常为新内容设计新颖的幻灯片。本章中我将向你介绍的 TRIX 案例研究设计方案就是后者的典型代表。

storytelling WITH data®

图 5-2 “用数据讲故事”品牌徽标

选定配色方案后，将颜色直接添加到演示文稿软件中。你可以在 storytelling with you 网站查找视频教程，了解如何操作。

建立自己的风格：字体

印刷品的设计是一个完整的专业领域，也就是排版设计（typography）。字体是其中重要的组成部分。我绝不是这方面的专家（我也不是颜色方面的专家，我所分享的建议都来自我在颜色和字体设计方面的实践）。我长期使用常见的 Arial 字体，这肯定会令大多数设计师感到不解。我认为，沟通包含诸多方面，字体也是其中一个，就像我们此前谈到的许多其他方面一样，开始的时候，尽量保持简单，如有必要，随着时间推移逐渐加入更多细节内容。

进一步了解字体设计

不同的字体也会给人不同的感觉，但是通常不如颜色那么强烈，除非是手写体或者马克笔体之类别具一格的字体。对于英文来说，在选择字体时，需要考虑的是选择衬线体（字母末端带有延伸出来的装饰性笔画）还是无衬线体（更为简约）。

获取字体的途径主要有三种：系统字体、免费字体和专业字体。系统字体是指电脑上可用的字体（前面提到的 Arial 就是一个很好的例子）。你可以从 Google Fonts 网站下载免费字体。专业字体是指必须付费才能使用的字体。

如果你想了解更多有关排版设计的信息，马修·巴特里克（Matthew Butterick）的《实用排版设计》（*Practical Typography*，见其网站）是极好的资料，也是一本寓教于乐的读物。

对于商务场景中的交流，我主张将易于辨识放在首位。我建议选择简单的字体，且确保文字大小便于阅读。我倾向于选择无衬线字体，因为它们看起来很简洁，而且我会选择粗体效果鲜明的字体，这样方便强调单词或者短语。我通常不会混合使用不同字体，但是偶尔也会这样（我的第二本书《用数据讲故事：专业图表实训教程》在印刷时混合使用了 Avenir 字体和定制的手写字体，以营造一种不那么正式的感觉）。

如果我的幻灯片需要共享给他人，或者在别人的电脑上放映，我会选择系统字体（系统预装的字体）。在其他电脑上播放幻灯片时，如果没有下载特殊字体，会自动用系统字体替代。这意味着最终的效果与预期不同，而且因为字体大小各不相同，还可能会出现其他格式问题。为了避免这些问题，请在共享前将文件保存为只读的 PDF 格式，对于演讲时使用的幻灯片，则选择系统字体。如果你的幻灯片只在自己的电脑上播放，选择字体会更加自由。

在看到幻灯片以不同字体呈现出的效果之前，我很难决定使用哪种字体。如果打算挑选此前未用过的字体，通常我会等到开始制作幻灯片的时候，因为这样方便横向对比不同字体的效果。我会在本章的 TRIX 案例研究中分享整个过程。

制作幻灯片母版

如果你的公司或团队有自己的幻灯片模板，请使用模板，跳过这一步，继续阅读本章"确定结构"这一节内容。

如果你手头没有标准模板，决定创建新的模板，应投入时间制作新的幻灯片母版（master），这是值得的。幻灯片母版包含了幻灯片的主题和版式。在母版中，你可以确定选择的颜色和字体，还可以决定幻灯片的总体版式。如果设计得当，幻灯片母版可以让整套幻灯片更具连贯感，单张幻灯片的制作也会更加快捷。

幻灯片制作软件

商业场合最常见的幻灯片制作软件有 PowerPoint、Keynote 和 Google Slides。从软件自身来讲，它们并没有高低好坏之分。如何使用软件，制作你需要的材料并进行展示，决定了你的沟通有效与否。大部分情况下，我的建议是选择你熟悉的幻灯片制作软件，这样操作起来才能得心应手。如果碰到困难，通常情况下在搜索引擎上认真进行搜索都能找到许多资源提供指导。

我将介绍为演讲制作新幻灯片母版的过程。虽然我的制作流程主要是使用 Power-Point（我最熟悉的幻灯片软件），但你可以在任何幻灯片软件中应用类似的方法。

从空白幻灯片开始

首先是打开 PowerPoint，创建一个新的演示文稿。随后，查看幻灯片母版，删除其中所有内容。我会删除所有自带的版式（除了那些微软不允许我删除的内容，即前两张幻灯片——最上方的 Office 主题幻灯片和紧随其后的标题幻灯片）。然后删除这两张幻灯片中的所有占位符（标题、子标题、日期、页码等）。

为什么要这样做？我不想要别人设计的版面，那些设计只是为了满足大部分情况下的基本需求。相反，我想要做的是精心设计幻灯片的版式，使其满足特定情况下我的确切需求。

删除所有内容后，幻灯片母版只剩下两张空白幻灯片。接下来，我会对这两张幻灯片进行设计，并添加额外的幻灯片以实现我的目标。最终，这套幻灯片将成为我创建幻灯片的模板。

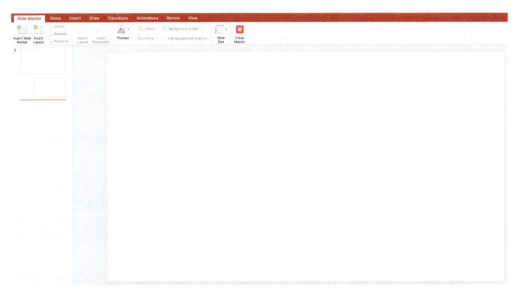

图 5-3　PowerPoint 中我的空白幻灯片母版 [1]

图 5-3 中左上角的白色矩形是我要设置总体主题的地方。添加到该幻灯片中的每个元素（无论是静态元素还是占位符——我稍后会详细说明两者的区别）都将显示在该主题下的所有幻灯片上。如果某一页的内容与总体主题无关，可以根据需要遮盖个别元素。结合实例会让人更容易理解，我们从最上面的主题幻灯片开始，制作一个幻灯片母版。

设计主题幻灯片和内容幻灯片

假设我正准备代表我们公司——用数据讲故事（SWD）——做一个演讲。这意味着很多设计方面的内容已经确定。我使用了我们公司专属的配色方案，其中包括我们徽

---

[1] 本书图片，特别是幻灯片截图中，与正文无关的功能性文字或非图片展示重点的文字不再译出，以免影响视觉效果。翻译的文字则一般不保留原字体。——编者注

标中的亮蓝色和一些互补色调。我会继续使用 Avenir 字体族，也就是图 5-4 中的字体（Avenir 是免费字体，我的电脑上也已安装）。

我会保持设计相对简单。在主题幻灯片上，我会在左上角添加一个标题占位符，把颜色设置为蓝色，字体选择为 Avenir Medium。在右下角，我会添加公司徽标（图 5-4）。

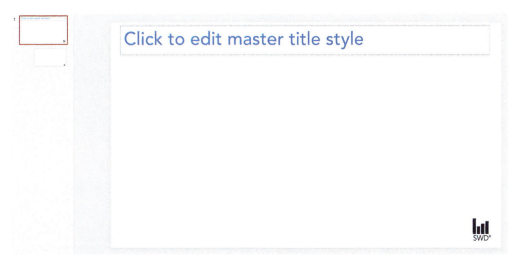

图 5-4　幻灯片母版主题幻灯片

现在，主题幻灯片已经设置好了。新幻灯片插入时，都会与已经设置好的主题幻灯片版式一模一样。如果每次创建新幻灯片时无须调整任何格式，那么直接添加即可。

如果我还想要一些不同格式的页面，我会再添加一些版式，并按需对每个版式做出修改。例如，我可以添加一个标题文字为黑色而不是蓝色的版式。有时，我可能需要一个没有黑色 SWD 徽标的版本，我可以在某张幻灯片的 SWD 徽标上放置一个白色矩形进行遮盖，以此实现这一目的。图 5-5 是我的幻灯片母版视图，这里我添加了一张与主题幻灯片相同的幻灯片，还有两张是对主题幻灯片稍作修改的幻灯片。

图 5-5　包含不同内容幻灯片的幻灯片母版

　　注意，第二张幻灯片仍然是空白的。这是我的标题幻灯片。接下来让我们设计一下它，再加上一些分隔幻灯片。

设计标题幻灯片和分隔幻灯片

　　在演示文稿中，第一张幻灯片是什么？是标题幻灯片。如果我们提前考虑到演示文稿的最终展示，那么在受众走进会议室、登录虚拟会议或在大会上就座时，这张幻灯片可能会持续在屏幕上显示一段时间。因此，给受众留下第一印象的往往就是标题幻灯片。我们可以利用标题幻灯片从视觉上为接下来的内容做好铺垫。

　　通过标题幻灯片，受众第一次看到我选中的颜色、字体，可能还有徽标或者图片，以及其他与风格有关的内容。也是在这张幻灯片中，我会告诉受众，关于沟通主题，他们应该有何期望。我们会在第 6 章讨论措辞的时候再来讨论这个方法。

实际操作中，编辑幻灯片母版时，我会导航到标题幻灯片（紧跟在主题幻灯片之后），插入一个标题占位符，并将其放置在我想要的位置。放大文字，并设置好颜色和字体，符合总体风格。如需要添加一个副标题占位符，也会调整其格式，使其与总体设计风格相匹配。

此时，我通常还会添加分隔幻灯片。分隔幻灯片可以用来强调某一观点，或者直观地划分演示文稿的章节。对于各个章节，我喜欢用与主题颜色相搭配的不同颜色。为此，我将添加额外的版式，并将背景更改为我想要的颜色（本例中为蓝色、橙色和蓝绿色）。我还会添加标题占位符，修改其格式和位置。我不喜欢黑色与彩色的对比，所以对于分隔幻灯片，我会将标题占位符和徽标的颜色更改为白色。我还会添加纯黑色和纯白色版式（将背景改为所需颜色，并用白色矩形覆盖白色幻灯片上的黑色徽标），因为这两种版式我也会经常用到（图 5-6）。

图 5-6　做出上述调整之后我的幻灯片母版

我还重新命名了母版中的主题幻灯片和各个版式。退出幻灯片母版视图，在演示文稿中插入一张新幻灯片时，我可以在刚才新建的主题中选择预设的版式，如图 5-7 所示。

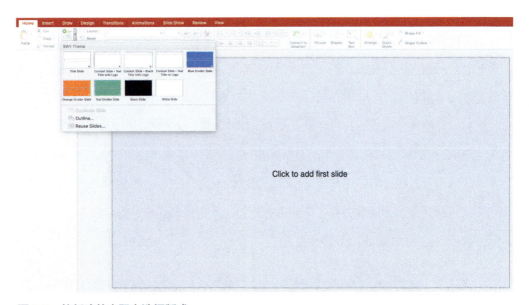

图 5-7 从新建的主题中选择版式

虽然在我的论述下这似乎是一个线性过程——一个接一个地创建版式，直到完成整个模板，但是实际上，这应该是一个迭代过程。制作幻灯片母版后，在开始制作实际内容时，我会对母版的版式进行调整，看看设置不同的格式效果如何。

你制作母版的流程和具体的版式可能与我的不同，这很正常。我与你分享我的具体做法，只是希望你得到启发。我制作母版有一个怪癖，那就是我不会创建任何有固定内容占位符（如项目符号文本或图表和图片占位符等）的版式，因为我喜欢针对每张幻灯片上的每个元素确定具体位置。虽然我有这样的习惯，但是在团队和组织中有多人使用母版的情况下，还是需要保持与母版的一致性，提高制作效率，演示文稿由不同人分头制作时更是如此。请根据自己的实际情况进行合理的规划。

制作好幻灯片母版后，就该确定演示文稿的结构了。

确定结构

在给每张幻灯片添加内容之前，我提倡先构建演示文稿的骨架。我们在第 3 章和第 4 章讨论了故事板和故事形成的过程，你已经有了这方面的基础。现在是你在幻灯片制作软件中应用它们的时候了。完成幻灯片母版的制作之后，在将内容添加到幻灯片中之前，先确定幻灯片的总体结构，确保幻灯片整体思路的连贯。这样，开始充实具体内容的时候就无须分心。

给幻灯片加上标题

准备好故事板或叙事弧线，使用现有模板或者自己设计的模板创建一个新的演示文稿。添加一张标题幻灯片。我们将在第 6 章讨论如何精准地为幻灯片加上标题，届时我们将探讨如何更好地措辞，现在先以主题作为标题即可。添加一张内容幻灯片。参考你的计划，将你写在第一张便利贴上的内容添加为幻灯片标题。此时，不要急于在幻灯片上添加任何其他内容——优先确定幻灯片结构的方法可以让你通过不同的视角继续仔细检查幻灯片的整体方案。如果你觉得有什么细节必须记录下来（例如，与某张幻灯片有关的想法打动了你，而你又害怕忘记），把它添加到该幻灯片的备注中。在你开始制作内容时，可以将其作为参考。逐张将便利贴（或者你使用的其他媒介）上的内容转移到幻灯片上。我将在本章后面分享一些例子。

要点标题和横向逻辑

我是撰写要点标题的拥趸。我们将在第 6 章详细讨论这一概念（并举例说明），这里我先提出来，为幻灯片添加初始标题时作为参考。确定你想在某张幻灯片中表达的主要观点，然后用一句话阐述，努力将其简化——力求简单、直接，直到表述清晰而精练，并将其作为幻灯片的标题。

把故事板或叙事弧线上的想法转移到幻灯片上，会让这个过程变得更容易，因为你可能已经根据受众最关心的"这说明了什么"这个问题的解答，拟定了部分演讲中的措辞。不断重复这个过程，在把自己的想法从便利贴转移到幻灯片的过程中，不应该拟定"是什么"型标题（描述性标题），而应该针对某个内容拟定"为什么"型标题（要点标题）。单单是幻灯片的所有标题，就应该能够表达出故事的大概。这就是横向逻辑（horizontal logic）。

为每张幻灯片初步拟定标题之后，回到演示文稿的开头。快速翻阅幻灯片，阅读刚刚添加的幻灯片标题。你的幻灯片是否准确地反映了你想要传递的信息？

如果回答是肯定的，由标题构成的简短的沟通内容形成了简单的叙事弧线，然后返回演示文稿的开头，开始在每张幻灯片中添加内容。如果演示文稿较长，尤其是如果你想讲述的故事涉及多个方面，那么你应该为演示文稿加入导航幻灯片。

创建导航幻灯片

就像书本的目录一样，演示文稿的导航幻灯片显示了演示文稿的结构，这样受众就能知道他们会看到什么内容，大致的顺序是什么。演示文稿制作者往往会忽略这一基本而重要的步骤。你对演示文稿非常熟悉，因此可以轻松地直接进入主题。但是，受众永远不可能像你一样熟悉你的演示文稿。让他们事先了解整体情况，可以帮助他们确定自己的期望。这样做的另一个好处是，导航幻灯片还能让你在构建内容和发表演讲的过程中保持正确的方向。

除了为接下来的内容做好铺垫外，一张好的导航幻灯片还能帮助受众抓住演讲的脉络和进程。在使用导航幻灯片时，我建议在接近幻灯片开头的部分加入。然后，当你从一个章节或主题过渡到下一个章节或主题时，再次展示导航幻灯片。因为通过导航幻灯片，受众能够了解你讲完了哪些内容，还没有讲哪些内容，清楚地知道目前的进度。

让我们更加具体一些。假设你正在准备一份演示文稿，介绍你对供应商进行分析的结果。你已经绘制了叙事弧线，并将内容分为五个部分。你可以简单创建一张幻灯片，只用数字加上文字，介绍五个部分的主题，以此作为导航幻灯片，见图 5-8。

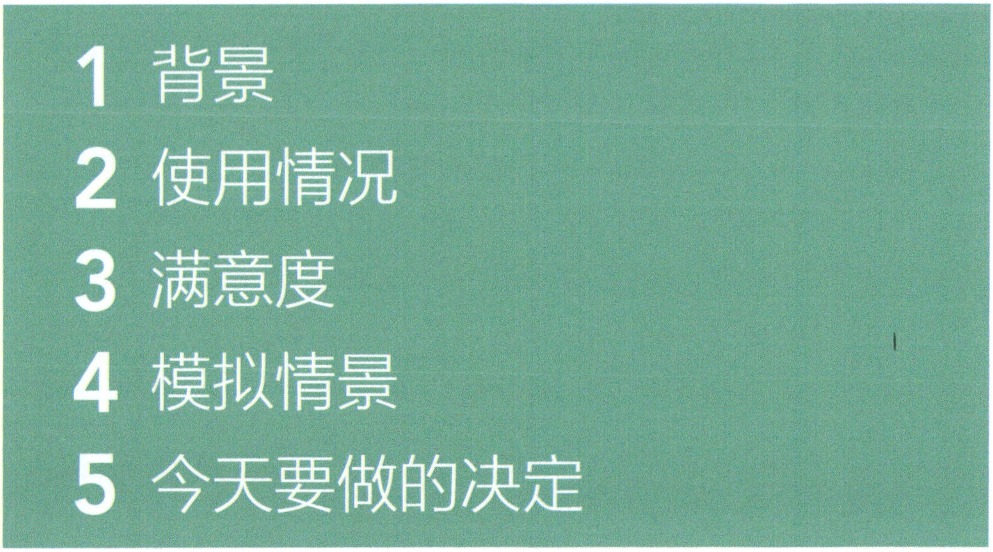

1 背景

2 使用情况

3 满意度

4 模拟情景

5 今天要做的决定

图 5-8　供应商分析报告演示文稿中的导航幻灯片

在用多张幻灯片介绍完第一部分的具体内容后，你可以回到这张幻灯片，但要对格式稍作调整，让受众的注意力投向下一个主题，见图 5-9。

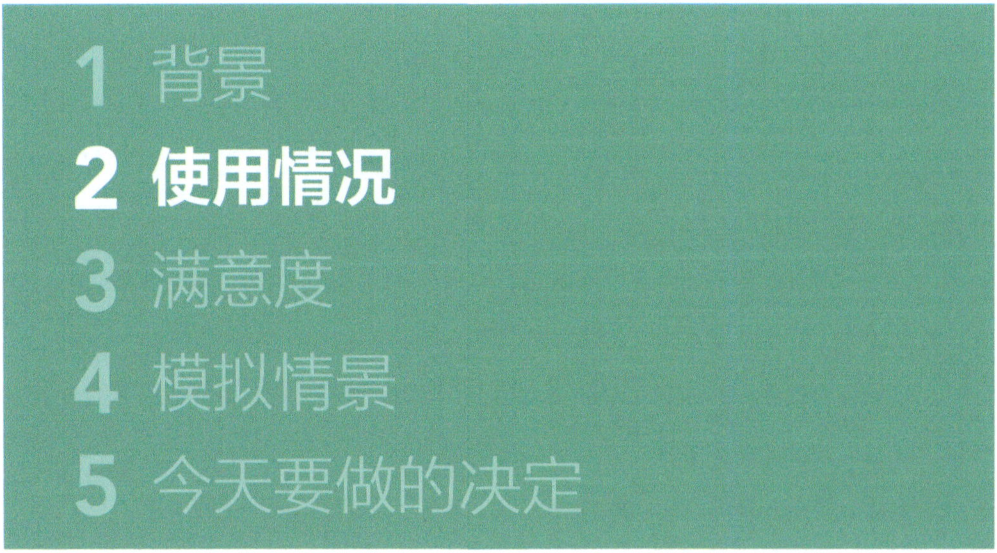

1 背景

2 使用情况

3 满意度

4 模拟情景

5 今天要做的决定

图 5-9   过渡到第二部分

随着报告的进行，你可以按照类似的流程顺畅地从一个部分过渡到下一个部分。

导航幻灯片具体的样式以及带给受众的感觉可以视情况而定。在商务演讲中，导航幻灯片可能由简单的数字或文字构成，正如我们刚才所看到的那样。而在会议中，可能会有更多发挥创意的余地，或许可以加入图片或其他刺激视觉的内容。

本章前面提到我在 Tableau 大会的发言，我以一个有关我孩子们的故事作为开场白（与我计划中会议的发言内容相关）。我在一张幻灯片上使用了孩子们的图片来介绍发言的三个部分，也是我想分享的三个经验。从一个部分过渡到另一部分时，我会再次使用这张幻灯片。我在开场故事之后引入了导航幻灯片，明确说明发言包含三个部分，如图 5-10 所示。

图 5-10　我在 Tableau 大会上发言用的导航幻灯片

　　在简单介绍了三个部分之后，我将注意力集中在第一部分——"超级作家"上，过渡到这一部分的细节内容（图 5-11）。

图 5-11　过渡到第一部分

讲解完第一部分的幻灯片之后，我重复了导航幻灯片，这次我将受众的注意力吸引到中间"好奇小猫"这部分，过渡到第二部分，也就是我从"好奇小猫"身上学到的内容。我们马上就会看到具体的幻灯片，你能看到我通过导航幻灯片逐步推进演讲内容。

无论导航幻灯片是简单明了还是充满创意，我建议其与正文内容在审美上有所区分。这样可以给受众（以及你自己）一个视觉提示，让他们知道这部分与正文内容不同，属于导航幻灯片。为此，你需要在幻灯片母版中设计一个或者多个分隔幻灯片。

在幻灯片浏览视图中检查整个流程

无论是否使用导航幻灯片，都要在幻灯片浏览视图中查看演示文稿的框架。在该视图中，所有幻灯片都以缩略图的形式显示，这样，你能通过另一个视角来检查你计划的沟通内容。

我建议在添加幻灯片标题后进行浏览，如果加入了导航幻灯片，则在加入导航幻灯片之后进行浏览。如果你的分隔幻灯片使用了和其他幻灯片不同的版式（如我们刚刚回顾的带有彩色背景或图片的幻灯片），你就能一眼区分计划内容中的各个部分，评估各个部分之间的顺序是否合理，看看每个部分的长度是否与你需要传达的内容和你希望花费的时间相匹配。

我在 Tableau 大会上发言所用演示文稿的早期幻灯片浏览视图如图 5-12 所示。

我最初的框架是由分隔幻灯片（彩色背景和卡通式文字）、我的导航幻灯片（重复出现的我孩子们的图片，但是每次出现突出的内容不同）和空白幻灯片（只有标题或计划内容的标题占位符）组合而成的。其中有一些占位幻灯片变成了多张幻灯片——我最终的演示文稿共有 174 张幻灯片！事先建立幻灯片结构有助于确保所有内容都能以合理的方式整合在一起。

图 5-12　幻灯片浏览视图

　　在幻灯片浏览视图中查看并与他人讨论演示文稿的大纲，可以有效地评估你的沟通方式。这也是寻求意见和做出改进的绝佳方式。在开始制作每张幻灯片的内容之前，请先确认整体是否已步入正轨。我们很快就会把注意力转移到幻灯片的具体内容上。

　　在此之前，我们再次回到我们的案例研究之中。

确定风格和结构：TRIX 案例研究

　　现在你已经大致了解我制作幻灯片的工作流程，让我们来看看在案例研究中，我是如何逐步实施的。

　　我的第一步是确定风格。在这里，幻灯片是完全从零开始设计的。这个案例是真实存在的，只不过我隐去了品牌名字，TRIX 是我虚构的品牌（为了确保不会暴露真实的公司、产品和团队名字）。首先，我想说一下这套幻灯片颜色的灵感来源——美国犹他州莫阿布著名的拱门国家公园（Arches National Park）红色岩层的照片，这张照片来自美国国家公园管理局 #NPScolorforecasting 项目（图 5-13，你可能对这个配色方案有似曾相识的感觉——我太喜欢它了，以至于也将其用到了本书的设计之中！）。

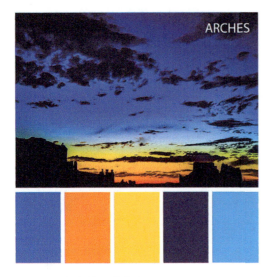

图 5-13　颜色的灵感来自 #NPScolorforecasting

　　我根据图片的配色方案制作了徽标，如图 5-14 所示。我甚至还从原图的配色方案中汲取了灵感，将多个彩色矩形组合融入我的徽标之中！

图 5-14　徽标的颜色源自拱门国家公园的图片

为了方便使用，我将品牌颜色加入 PowerPoint 的主题颜色中（就像本章前面提到的视频教程中那样）。虽然我在徽标中使用了粗体字，但我需要的是更易于阅读的字体，而且在确定演示文稿的主字体时，我需要更多的选择，确保其与背景等内容形成鲜明对比。所以，字体的选择，我会留到制作幻灯片母版的时候，因为这样我就可以平行比较不同的字体效果。

在 PowerPoint 的幻灯片母版视图中，我删除了所有预设格式，使其变成一张空白幻灯片。我首先设计标题幻灯片。我尝试了在不同的位置放置徽标，还尝试了各种背景颜色。最后，我选择了以白色为主色调的幻灯片，标题和副标题配有较大的蓝色矩形作为背景，见图 5-15。

图 5-15　标题幻灯片

接下来，我尝试各种字体。我参考了《实用排版设计》一书。我想选用系统字体，这样在共享演示文稿的时候就不会出现问题。而该书作者马修·巴特里克并不喜欢系统字体，因为使用人数过多。不过，他也给出了几种"一般来说还能忍受"的字体。我在幻灯片标题中添加了文字，并快速测试了巴特里克能够忍受的 21 种字体，保存了我最喜欢的几种字体的幻灯片进行比较（图 5-16）。

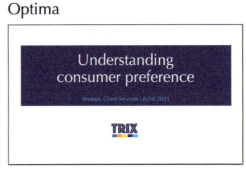

图 5-16　比较不同字体的效果

我将选择范围缩小到一种衬线字体（Book Antiqua）和三种无衬线字体。我需要的是既有趣又专业的字体，这样才能在强烈的色调中抓住受众的目光。Book Antiqua 的衬线字体感觉过于正式。Helvetica Neue 与我过去常用的 Arial 非常相似，我想换种风格。Optima 笔画太细，这意味着深色背景上的白色文字对比度较低，这种效果我不喜欢。经过筛选，我选择了 Gill Sans MT。

设置好标题幻灯片并确定字体后，我就开始设计内容幻灯片。我喜欢在顶部留出足够空间给标题，使其足够醒目。这样的标题可以突出主要内容。我为标题文本添加了一个占位符，其他部分则留白，只在右下方放置一个小徽标（图 5-17）。来自西方的受众习惯于从页面或屏幕的左上方开始，以"之"字形路线移动视线。这就意味着右下方会是他们最后看的地方，所以这个位置非常适合放置徽标，既能提醒他们品牌的存在，又不会影响我在每张幻灯片上添加其他的元素。

Click to edit master title style

图 5-17　内容幻灯片

　　我将深蓝色的标题栏紧贴页面左边放置，这样做是为了抓住受众的注意力，引导其向右看向标题。我没有让标题栏贯穿整张幻灯片，而是在右侧与页边留出一些空白。我又将底部 TRIX 徽标右对齐到相同位置。这样右侧自然就留出了空白。在实际设计时，我会在标题文字的两侧以及徽标下方留出空间，从而确保幻灯片有足够的留白，不会显得过于拥挤。

　　接下来我会设计分隔幻灯片。我选择整页使用单一背景色，加上基本的文本占位符，非常简单明了。我用拱门国家公园配色方案的每种颜色各制作了一张分隔幻灯片。图 5-18 为深蓝色的版本。

图 5-18　分隔幻灯片

在这个阶段的最后，我的模板已经成形，我将其命名为"拱门主题"（Arches Theme）。它包含标题幻灯片，内容幻灯片，蓝色、橙色、黄色、深蓝色和浅蓝色的分隔幻灯片，一张纯白色幻灯片和一张纯黑色幻灯片（图 5-19）。

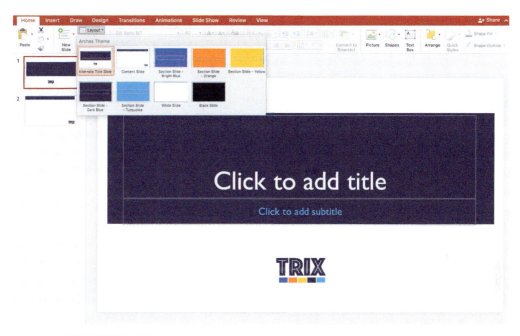

图 5-19　我创建的拱门主题

接下来，我使用拱门主题制作新的演示文稿，并开始设计导航幻灯片。

你可能还记得我在"低科技"的计划过程中曾经有过的一个想法，但后来被我否定了：《选择你自己的冒险》式的故事。当我开始设计导航幻灯片时，这个想法依旧萦绕在我的脑海中。我希望能够直观地说明，我们走过了一条漫长而曲折的道路——深入多个方面，全面收集和分析数据，最终提出了我们的建议，于是创建了如图 5-20 所示的幻灯片。

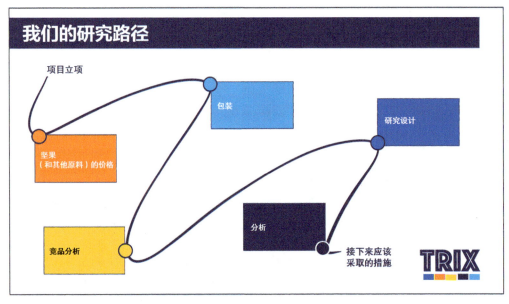

图 5-20   最初的导航幻灯片

　　我还在考虑最终的演示文稿是否应该包含导航幻灯片涉及的所有细节内容。我为导航幻灯片中的每个部分添加了分隔幻灯片，然后在每个部分都加入了带有标题的幻灯片。图 5-21 就是经过这些操作之后幻灯片浏览视图下我演示文稿的样子。

图 5-21　最初的幻灯片浏览视图

　　浏览了按照这种方式规划出的内容，对比我的叙事弧线，我意识到我有些偏离预定的轨道。与其叙述这些细节，还不如用我最初计划使用的导航幻灯片，概括性地讲述我们所做的工作。我会让受众知道，全部细节都在附录中（我会在附录中重复导航幻灯片，并使用不同颜色的分隔幻灯片来标示各个部分），我很乐意在向他们讲述 TRIX 的故事之后，再向他们介绍其中的细节。

结合我的叙事弧线，我制作了能讲好故事的幻灯片，如图 5-22 所示。

图 5-22 完善故事后的幻灯片浏览视图

首先，我将介绍项目的背景，提出项目的总体目标和我们会议的具体目标。然后，我会结合修改后的研究路径，概括性地讨论我们开展的众多工作。其余的幻灯片将讲述TRIX 的故事。以下我列出从第四张开始的幻灯片标题，方便阅读。

- TRIX 混合坚果：最受欢迎的产品
- 问题：关键原料价格上涨
- 决策：提高价格还是降低成本？

- 我们测试了包装

- 味道测试：评估三种配方

- 测试参与者更喜欢现有的配方

- 杏仁让替代配方 A 口感变得太软

- 替代配方 B：人们不喜欢榛子

- 替代配方 B：人们喜欢椰子

- 需要权衡的决策

现在，我已经确定了幻灯片的风格和结构，是时候着手构建幻灯片的全部内容了。我们将从最基本也是最重要的元素开始：文字。

第6章

用文字表达

幻灯片上的文字在视觉传播中起着至关重要的作用。文字可以激发兴趣、设定期望、阐述说明、解释问题、强化观点。文字也可以令人应接不暇、难以理解、烦躁不已、精力分散。

我们每天都会在对话或者写作中用到语言文字。但是，在演讲中使用文字的方式并不一定遵循这些日常活动的惯例。你是否认真思考过如何给演讲加上最恰当的标题？是否争论过某张幻灯片上的字数是太少还是太多？

也许正是因为在幻灯片上使用文字看似简单，所以很多人都不太在意。在商业演讲中，如果我们不仔细研究如何使用文字，很可能会产生不利结果。大多数人可能都见识过这样的糟糕案例：整张幻灯片上都是带有项目符号的文字，让人望而生畏。我们会剖析为什么这样的方式是行不通的，并且会介绍应该采取的策略。在如何巧妙地使用文字方面，我们还有很多需要考虑的细节。如何掌控文字的力量，更好地制作商业演讲的演示文稿，这就是本章的重点。

首先让我们来研究一下如何为我们的视觉沟通内容加上文字标题。

标题用词

你肯定给演示文稿或者幻灯片加过标题。你是怎么确定标题的？很多人倾向于选择描述性的标题，即以介绍主题的文字作为标题。这样做本身没有错，但我认为这样的标题实际会使你错失良机。我们的演示文稿和幻灯片标题本可以更令人印象深刻。

用演示文稿标题做预告

让我们从演示文稿的开头，即标题幻灯片开始。描述性的演示文稿标题一般是"供应商分析""最新竞争格局""季度业绩回顾"这样的标题。

正如我们在第 5 章所讨论的，演示文稿标题是他人在与你的沟通中最先接触到的内容。你应该用它来吸引受众的注意力，预告你将要讨论的有趣观点，或者介绍你想让别人思考的内容。把上一段的描述性标题和以下标题对比一下："改变我们的供应商战略可以降低成本""我们正在激烈的竞争中脱颖而出""上季度大部分业绩结果表现强劲"。它们有何不同？

两种标题有几个重要的区别。修改后的标题不是沟通的主题，而是更完整的思想。在某些情况下，它们甚至是完整的句子。此外，在英语中，由于构建标题的方式变化，原来的标题需要符合标题的大小写规则（概括而言，实词的首字母都需大写），而修改后的标题则需要遵循句子的大小写规则（句子第一个单词的首字母大写，其余的小写）。你可能会觉得这是我的个人偏好，但是标题应该是完整概念，且必须超越简单的中心思想，这样更符合逻辑。修改后的标题为受众预告了接下来即将出现的内容。在某些情况下，修改后的标题通过使用"我们的"和"我们"等词，让受众（和演讲者）生成更具体的画面，使内容更加贴近个人，不再那么抽象。

如果觉得完全摒弃描述性标题这一步迈得过大，可以尝试一种融合式的方法。可以使用描述性的主标题，然后添加一个预告式的副标题（或者使用预告式的主标题和描述性的副标题）。图6-1是我们刚才谈到的一系列标题的幻灯片，我还额外补充了一个例子。第一个例子（左上）有一个描述性的主标题和解释性的副标题，而其他例子则相反，在保留描述性标题以提供沟通背景的同时，都突出了更加具有吸引力的内容。

图 6-1　商业演示文稿标题幻灯片

　　前面的例子是商务会议中使用的标题。试想一下，将描述性标题改为预告式标题，这种转变在正式的演讲中也会起到同样的作用。我会选择用"通过图片和故事让数据栩栩如生"而不是"用数据讲故事"作为大会主题。由此主题不难窥见我想要说明的内容，以及我将如何激发受众的灵感。真实的标题幻灯片在图6-2中，其中还有我使用过的其他幻灯片（包括第5章提到的 Tableau 大会发言中的幻灯片）。

图 6-2　大会演示文稿标题幻灯片

　　商业演示文稿的标题幻灯片可能只有简单的主题文字或者一两种显眼的颜色，而大型会议的演示文稿设计往往有更大的自由发挥空间。对比图 6-1 和图 6-2，我们发现有两点不同，值得我们关注。首先是后者的字体更加多样化。商业演示文稿可能会使用公司要求的字体（我的演示文稿一般会使用公司统一要求的 Avenir 字体），而在大会环境中，有更大的空间可以发挥，也可以尝试不同的风格，因为在会议中抓住大家的眼球是非常合理的目标。另外一个区别是，一些大会演示文稿的标题幻灯片会加入图片或其他视觉元素。虽然我通常不建议在普通商务会议中使用这种方法，站在讲台上使用视觉辅助进行沟通却很有效。我们将在第 8 章详细讨论在上述各种场合中如何使用图片的问题。

用幻灯片标题传达关键信息

我们需要考虑的另外一种重要标题是每张幻灯片的标题。与演示文稿的标题类似，我发现人们惯常的做法也是为幻灯片配上描述性标题。这样会错失更多有效沟通的机会。如果你习惯如此，请改掉。确定在你说出的或者展示的内容中，你想让受众记住什么，以此作为幻灯片的标题。我将其称为**要点标题**。撰写要点标题，可以先用一句完整的话阐明你的主要观点。然后根据需要缩短，既要简明扼要，还要考虑到标题所占空间。避免幻灯片标题超过一行，这样不仅显得杂乱无章，还会与你口述的内容争夺受众的注意力。

让我们通过一个例子来具体说明。请看描述性幻灯片标题"净推荐值"（Net Promoter Score，NPS）。净推荐值是客户之声（voice of customer）分析常用的指标，越高越好。想象一下，我把幻灯片上要表达的主要观点变成下面这句话："净推荐值有所上升；然而，深入挖掘时，我们会发现客户群越来越两极分化，与年初相比，支持者和批评者所占比例都有所升高。"虽然这些话口头说没有问题，但是放在幻灯片顶端会占用过多空间。我要把这句话改成更有冲击力的幻灯片标题，例如"净推荐值上升，而客户日益两极分化"。或者，如果更想强调后一方面，可以更进一步，例如"注意：客户群日益两极分化"。我们可以将净推荐值上升的事实作为背景，明确强调受众需要关注哪一方面。

好的要点标题可以明确受众应有的期望。正如净推荐值这个案例中提到的，我们可以使用幻灯片的标题提示受众对于主题应有怎样的感受。你还可以使用幻灯片标题来提示你所寻求的行动。加入"理解""讨论"或"决定"等动词，让受众清楚地知道你到底想让他们做什么。用标题进行引导，可以帮助受众集中注意力，按照你希望的方式采取行动。你将在第 7 章读到更多这方面的内容。

让我们重温横向逻辑

还记得第 5 章中介绍的横向逻辑概念吗？我们已经讨论过，将之作为设置演示文稿结构的一种依据。现在，在对要点标题有了更加深入的理解之后，正是我们重温这一概念的大好时机。我们已经讨论过，好的标题对于幻灯片来说非常重要。如果精心地设计了叙事流程，每张幻灯片也设计好了要点标题，那么只需阅读演示文稿中各个幻灯片的标题就应该可以了解整个故事。如果你试过这种方法，但是效果不佳，说明你的故事缺少了某个部分，或者需要加入过渡内容，又或者需要微调。

既然我们已经介绍了与演示文稿和幻灯片标题相关的内容，那么让我们来谈谈使用文本作为幻灯片主要内容的一些策略。

文字即内容

有时，我们会觉得自己制作的每张幻灯片都应该有图表、图片或示意图，即便它们华而不实。但文字本身也可以是内容。不要忽视纯文字内容的力量。

将故事结构直接引入演示文稿设计的一种方法是，将我们要制作的幻灯片按照我们计划中讲述故事的路径安排。不要忘了我们在第 4 章中介绍的叙事弧线，如图 6-3 所示。

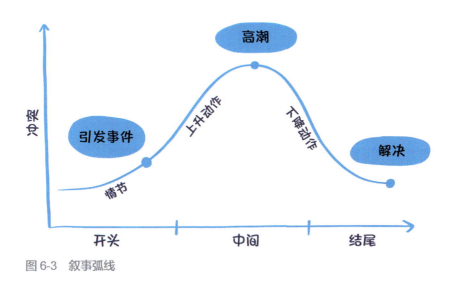

图 6-3　叙事弧线

让我们考虑一下，沿着这条路径，纯文本幻灯片会是什么样子。

故事开始：情节幻灯片

在沟通之初，我们往往需要设定背景。也许你想提醒大家上次见面时的情况，让那些没有参与过项目的人了解项目的最新进展，强调重要事实或数据，或者只是让别人知道你打算谈什么以及为什么要谈。

文字可以帮助你实现这些目标。尽管如此，有一点需要牢记：大部分文字还是要说出来，而不是放在幻灯片上。

让我们先来看几个"惜字如金"的例子。当幻灯片上只有几个字时，人们会觉得这几个字非常重要。这就是幻灯片上留白蕴含的力量（非空白处数量有限的元素会非常显眼）。如果你有重要内容要说，那么幻灯片上应该只有该内容，这样既能强化你口头表达的内容，又能确保重要内容不被遗漏。也许你要强调的是数字："每 10 位客户中只有

1 位会向亲朋好友推荐我们的服务。"试想一下，如果在一张空白的幻灯片上，只添加文字内容，且只强调数字，会给人怎样的感觉？

图 6-4 展示了两种不同的版本。请注意两个版本中不同的设计策略，思考你选择其中某个版本的场景和原因。

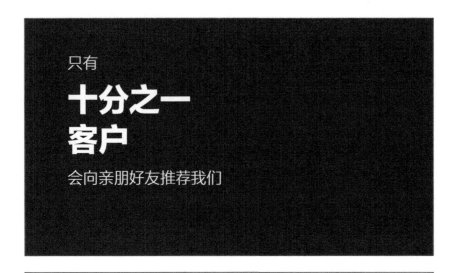

图 6-4 在幻灯片上惜字如金

关于在幻灯片上用寥寥几字来铺垫背景，我们再举一个例子，请回想一下第 2 章中我们介绍的中心思想。我们介绍它的目的是将其作为工具使用，让主要信息简洁明了。但是，花费时间确定了中心思想之后，还可以直接将其传达给受众。其中一种方法就是用幻灯片直接表述。

假设我们的中心思想是：我们有机会通过改变供应商战略，以合理的成本获得较高的患者满意度。鉴于此，我可能会制作如图 6-5 所示幻灯片。

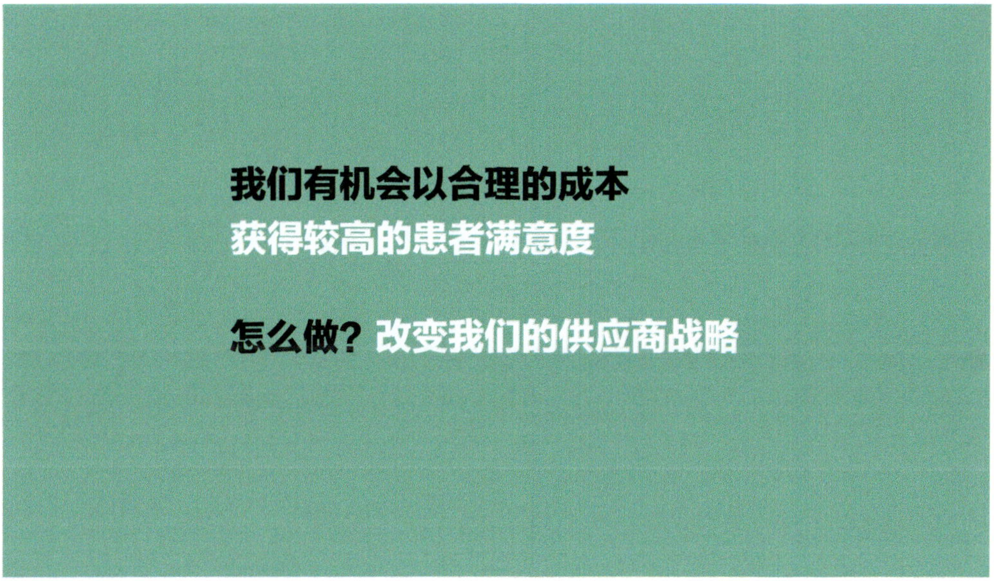

我们有机会以合理的成本
获得较高的患者满意度

怎么做？ 改变我们的供应商战略

图 6-5　将中心思想直接写在幻灯片上

用幻灯片表达中心思想的方法很多，就我而言，我可能会先制作一张幻灯片，幻灯片上只有第一句话："我们有机会以合理的成本获得较高的患者满意度。"以此给出背景，让受众明白我们面临的机遇。然后，我可以决定是使用中心思想告知受众演讲的方向，还是在整个故事进展过程中逐步揭晓。通常，我会把中心思想用作其他内容的引子，并在结尾的时候回到中心思想。先点出中心思想，有助于让受众明确对于演讲内容的期望。在讲述所有细节之后再回到中心思想，可以推动利益相关者围绕当前问题展开热烈的讨论，或者帮助他们提出深层次的问题。这种重复强调了要点内容，使受众更容易回忆和复述该信息。

在幻灯片上构建视觉层次

要在幻灯片上精心构建视觉层次，我们对信息进行视觉设计时，不能对所有元素一视同仁。突出最重要的方面，使其与众不同，抓住受众的注意力。实现的方法包括字体大小、粗细的不同，颜色的对比或者页面位置的不同。在你不遗余力地将受众的注意力引导到重要信息上时，也要努力把不重要的信息推入背景之中，使其成为参考内容，但又不会分散注意力。就文字而言，可以将次要信息用暗淡的、较小的文字表达，并放在幻灯片底部这种非核心区域。这样的方式可以在视觉上向受众传递信息，告诉他们如何处理幻灯片上的内容，而且信息更加凝练，不至于过于密集，方便受众浏览。在本章和第 7 章有关数据的幻灯片中，我们会看到很多此类使用文字的实例。

我们已经看过一些在幻灯片上惜字如金的例子。但是，如果我们想要分享的内容不止几个字，那该怎么办？受众是无法在阅读的同时认真听讲的。一旦受众开始阅读，就意味着他们已不再听你的讲述。你肯定不想让其他内容与你口头讲述的内容争夺受众的注意力。这是不是意味着幻灯片上的字数有着严格的限制，只能是寥寥几个？不是。但是在设计和展示方面，我们都要花些心思。要么每张幻灯片只配少量文字；要么合理设置格式，使其易于浏览；要么在讲述时暂停，给受众留出阅读时间。让我们来看一个例子。

图 6-6 是一张有关故事情节的幻灯片，其目的是让受众理解会议的目的。

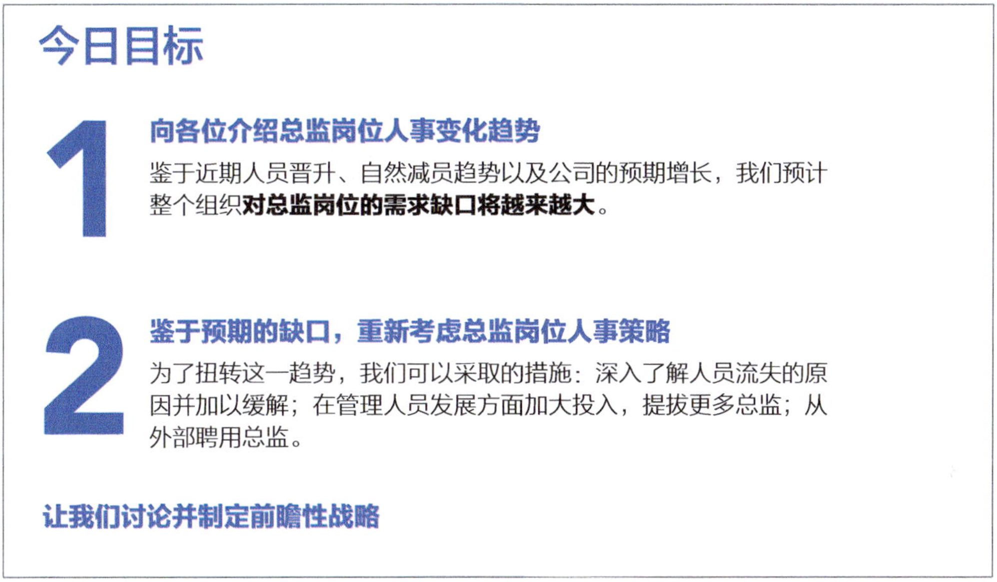

今日目标

1 **向各位介绍总监岗位人事变化趋势**
鉴于近期人员晋升、自然减员趋势以及公司的预期增长，我们预计整个组织**对总监岗位的需求缺口将越来越大**。

2 **鉴于预期的缺口，重新考虑总监岗位人事策略**
为了扭转这一趋势，我们可以采取的措施：深入了解人员流失的原因并加以缓解；在管理人员发展方面加大投入，提拔更多总监；从外部聘用总监。

让我们讨论并制定前瞻性战略

图 6-6　幻灯片上文字较多，合理排版以便浏览

图 6-6 这样的幻灯片，我会在我演示文稿开始时使用，用来介绍内容的总体结构，让受众明确预期我希望达到的目标。这张幻灯片上有很多文字，有些人可能认为太多了。不过，我处理得非常谨慎，使受众可以迅速浏览。受众只需快速阅读彩色和粗体文字，就能了解要点。这种方法确实能让受众了解到更多的背景，适用于担心自己会忘记重要内容，或者你为他人准备演示文稿的情况。你也可以想象一下这张幻灯片的简化版本，我可以去掉大部分或全部黑色小字（这部分文字将进入我的发言笔记）。

不要把幻灯片当作提词器！

演示文稿中最常见的无效文字的情况就是整张幻灯片都是带有各种项目符号的文字，这种幻灯片令受众厌烦不已。我敢打赌，任何做过商业演讲的人都制作过这样的幻灯片（至少我记得我有过）。作为受众，我们中的大多数人也看到过这样的幻灯片，而且绝对是痛苦的经历。这是因为我们阅读的速度远超任何演讲者大声朗读的速度。我们在浏览幻灯片的过程中，其实是不会认真去听演讲人在讲什么的，因为阅读的时候很难做到这一点。等我们读完之后再去关注演讲人，往往会发现他落后我们很多。这时，我们的注意力就会转移到其他事情上！

如果你发现你正在制作的就是这种提词器式幻灯片，无论是为你自己制作还是为他人制作，请停下来，针对幻灯片上的每个"要点"仔细地考虑一下：演讲的主要议题或关键是什么？如何用简短有力的方式陈述这一点？将其写在幻灯片上，把原来繁多的内容添加到幻灯片下方的备注里，提醒自己背景内容。我们将在本章最后的案例研究中看到具体例子。

我们已经看过一些以文字为主要内容的情节幻灯片。让我们来看看进入故事后的文字幻灯片是什么样的。

故事继续：故事中段幻灯片

虽然我使用文字幻灯片时，大部分是在演讲的情节和结尾部分，但是也存在在故事中段以文字作为幻灯片主要内容的情况。在这种情况下，我通常会采取以下三种策略之一：暂停让受众阅读，逐段显示，有选择地突出某部分内容。让我们分别看看这三种方法。

设想，我们想逐字引用一段客户对我们的肯定，以此证明我们的观点。我可以设计一张类似于图 6-7 的幻灯片。在开始播放之前，我会对受众说："请大家花点时间阅读以下一位客户对我们的评论。"

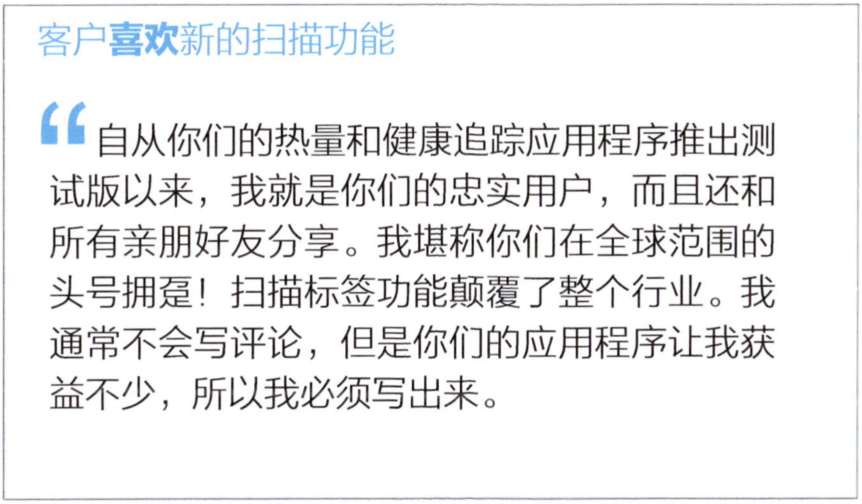

客户**喜欢**新的扫描功能

> 自从你们的热量和健康追踪应用程序推出测试版以来，我就是你们的忠实用户，而且还和所有亲朋好友分享。我堪称你们在全球范围的头号拥趸！扫描标签功能颠覆了整个行业。我通常不会写评论，但是你们的应用程序让我获益不少，所以我必须写出来。

图 6-7　整段客户评论

播放到这张幻灯片时，我会停顿一下，让受众有时间阅读。在线下交流时，你可以通过观察受众的反应来衡量他们需要多长时间来阅读：注意受众的眼睛何时停止来回移动。如果你看不到受众，也可以自己在脑海中慢慢阅读（受众的速度比你预期的速度更慢，因为你对自己写的文字非常熟悉，可以轻松地浏览，而受众是第一次接触这些文字，他们阅读会稍慢）。停顿之后，受众的注意力会回到你身上，此时你可以提出你的观点。

此外，我也可以逐行或逐段介绍，而不是直接展示整段引语。这种方法在在线会议中效果很好。在演讲过程中，逐行或者逐段展示文字有助于保持受众的注意力（我们将在第 7 章通过更多不同的内容来仔细研究这种策略）。使用这一方法需要慎重，在某些情况下，这种节奏可能会让受众觉得过度受你掌控。

还有另一种方法，如果受众无须阅读整段引文就能理解我的观点，我可以通过选择性地突出部分内容来减少受众处理文字的工作量和时间。这个方法借鉴了本章前面介绍的视觉层次概念。图 6-8 显示了两种采用选择性高亮显示的设计，通过颜色、大小和位置来吸引人们对个别词语的注意。

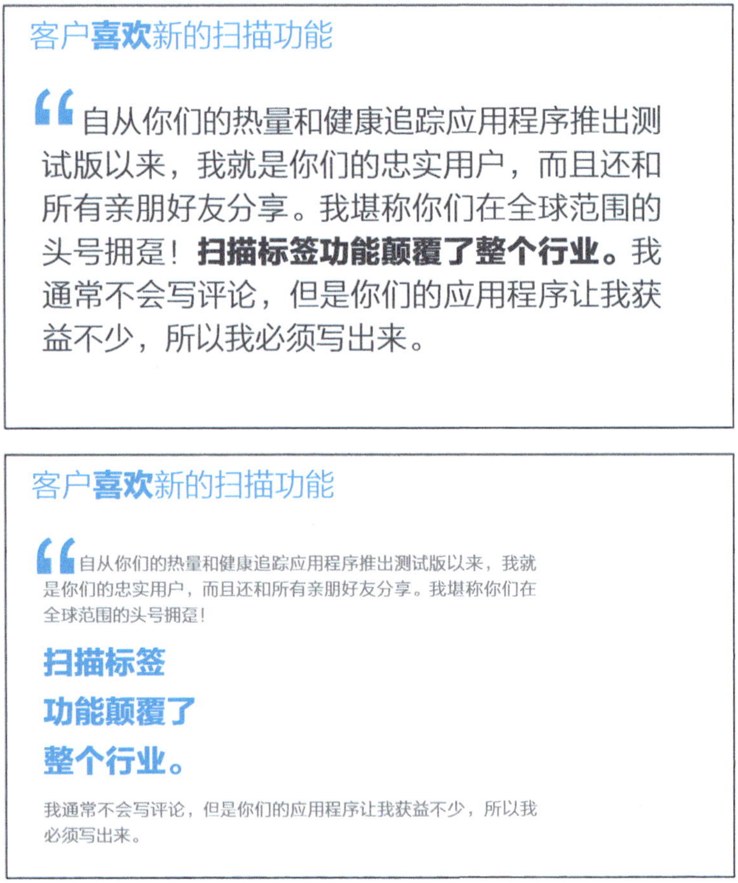

客户喜欢新的扫描功能

❝自从你们的热量和健康追踪应用程序推出测试版以来，我就是你们的忠实用户，而且还和所有亲朋好友分享。我堪称你们在全球范围的头号拥趸！**扫描标签功能颠覆了整个行业。**我通常不会写评论，但是你们的应用程序让我获益不少，所以我必须写出来。

客户喜欢新的扫描功能

❝自从你们的热量和健康追踪应用程序推出测试版以来，我就是你们的忠实用户，而且还和所有亲朋好友分享。我堪称你们在全球范围的头号拥趸！

**扫描标签
功能颠覆了
整个行业。**

我通常不会写评论，但是你们的应用程序让我获益不少，所以我必须写出来。

图 6-8　有选择地进行强调

对比图 6-8 中的两种设计。在看到这两张幻灯片的时候，你的感受有何不同？对我来说，第一个版本似乎需要我阅读全部内容，同时特别注意黑色粗体字；而看到第二个版本时，我觉得我只需要阅读蓝色的文字。无论哪种情况，相比前面描述的两种策略，演讲人都能更快地表达自己的观点。但要注意的是，使用这种方法时，有些受众还是会想把所有内容都读完，这时他们是不会全神贯注地听你讲话的。

故事进展到中段时，我们会在幻灯片中使用其他类型的基础内容，这时文字的加入也能发挥重要作用（例如与图表一起使用）。我们将在第 7 章探讨如何使用文字让其他视觉内容更易理解。

故事结束：结尾幻灯片

演讲的结尾是你向受众重申要点的绝佳位置，也是你向受众发出呼吁，表明你希望他们接下来采取何种行动的绝佳位置。文字可以帮助你实现这两个目标。

正如我之前提到的，如果我在演讲开始时分享了自己的中心思想，作为全篇的铺垫，那么我通常会在演讲结束时回到中心思想上来。无论是在开头还是在结尾，都应该思考一下受众的立场。在开头阶段介绍自己的观点时，你还没有展示所有支撑内容，只是提出一个想法或者事先表明演讲的走向，此时受众尚不明确是否该认同你的观点。在演讲的结尾重申自己的观点时，情况就会与之形成鲜明对比。在讲述故事的过程之中，我已经介绍了能够让受众信服的必要细节和佐证。结尾再次提出中心思想时，如果演讲前面的内容顺利实现目标，那么受众现在应该能够对其有所反应。试看图 6-9 这个例子。

图 6-9　演讲开始（左）和结束（右）时的中心思想幻灯片

　　在演讲的一开始，我会介绍中心思想。在整个演讲过程中，我可以准确地说明中心思想的相关内容——人员、时间、原因、地点和方式等要素。最后，我会回到中心思想，表达的方式会更加直接、简洁（注意图 6-9 右边的幻灯片，我精简了文字）。计划的演讲内容结束之后，我往往会安排讨论或问答环节，此时屏幕显示的始终都是最后表述中心思想的这张幻灯片。

形成精练、易于复述的文字

　　重复可以让我们在短期记忆和长期记忆之间架起一座桥梁。在商业沟通之中，我们可以充分利用这一点，用精练、易于复述的文字来阐述我们的主要观点。重温一下第 2 章有关中心思想的内容。把中心思想转化为精练、易于复述的文字，可以帮助你在交流中使自己的目标更加明确，这样的表达也更易融入你的辅助材料之中，增强受众的记忆。精练、易于复述的文字不仅短小精悍、悦耳易记，还可以加入韵脚。表达中心思想的文字不见得要多么华丽，但是必须令人难以忘记。

对于现场演讲，你可以将中心思想用精练、易于复述的文字表述，并将之放在开头部分；也可以以这样的文字结尾；或者以不同形式将其融入演讲全程，这样到演讲结束之时，受众已经数次听到它了，这意味着他们更有可能记住并能够复述。

让我们考虑另一种情况，在演讲的开头部分，我不想提出中心思想，而是给出我的建议。我用简洁的语言陈述我希望受众采取的行动：讨论我刚刚提出的建议（图 6-10）。

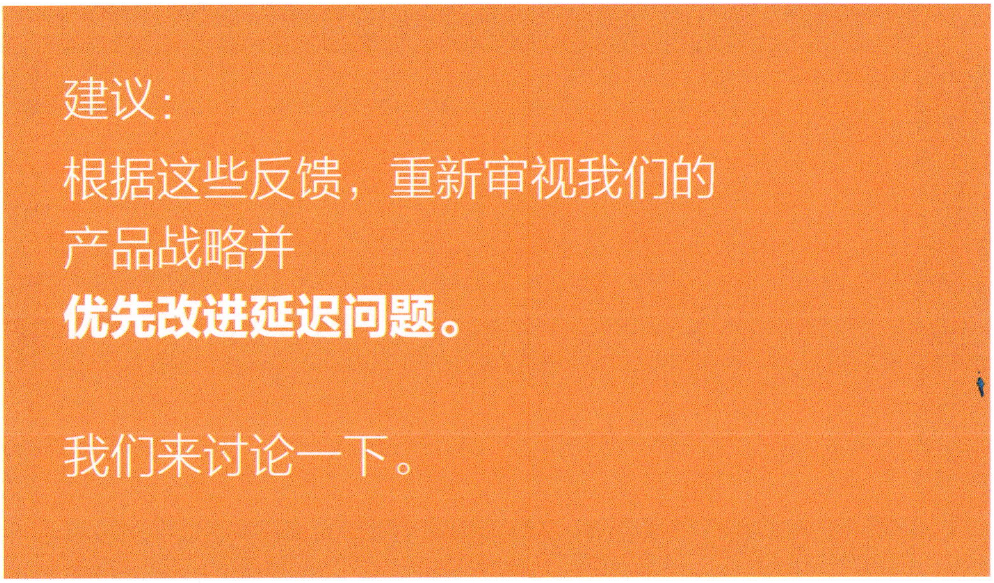

建议：
根据这些反馈，重新审视我们的
产品战略并
优先改进延迟问题。

我们来讨论一下。

图 6-10　用于概述建议和推动讨论的文字

至此，我们已经看到了一些以文字为主要内容的幻灯片。当然，它们不是我们在演示文稿中使用文字仅有的方法，但也能为我们提供一些可供借鉴的思路。无论是文字还是其他内容，在制作幻灯片时，都要仔细思考，想一想你到底希望达到什么目的。然后，根据商业演讲的形式、受众群体以及实现目标的最佳方式来设计幻灯片。

在接下来的章节中，我们将结合数据和图片幻灯片，重新讨论如何按照叙事弧线创建内容。在此之前，让我们来看另一个巧妙使用文字的案例。

用文字表达：TRIX 案例研究

不知你是否还记得，我们在第 5 章结束的时候提到了我为 TRIX 混合坚果准备的报告框架。与诺什团队会面，在报告我们团队所进行的市场研究的结果和相关建议的时候，框架中的内容就是焦点。再来看看这个故事结构，如图 6-11 所示。

图 6-11　我们在第 5 章确定的演示文稿结构

现在，是时候着手加入内容了。

和本章开头时一样，我们从第一张幻灯片——演示文稿的标题开始。图 6-11 中的占位符标题是"了解消费者偏好"。这是描述性较强的标题。如果我不仅仅是想介绍主题和演讲内容（帮助受众了解消费者偏好），还想稍微提及一下我们的发现呢？也许我可以利用我的标题来吸引受众的注意，引发一些好奇心。

就我要传达的具体内容而言，我回顾了第 2 章的中心思想：考虑另外的混合坚果替代配方，它能够在满足消费者偏好和降低成本之间取得平衡，方法就是减少夏威夷果的用量，添加椰子脆片，并且改变包装，方便潜在买家看到产品。本章我们讨论过直接将中心思想加入幻灯片。还有一种策略，我们可以从中心思想中提炼一个简洁有力、易于重复的短语，然后将其作为演示文稿的标题。

在我们的案例中，问题的关键点集中在夏威夷果上。它是现有配方中的关键原料，正是它不断上涨的成本促使诺什寻求转变，也让我们承担了相应的工作。我们发现消费者喜欢夏威夷果。我们的建议是保留这一关键原料，只是用量减少，从而平衡消费者的偏好和成本。考虑到所有这些因素，我将我的中心思想简化为：夏威夷果是关键所在。我会将它用作演示文稿的标题。

我会投入精力确保每张幻灯片的标题在我充实具体内容时依旧能突出该张幻灯片的要点。说到这一点，让我们专注于早期计划的幻灯片中的一张，其中文字将是主要内容。

根据第 1 章的内容，来自诺什的团队是混合型受众，对项目的背景信息、我的团队参与的方式以及我们进行的研究了解程度各不相同。在演讲的开头，我想分享一些背景信息，确保受众就此统一认识，并为会议的总体目标设定框架。

为了做到这点，我制作了如图 6-12 所示的这张幻灯片。

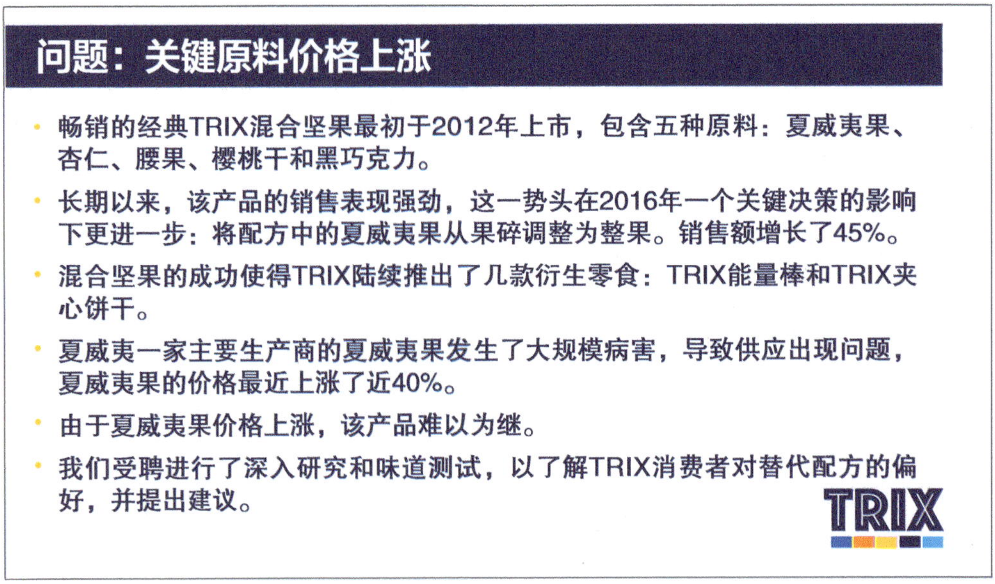

图 6-12　文字密集的幻灯片

结合本章的内容，检查图 6-12 的内容。这样使用文字，是否足够巧妙？

首先，我注意到了幻灯片的标题。它提到了价格上涨的问题。这是一个要点标题，但是它符合我对于标题的要求吗？也许我需要的不是让受众了解存在的问题，而是指引他们找到可能的解决方案。

至于幻灯片的正文，这些文字确实描述了背景。有的受众可以通过阅读这些内容了解我故事的情节。但是，我不希望受众这么做。我就站在幻灯片前面，幻灯片上的文字正是我要说的话。能够起到助力作用的幻灯片应该强化我作为演讲者的地位，而非与我竞争甚至取代我。

有了这样的想法，我将这张以问题为中心的提词器式幻灯片修改为涵盖更多内容的幻灯片（图6-13）。这张幻灯片以我们将要共同完成的任务为中心：重新确定配方。我仍然可以用这些文字来提醒自己要讲的内容（并且向受众强调），但是在这个过程中，他们的注意力应该在我身上。

让我们重新确定TRIX配方

- 五种基本原料
- 夏威夷果整果是关键
- 问题：夏威夷果价格上涨
- 我们已评估多个替代配方
- 今日目标：贵方需要决定接下来的措施

图 6-13　更少但更有力的要点

不难发现，阅读图6-13中的文字比阅读此前文字密集的版本要简单许多。但是，我还可以更进一步。我想在带领受众了解这些内容的时候，在每个要点上都停顿一下，给他们做充分的解释，再将所有内容整合在一起，形成完整的背景信息。我不会一次性展示全部要点，而是逐一介绍。介绍时，我会通过口述的方式加入与该要点有关的其他信息。我不会让受众有提前阅读的欲望，因为我不会给他们这样的机会。我会通过在幻灯片中稍微加入一些动画来实现这一点。

刚开始显示这张幻灯片的时候，除了标题和徽标外，幻灯片的其余位置是空白的。第一次点击的时候，会出现第一个项目符号，同时我也会举出最初 TRIX 混合坚果的五种原料。当我再次点击时，第二个项目符号出现，第一个项目符号和后面的文字将变为半透明。图 6-14 显示的是我讨论夏威夷果价格上涨（第三个要点）时幻灯片的样子。

让我们重新确定TRIX配方

- 五种基本原料

- 夏威夷果整果是关键

- **问题：夏威夷果价格上涨**

图 6-14　渐进式动画效果让当前要点更突出

我将以这种方式讲完每一个要点，在讲的过程中，我还会停下来通过口述提供更多的背景信息。当受众把注意力从我身上转移到幻灯片上时，他们就能看到我们目前的进度以及我讲述这部分内容的逻辑脉络。

在此例中，我们通过重新思考演示文稿中文字的使用，将幻灯片上原本与演讲人争夺受众注意力的文字重构为与演讲人配合良好的文字。比较一下前后的效果（图 6-15）。

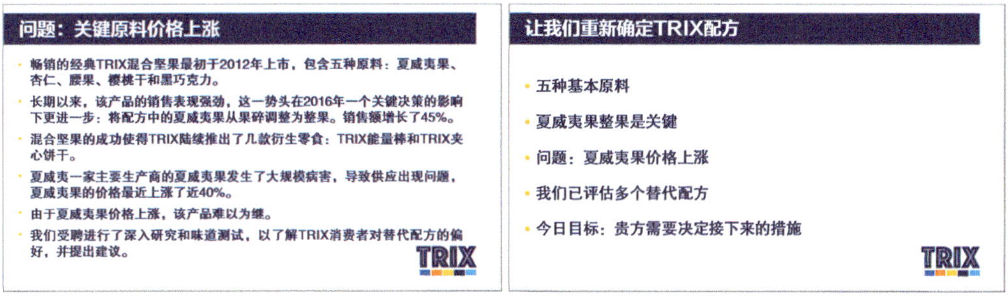

图 6-15 将提词器式的幻灯片转化为巧妙使用文字的幻灯片

这不是我们最后一次在本书中讨论幻灯片的内容，我们将在第 8 章探讨将文字转化为视觉效果更好的内容。在此之前，我们再来看看文字在另外一种情景——使用数据进行沟通中扮演的重要角色。

第 7 章

用图表展示数据

我们利用数据来提供信息，建立可信度，支撑观点，消除成见，帮助受众以新的方式理解事物，推动变革。如果使用得当，图表能够有令人惊叹的效果，让受众迎来顿悟时刻；能够将数据转化为更易理解的信息，让受众做出更明智的决策，让你与受众的对话更有活力，让受众更有信心采取你希望的行动。

在介绍具体做法之前，我想强调一下：并非所有数据都要放入演示文稿之中。在将数字和图表融入沟通之前，请认真思考这么做的目的。列出数据或者加入图表能达到什么目的？经过推敲之后再使用数据，才能有更好的效果。此外，只有清楚使用数据的原因，才能创建与之对应的可视化内容来实现你的意图。我们将在本章讨论与之相关的实用方法。

有关数据可视化的更多内容，请阅读我的第一本书

如需了解如何有效地利用数据进行沟通的基础知识，请阅读我的第一本书《用数据讲故事》。在这本书中，你会看到一些熟悉的理念和概念（例如受众、信息和故事的重要性），其中会有更多关于如何使用图表进行沟通的内容。该书深入探讨了如何将常见的商业内容可视化，图表设计时需要考虑的事项，还包含许多图片示例。后续的《用数据讲故事：专业图表实训教程》通过大量实训内容，向读者展示了更多的案例研究和策略，也邀请读者亲自动手，通过指导读者的练习，磨炼读者使用数据进行沟通的技能。

要做出好的图表，并不需要多么高深的数学知识。有效地使用数据沟通并不是一定要使用花哨的图表和特殊的工具。了解一些图表特有的可视化设计概念就能起到不错的效果，我们会在本章介绍这些概念。在此之前，让我们先来谈谈数据可视化的典型目标，尤其是在商业环境中。

为什么要将数据可视化

我认为，数据可视化就是把数字（数据）变成图片（图表）。我们绘制数据图表是为了回答问题，创造美感，唤起情感，吸引注意，进行实验、解释、探索，娱乐、影响、启发受众，逗人发笑或帮助理解。顺便说一下，我列出的并非所有动机，促使人们将数据可视化的原因多种多样。

我使用数据图表通常是在商业环境中，主要目标通常是帮助受众理解并推动他们采取特定行动，同时也是为了提高速度、加深理解和强化记忆。人类的视觉系统处理信息的速度很快（比我们的语言系统更快，这意味着一张有效的图片或图表可以比书面文字更快地传递一个想法，我们将在第 8 章进一步讨论这一概念）。一张好的图表还有助于解释复杂的事物，尤其是当人们需要看到某些内容才能更好地理解时。最后，当我们用图表展示数据时，我们可以充分利用视觉记忆。表达某个观点，然后通过展示图表进行说明，受众不仅可以记住他们听到的话语，还能记住他们看到的内容。

为了实现自己使用图表的目标，我会积极对数据可视化结果进行简化。通常，这种简化就是向受众说明该往哪里看、看什么，以及每一部分是如何融合到整体内容之中的。虽然无论我们创作什么内容，都应该努力做到这些，但是具体到图表，我还是会遵循一个流程：用语言表述要传递的信息；反复斟酌视觉辅助的形式，选择的图表要让文字跃然纸上；之后继续完善图表；最终将图表融入整体故事之中。让我们来详谈其中的每一个步骤。

阐明：用语言表达你的观点

受众看你的图表时，你希望他们看到什么内容？这个问题的答案其实也是你选择将数据加入演示文稿的原因。前面我们介绍了在构思中心思想、演示文稿标题和每张幻灯片标题的时候，反复推敲、完善文字带来的益处。这种做法也适用于图表。

针对计划展示的数据，先阐明自己的结论，这可以帮助我们更好地绘制图表。我喜欢通过一个简单的小练习来完成这一过程：对于任何你想要加入演示文稿的图表，先用几句话来描述，确定哪句话最为重要，然后推敲这句话的措辞。最为重要的这句话描述的应该是你想让受众了解的要点。也就是说，如果有人看到你的图表之后，问你"这说明了什么"，你选中的句子应该可以回答这个问题。不要只是在脑海中完成这个练习，把这个句子写下来。通常情况下，最初的版本会比符合要求的版本更长或者更复杂。修改句子，大声读出来，使其尽量简短。

难道数据本身还不能说明问题吗？

建议你先用语言表达数据代表的意义，与"数据本身就能说明问题"的观点背道而驰，显然后者是错误的。当然，图表本身确实会说明问题，但是如果没有我们的帮助，可能对不同受众来说，图片表达的意思各有不同。

如果传递的信息是数据，作为演讲人的你能够发挥独一无二的作用，因为你可以帮助受众从数据中获取更大的价值。你可能比任何人都更了解这些数据。你的任务就是表述你对于数据的理解，以及你在此基础上形成的观点。理解数据、得出观点绝不是受众的任务。此外，完成好这项任务并不意味着受众一定会同意你的观点，但这样做可以为帮助受众理解你的观点，开启富有成效的对话创造最佳条件。所以，请用语言表达你的数据！

如果你有许多重要结论，你可能会写出许多句子。根据需要，重复前述方法，确保概述所有结论的句子简明扼要。（如果你的结论不止一句，通常意味着你需要在数据幻灯片上不断改进图表，才能反映不同结论之间的细微差别——我们很快会介绍这种方法。）

　　用来说明重要结论的图表并不一定要完美无缺。它可以很粗糙，可能有些杂乱，可能不是你心目中理想的形式。没关系，你用来描述图表的话语会帮助你完善图表。制作合适的图表并非一蹴而就的过程。花在图表上的时间越多，或者在各种备选视图间反复推敲的时间越长，你对数据的理解就越深刻。这种逐渐深入的理解能帮助你不断改进描述图表的话语，而这些话语又能帮助你进一步完善图表。

　　让我们来看一个例子。请看图 7-1。你发现了什么？你将如何用语言表达你通过观察得到的结论？你会如何组织句子来回答"这说明了什么"这个问题？

图 7-1　"银行指数"图

如果在观察之后你没有任何发现，不要着急。这个问题很有挑战性，我没有提供任何背景信息，这让问题更加复杂。所以如果此时你心中的问题多于观察后得到的结论，也不足为奇。不过，如果我开始用语言描述图表，看看会发生什么。你并不了解这些数据，我却十分熟悉，使用语言描述图表迫使我对一些你不了解的隐性知识做出解释。阅读下文时，请参考图7-1，思考你是否看到了我所描述的内容。

- 这张图说明的是不同银行在不同时期客户满意度的差异。
- 整个行业的满意度普遍上升，2022年的满意度高低之间的差距小于前几年。
- 2015—2016年，Financial Savings公司的满意度低于行业平均水平；2017—2021年，Financial Savings公司的满意度达到或高于行业平均水平；2022年，Financial Savings公司再次落后于行业平均水平。

假设Financial Savings公司是我的客户，最后这句话是我想要传达给他们的主要信息。现在是时候提炼这句话了。我可以简化这句话，让Financial Savings公司成为焦点，例如"Financial Savings公司的客户满意度五年来首次低于行业平均水平"。口述这些内容的效果比现在使用视觉辅助的效果更好。不过，与其完全不用这张图，不如根据我们需要传递的明确的信息对其进行完善。

可视化：形式服从功能

你可能对"形式服从功能"这句名言并不陌生。假设你正在设计一把椅子，那么根据这一理念，你首先要确定椅子的功能。这把椅子是一把办公椅，用于在办公室促使人们保持良好的坐姿，还是一把休闲椅，让人们在阳光下充分放松？很明显，这两种用途会驱动不同的设计。图表也是如此。如果我们在设计图表之初就确定希望图表实现的功能，那么选择有效图表的过程就会变得容易许多。

在处理数据的时候，无论是新手还是数据管理专家，常常会无意中期望自己的图表发挥过于复杂的功能，这反过来又会使图表的形式变得错综复杂。对于那些没怎么接触过数据的人来说，制作图表可能会让他们感到畏惧，似乎图表必须回答所有可能出现的问题。而那些经常处理数据的人可能会觉得，将数据可视化时，需要在图表上展示自己完成的所有复杂工作，或者需要展示自己在应用制图工具方面所具备的超凡能力。

这种认知上的错误，误导了我们的设计，导致设计出来的图表过于复杂、难以理解，只有那些参与了技术分析或者具有定量分析背景的专业人士才能理解，或者图表还存在其他问题。因为我们期望图表能够发挥的功能过于复杂，照此设计的图表错综复杂也就不足为奇了。

所以，要制作有效达意的图表，首先要把要点用语言表达出来。这样更容易明确我们需要图表优先发挥的功能。在商业环境中进行数据可视化时，一般要求图表完成的常见任务如下。

- **显示数据随时间变化的趋势**：折线图、斜率图、面积图。
- **比较不同类别的数据**：条形图（垂直、水平、堆叠、发散）、点阵图。
- **表达数据之间的关系**：散点图、瀑布图、饼状图。

有关这些图表以及其他类型图表的现有资源数不胜数。与其在此列举，不如重温前面的例子，看看如何将数据可视化，才能阐明我们想要表达的观点。

建议：先掌握折线图和柱状图

无论你是多年从事数据可视化工作，还是首次制作图表，如果沟通的内容是数据，最好先掌握制作折线图和柱状图的技巧，然后再花时间学习这两种基础图表以外图表的制作和可视化技巧。折线图和柱状图很常见，这是有原因的。大家对二者非常熟悉，因此解读起来简单明了。在二者基础上有新的变化，其他可视化方法也有使用案例，不过与二者相比数量较少。

使用不太常见的图表，往往会遇到障碍：在开始讨论数据和其意义之前，为了保持受众的注意力，你必须先解释如何理解你所用的图表。在某些情况下，这种解释确实有必要，因为不常见的图表可以让你更好地强调或者解释常见图表难以表明的内容，花费额外的时间和精力是值得的。但是，这往往是例外，并非常态。总的来说，使用数据进行沟通时，应该尽量保持简单明了。这意味着我们要坚持使用基础的图表：折线图和柱状图。

关于折线图和柱状图，我撰写的其他书中有许多示例。如果想深入了解其他常见的数据可视化方法，请访问 storytelling with data 网站上的"用数据讲故事"图表指南（SWD Chart Guide）。如果想进一步拓展制作图表的能力，了解各种视觉效果的使用案例，我推荐乔纳森·施瓦比什（Jonathan Schwabish）所著的《更好的数据可视化指南》（*Better Data Visualizations*）。

回顾一下，我阐述的要点是"Financial Savings 公司的满意度五年来首次低于行业平均水平"。这意味着，图表应该能显示随着时间的推移整个行业和 Financial Savings 公司满意度的变化情况。图表的这一功能非常重要。让我们用折线图来表示这些数据，见图 7-2。

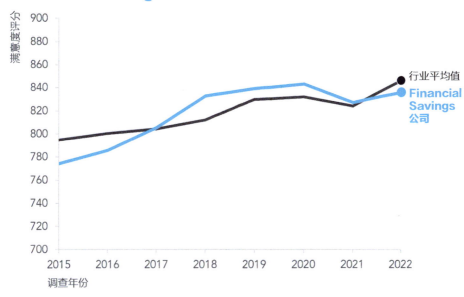

机构满意度

Financial Savings 五年来首次低于行业平均水平

图 7-2　形式服从功能

选择的图表形式要适合需要表述的要点，这只是我们需要考虑的一个因素。要想图表犹如有魔法一般栩栩如生地展现你的想法，势必要采取一些方法让受众轻松愉快地完成理解图表的过程。这意味着要确定哪些内容会让受众难以理解，然后通过图表的设计尽可能减轻这种负担。

与图 7-1 相比，图 7-2 进行了多处改进，加以扩展，可以作为使用图表进行有效沟通的一般做法。各项改进涉及文字，也涉及如何将文字和图表结合使用，使图表更易于理解。

- **用文字表达关键要点。** 能够清晰地阐述关键想法之后，就要将其融入图表，让受众清楚地了解演讲要点。文字能够让受众迅速为演讲做好准备。如果你用书面文字或者口述说明图表，受众就有了明确的期望，知道自己应该在图表中寻找什么内容或者会看到什么内容。此外，研究表明，如果你在图表标题中加入你希望受众记住的相关信息，他们就更有可能记住这些内容。文字的作用多么强大！

- **坐标轴要有标题。** 你对图表所有内容了如指掌，但是对于观看图表的大多数受众来说，情况并非如此。只需简单的操作，加入坐标轴标题（标目）即可（在图 7-2 中，纵轴是满意度评分，横轴是调查年份），这样受众能轻松地理解数据。我主张将图表和坐标轴标题放在左上方，以此构建良好的视觉结构。我经常使用全大写字母作为坐标轴标题，也是一样的道理：与混合大小写相比，全大写字母的单词构成更简洁的矩形，可以很好地衬托图表。

- **直接标注数据。** 在可能的情况下，不要使用单独的图例，而是直接标注数据。请参见图 7-2 中"行业平均值"和"Financial Savings 公司"的标签位于线条右侧的布局。这样就省去了受众的目光在图例和数据之间来回切换的麻烦。

我对图表的改进还包括构建视觉层次，消除干扰因素，将受众的注意力集中在最终留在图表中的内容上。接下来我们会探讨这方面的内容。

不确定哪种图表效果最好？
绘制草图或在工具中反复推敲并寻求反馈

　　我们已经知道以"低科技"的方式入手计划演讲有许多好处，同样，制作合适的图表也可以从纸笔开始。尤其是你尚不确定使用哪种图表效果最好的时候，或者认为某些不常见的图表可能值得权衡的时候，绘制草图，启发思考，初步了解图表的最终效果，是非常有效的方法。绘图时，你不会像在电子表格或演示文稿软件中那样对所创建的内容形成依恋。这样，图表的迭代过程更快，因为可以相对轻松地放弃不理想的选择。

　　在纸面绘制图表草图也是获得他人意见，帮助你指明方向的重要途径。绘制图表时，在各个概念比较模糊时，更容易评估图表整体的形式和应该具有的功能，而不会纠结于个别的设计因素。此外，在纸面绘制图表草图还能让你摆脱工具的束缚。先在纸上把图表画好，然后再找出哪些软件或专家可以帮助你实现想法。保持开放的态度，勇于做出改变。通常，当我们在纸上构思时，我们并不会精确地绘制出每个数据点，而是持续评估选择的路线是否有效，并根据需要进行修改。

　　我们也可以在图表绘制软件中反复查看同一组数据制作出的不同图表。在这个阶段，制图要迅速，不要害怕效果粗糙，这时不需要精雕细琢。创建几个不同的图表，比较之后确定哪个图表最能帮助你表达观点。如果还不确定，可以征求其他人的意见。

完善图表：精简内容，突出重点

我们在第 6 章讨论使用文字进行沟通时提到了视觉层次。通过淡化或删除不那么重要的内容，有选择性地突出重要内容，我们可以让受众更轻松地处理我们传递的信息。当我以这种方式改进视觉材料时，我通常会从找到和消除杂乱无章的内容开始。

精简图表

让我们通过一个例子来看看去除图表中杂乱无章的内容产生的效果。想象一下，你所在的公司每年都会举办募捐活动。募捐的目标是为公司所在社区需要帮助的人提供食物，可以直接捐赠食物，也可以捐款。评判工作的成效只需要长期追踪一个非常简单的指标：每年提供的餐食数量。为了反映这些数据，你最初创建的图可能与图 7-3 类似。

和本书中的其他图表一样，图 7-3 也是用 PowerPoint 制作的。（使用 Excel 也可以制作同样的图表，Excel 也一直是我制作图表的主要工具；为了省去从 Excel 复制和粘贴到 PowerPoint 的步骤，我现在逐渐转向直接使用 PowerPoint 制作演讲图表。）因为所有演示文稿软件的默认设置旨在针对诸多不同情况，所以几乎总会有一些细节需要你进行调整，才能更好地适应具体情况。

如果你使用其他软件进行数据可视化，我希望你能创建一个基本图表，然后执行后文的操作。

在了解我对图 7-3 做了哪些改动，去掉了哪些杂乱无章的内容之前，请花些时间思考一下这张图。你对其有何看法？为了精简这张图，你会选择弱化、删除或者以其他方式修改哪些元素？

图 7-3　最初创建的图

下载文件并获取其他资源

你可以在storytelling with you网站上下载本书中展示的示例幻灯片[①]。如果你对某个特定的元素是如何构建的感兴趣，可以深入研究。此外，你还可以在storytelling with data博客和YouTube频道上找到许多与图表相关的资源，包括教程。我诚邀你加入我们的在线社区（SWD community），在这里你可以练习绘制图表和用数据讲述故事，并与其他成员交流，获得反馈意见。

---

① 见图灵社区本书主页（ituring.cn/book/3173）"随书下载"。——编者注

对我来说，图 7-3 给人一种杂乱无章的感觉。如果不是公开演讲，我们完全可以使用这个版本，提供更多细节；或者如果你是在和同事闲聊，也可使用。但我不建议在正式场合展示这样的图，这时使用这种图是一种偷懒的表现，因为我们本可以快速做出简单的修改，让受众更容易理解。

图 7-4 是我去除了图 7-3 中杂乱无章的内容之后的版本。

历年供餐数量

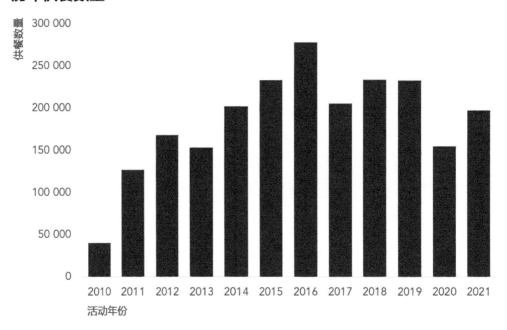

图 7-4　精简后的图

我做了一些改动，通过比较两个版本就能发现。下面，我将概述在完善图表的过程中，需要删除哪些常见的杂乱内容。

- **图表边框**：边框通常是多余的。使用留白将图表与页面或屏幕上的其他元素区分开来。

- **网格线**：删除横穿图表的水平线或垂直线是非常简单的一步操作，却能让数据更加突出。如果某些数值很重要，可直接标注数据（标注数据之后，有时可以去掉坐标轴）。

- **坐标轴线**：并非总要去掉横轴和纵轴的线（至少可以将它们设置为灰色，使其成为背景），轴线能够让图形更具视觉结构。不过，在某些情况下，移除轴线，视觉效果并不会有任何损失（刻度线、轴线上的小分界线也是如此，具体情况具体分析）。

- **尾数零**：如果坐标轴上的每个数在小数点后都有零，则四舍五入到最接近的整数。对于有很多零的大数，考虑一下以百、万或者百万为单位计数是否会使信息更容易消化、讨论。（在前面的例子中，我没有选择这么做，因为对我来说"千"这个单位有些别扭，当然，你可能会选择这个单位，这很正常。）

- **数据标记**：数据标记（通常出现在折线图上）通常没有必要出现在每个数据点上。少量使用可以引导受众的注意力。

- **数据标签**：只有在有明确理由的情况下，才考虑加入某项数据的标签。通常情况下，即便选择使用数据标签，也不需要在所有数据点上都使用（在有足够空间的柱状图中，我建议将标签嵌入柱状图内部，以便在视觉上组合各种元素，减轻杂乱感）。

- **对角线文字**：此类文字看起来非常杂乱，会分散受众的注意力，阅读起来也比较慢。在可能的情况下，尽量使用水平方向排列的文字（如果你的柱状图上有较长的类别名称，可尝试将整体布局从竖直方向改为水平方向，文字也以水平方向排列）。

- **居中对齐的文字**：此类文字往往悬空居于图表正中，当这种文字有多行的时候，由于其边缘参差不齐，看起来非常邋遢。我喜欢与其他元素对齐一致的文字，比如左对齐或者右对齐的文字，营造出视觉上的秩序感。
- **多余的颜色**：图表中有多种颜色会让人难以集中注意力，也会给受众带来不必要的阅读负担。控制颜色的数量是集中受众注意力的绝佳方式，我们后面马上会再次讨论这个问题。

　　请注意，实践中也会有例外情况。在遵循前述建议之前，请务必评估你面对的具体沟通场景，并考虑数据、受众、时间和工具等因素，最终确定如何设计图表才能达到最佳效果。如果你能解释为什么选择了与前面建议相反的内容或者方式，那么我认为你已经做了足够的功课，你的选择也不失为合理的选择。

　　在使用视觉手段进行沟通的时候，存在些许杂乱无章的内容就是犯下致命错误吗？也许不是。每一个杂乱的元素本身的影响相对较小。但是，如果有许多多余的元素，它们叠加在一起就会给受众带来不太理想的体验，分散受众在数据和信息方面的注意力。

优秀的图表设计：细微之处见真章

　　在关于杂乱内容的讨论中，我主要从删除多余内容这个角度来阐述问题。有效的数据可视化的另一种思路是，从一张白纸开始，以批判的眼光看待添加的每一个元素，以此方式逐渐构建图表。每次绘制数据图表时，我们都会做出许多微小的决定——有些是显性决定，是我们设计时主动做出的各种选择；有些则是隐性决定，是我们不去修改图表制作软件的默认设置而做出的。一次一个元素地构建图表，迫使你思考每一个决定及其对视觉效果的影响。请看我的视频《细微之处见真章：设计图表时十个细微的注意事项》（"It's the Little Things: Ten Tiny Considerations when Designing a Graph"）中的演示（见 storytelling with you 网站）。

在花时间去除掉图表中杂乱无章的内容之后，还要花些时间有意识地引导受众关注那些能够为沟通增加价值的内容。

集中注意力

在制作图表或幻灯片时，你对内容了如指掌，知道应该看哪里，应该看什么。为了让受众也能如此清晰，我们必须在设计时有意识地采取一些措施。我们已经了解文字是如何帮助我们清楚地表达观点的。如果能够配以鲜明的对比，指明受众应该看哪里，就能形成有力的组合。让我们回顾一下这一策略的另一个例子，然后我将概述各种让受众集中注意力的方法。

看过图 7-4 之后，你是否感到不满意或者认为其仍未完成？没错。要想让受众对图表一目了然，仅靠删除杂乱无章的内容是不够的，我们还需要有意识地将注意力引导到剩下的内容上。假设我们要强调的主要信息是，供餐数量在 2020 年出现下滑，随后又有所增加，但仍低于近期的其他年份。

图 7-5 展示了实现这一效果的一种方式。

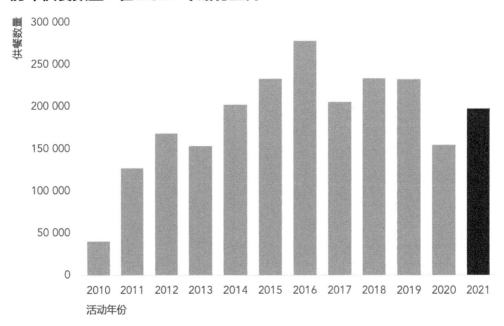

图 7-5 焦点明确的图

    我选择将 2010 年至 2020 年期间的供餐数量调成灰色，从而淡化其重要性。2010 年至 2020 年的数据是为了提供背景信息，但右侧海军蓝的条柱（选择这种颜色是为了与组织的品牌形象保持一致）则能引起受众的注意。明确要看哪里、看什么，有助于克服许多潜在问题。即使图表中的部分选择不够完美，或者存在一些杂乱无章的地方，你的图表仍然可以有效完成沟通。要做到这一点，形成对比是关键。

    下面，我列举了一些在图表中营造视觉对比的常见方法。

- **颜色**：使用醒目、鲜艳的颜色来强调特定的数据序列或数据点。如图 7-5 所示，当图表的其他部分为黑色、灰色或其他暗淡的颜色时，这种方法尤其有效。

- **强度**：对焦点信息应用高饱和度，并通过降低其余部分的饱和度，在视觉上将其弱化。一个简单方法是用半透明形状覆盖不那么重要的部分（如果你无法调整图表的格式，这种方法尤其有用）。

- **粗细**：在折线图中，把你想让受众看的主要数据加粗，或者把其他的变细，或者把这两种方法结合起来。同样，你也可以将重要文本（如标题、标签、注释）用粗体字表示。

- **大小**：内容的相对大小在视觉上表示内容之间的相对重要性。如果某一内容很重要，那么较为合理的设计是在整体布局时，将其做得比其他内容大一些。

- **添加元素**：在某些情况下，用箭头指向、圈出或以其他方式包围住受众应该感兴趣的部分，可能会起到良好的效果（不过在设计图表时，通常还有其他方法来更加明确地突出重点）。除了表示重要性外，一些标识还能表达额外的信息，包括适度添加的数据标记和标签或注释。

- **动画**：运动能够吸引注意力。此前不存在的数据点突然出现，这一简单的动作就能将受众的视线引向正确的方向。这在现场演示中尤其有效，我们很快就会看到这方面的例子。

上述内容并非涵盖了所有引导受众注意力的方法，但是了解、掌握这些方法是一个良好的开端，希望能够让你有所启发，开始认真思考如何在图表和其他视觉资料中引导受众关注你希望他们关注的地方。我们当然可以将各种视觉对比方法叠加使用。假设我想让你关注柱状图中的某个条柱，我可以用不同的颜色呈现该条柱，在条柱上添加数据标签，并将数据标签文字加粗。但是注意，为了清晰地突出重点，对比的使用应该适度，如果所有的内容都各不相同，就没有什么内容是与众不同的了。

研究表明在数据可视化中引导注意力益处颇多

有研究能证明这些在数据图表上引导受众注意力的手段是有效的吗？关于在数据图表中去除杂乱无章的内容、引导受众的注意力这两个话题，我不止一次被问到前述问题。此前，我已有大量亲身观察得到的证据，在 2021 年，一项著名的研究更为此提供了有力支持。我与美国西北大学视觉思维实验室（Visual Thinking Lab）合作开展了一项研究，在总结研究的内容之后撰写了题为《精简与聚焦：实证评估有效使用数据进行沟通的设计指南》（"Decluttering and Focus: Empirically Evaluating Design Guidelines for Effective Data Communication"）的材料（作者为 Ajani K 等）。研究人员向参与者展示了：（1）杂乱无章的数据可视化内容；（2）去除杂乱无章的内容之后的数据可视化内容；（3）去除杂乱无章的内容且重点突出的数据可视化内容。他们被要求从设计的美观度、清晰度、专业度和可信度等四个维度进行评估，然后重新绘制和回忆之前看到的视觉材料的主题和结论。

去除杂乱无章的内容会让视觉材料在专业度方面获得更高的评价；在设计中突出重点，会使材料在美观度和清晰度方面得到更高的评价，并改善受众记忆材料的效果。一句话总结：集中受众的注意力有明显的好处。

本章前面的示例只是单纯的数据图表，以此说明制作好的图表的常见做法。在掌握了相关的方法，能够让受众清楚地知道他们应该看哪里、看什么之后，就该考虑如何将图表融入整个故事了。

将图表融入你的故事

你可能还记得，在第 6 章中，我们讨论了按照第 4 章介绍的叙事弧线，在故事的发展过程中如何使用文字幻灯片。我们在故事的开头使用情节幻灯片来设置背景，通过故事中段幻灯片继续推进，最后以结尾幻灯片结束。虽然存在部分例外情况，但是我发现，在商业场合演示的大多数数据类幻灯片最适合放置在整个故事路径的中段。这是因为在转入数据部分之前，通常必须先详细介绍背景；而演讲结束时，内容通常已经超越了单纯的数据，而是进入了更具操作性的领域，即我们帮助受众加深对于数据的理解之后，受众应该做些什么。

成功地介绍数据不仅仅是展示一张设计精美的图表那么简单。你或许有过这样的经历：开会或者听商业演讲时，大屏幕上出现了一张图表，你忙着阅读图表，根本没在听演讲者说话。这种情况经常发生。与其费劲制作这种会分散受众注意力的数据幻灯片，不如选择制作能与演讲内容完美配合的幻灯片，帮助你强化观点，讲好故事。

要做到这点，我们可以精心设计幻灯片，为介绍数据奠定基础，然后通过特定图表，构建并推进故事。我们在本章中多次提到"供餐"这个案例，在描述整体背景或者情节之后，介绍相关数据之前，我可以使用图 7-6 这张幻灯片。

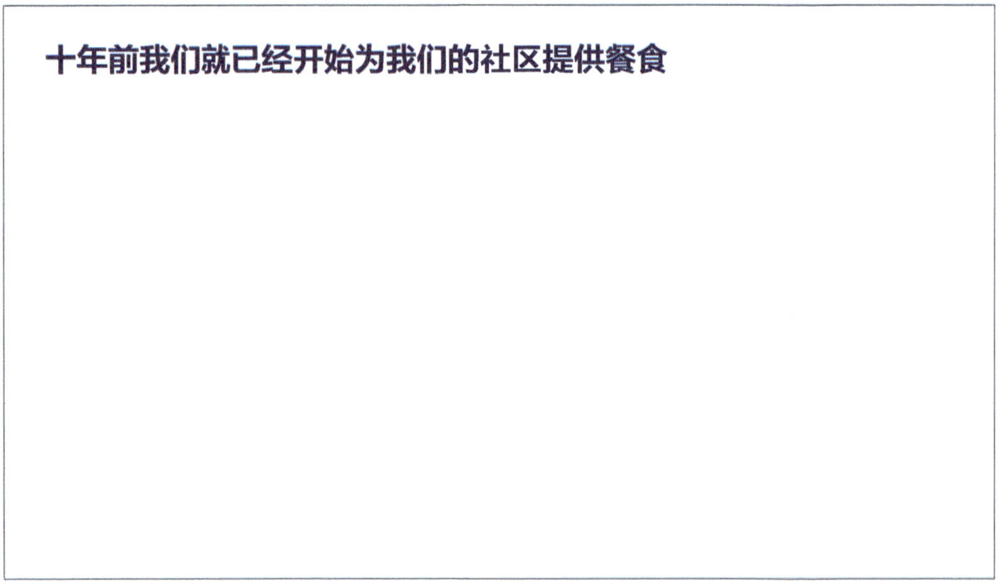

十年前我们就已经开始为我们的社区提供餐食

图 7-6　大部分为空白的幻灯片，以此描述背景

图 7-6 是一张空白幻灯片，只有标题。这是设计好的。这样的设计可以提醒我在介绍接下来的内容时，先做好铺垫（随后的内容可以放在下一张幻灯片之中，也可以通过动画在本张幻灯片中显示）。考虑到演讲内容，放映这张幻灯片时，我会这样说："早在2010 年，我们就推出了一项令人兴奋的新计划，目标是为本地社区中需要帮助的人提供食物。下面我将向大家介绍长期以来我们提供餐食的数量。"

受众可以快速浏览标题，而幻灯片上又没有其他任何东西会分散他们的注意力，所以我在介绍背景时就能获得他们的全部注意力，能够轻松过渡到图表。

就像我们在第 6 章中用动画将一小段文字显示在文字幻灯片上一样，我也会在讲解图表时分步显示图表。在确定了要展示的内容后，我可以直接介绍图 7-5 中的柱状图。如果这段历史已经广为人知，而我只想重点介绍最近一年的情况，那么我确实可以这样做。但是，如果我想引导受众了解这些数据，并提出我的见解，解释是什么原因导致了长期以来数据的涨跌，前述做法绝非明智之选。如果我直接展示所有数据，那么受众很容易在看完数据后将注意力转移到其他地方或者图表中的不同地方。为此，我们可以有选择地高亮重点内容来抓住他们的注意力。但是，如果你想在讲述数据故事的时候，让受众始终跟着你的节奏，那就需要先设计好图表，然后逐步展示数据，在口头讲述每个要点的同时，只显示你希望受众看到的内容。

　　这种策略可以用于简单的图表，我们马上就会看到示例，而且在传达密集或受众不熟悉的内容时尤其有效。每次介绍和讨论幻灯片中的一个或几个部分，这样可以构建相对复杂的视觉效果，但又不会增加受众理解的难度。在本章后面的案例研究中，我们将看到一个这样的例子。

　　回到刚才显示不同年份提供餐食数量的图表。在"准备"幻灯片中，我为接下来受众的期望播下了种子，随后我会展示该图表的第一部分，如图 7-7 所示。

十年前我们就已经开始为我们的社区提供餐食

●
40 139

2010　2011　2012　2013　2014　2015　2016　2017　2018　2019　2020　2021

活动年份

图 7-7　开始构建图表

在播放这张幻灯片的时候，我会说："纵轴表示的是提供餐食的数量。在2010年的时候，我们启动了试点项目。第一年，我们提供了超过4万份餐食，远超我们2.5万份的目标。"为了讲好多年来为社区提供餐食这个故事，我会以这个数据为起点，绘制折线图（而不是我们之前看到的柱状图）。折线图可以让受众更容易通过连接数据点的线段的相对斜率看出每年的增减情况。我还删除了图表中的一些细节（图表标题、纵轴标题和纵轴标签）。我将通过口述的方式为大家讲解这些细节。（如果不做演讲，只是将幻灯片发给受众，删掉这些细节会让他们难以理解图表。在这种情况下，我会保留这些细节，确保他们清晰地理解图表。）

我随后的幻灯片可能与图7-8类似。

图 7-8　继续构建图表

我会在介绍图 7-8 的时候说："鉴于活动第一年取得的巨大成功，我们决定将其作为一项固定的年度活动。随着消息的传播，越来越多的同事参与进来，包括我们的高管，他们也捐了不少钱。在计划实施的第三年，我们提供了 16.8 万份餐食。"接下来我会按照这种方式逐渐构建图表，即每次只披露一年或者两年的数据，以此突出某些数据点，在必要的时候提供额外的背景和信息。最终，我将绘制出完整的图表（图 7-9）。

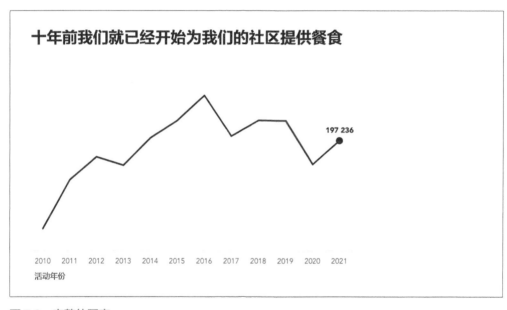

图 7-9　完整的图表

随着逐渐构建并最终形成图 7-9 中的图表，我会强调我们在本章首次观察图中数据时提到的结论："2020 年，由于外部条件的影响，我们对社区的支持有所减弱，供餐数有所减少。虽然 2021 年提供的餐食略有增加，但是仍低于此前几年的水平。"然后，就可以过渡到故事的结尾，我打算呼吁大家采取行动或进行讨论。或者，如果这只是一个更加完整的故事中的一个片段，我会从这里进入下一部分，讲述我想传递的信息。

在虚拟环境中用动画展示数据

在虚拟环境中，这种先介绍背景，然后逐渐构建图表的策略尤其有用。当受众坐在屏幕前时，许多事情都在争夺他们的注意力，不要让他们有任何借口分散注意力！把复杂的图表放在他们面前，恰恰会导致他们注意力分散。相反，如果你不是一次性向他们展示所有内容，则有助于他们集中注意力，因为他们不想错过图表的重点。元素的简单视觉运动即有助于保持注意力。此外，正如我们已经讨论过的，如果受众不需要花费脑力去思考该看哪里，该如何解读图表，则更有可能积极地倾听你的观点，因为你正在向他们讲述和展示相关内容。你在引导他们了解你的数据故事，这听起来比简单地展示图表更让受众高兴，不是吗？

展示数据时，大部分情况下，每张幻灯片都应该只有一张图表。这么做有多种原因。首先，我们很难同时讨论多张图表，而且屏幕上的内容越少越容易吸引受众注意力。此外，我们还要考虑图表的尺寸：一张幻灯片上有多张图表，意味着图表上的细节内容会特别小。如果每张幻灯片上只有一张图表，标题、标签和数据等内容就有更多空间，所有人都能看清。例外的情况是，将相关图表放在一起对比非常重要，分别放在不同的幻灯片上效果相差太多。尽管如此，只要能明确不同图表之间的联系，一般还是可以将图表分别放在不同幻灯片上。

正如前面的例子（图 7-7 至图 7-9）所示，我们构建单张图表的时候，每部分与下一部分之间的联系非常清晰。随着折线从左至右逐渐形成，受众可以清楚地看到数据点之间的关系。这样做的好处在于，随着受众熟悉图表，每次图表增加新的部分他们会更快地掌握和理解。熟悉图表会令受众感到舒适，而且沟通效率也会大幅提升。如果你想打破常规，从已知内容入手也是很好的策略，我们很快就能在案例研究中看到这一理念的应用。

通常情况下，我们会在更广泛的叙事中融入多张图表。在某些情况下，我们可以强调一张图表中的一些数据点，然后在下一张图表中也强调这些数据点，使它们之间的关系一目了然。更常见的情况是，我们的语言和幻灯片的框架为受众架起联系前后两张图表的桥梁。整体的故事也能够让细节内容之间的联系清晰明了。

这也是为什么我们此前所做的所有计划非常重要。在制作故事板、沿着叙事弧线安排演讲内容、设计幻灯片的结构时，我们已经思考了各个片段彼此连接的方式。在制作数据幻灯片的过程中，你需要参考这些计划，确保加入的过渡幻灯片、幻灯片标题和发挥过渡作用的言语能让受众直观地了解各个部分之间的联系。

让我们再次进入案例研究。我想用它来巩固本章涉及的内容，特别是强调制作数据幻灯片时如何将不同的视觉材料联系起来。

用图表展示数据：TRIX 案例研究

你应该还记得，在第 5 章中，我们确定了给诺什团队报告的结构。在第 6 章中，我们制作了文字幻灯片，以此构建了我们计划中演讲故事的情节部分，介绍项目的整体背景。现在，让我们来确定如何制作带有图表的幻灯片，借此展示味道测试的结果。

图 7-10 总结了各项数据。

味道测试总结

测试项目	现有配方	替代配方 A	替代配方 B
产品总体满意度	8.1*	7.2*	6.9*
整体外观满意度	8.3*	6.8**	8.0**
坚果数量 适宜度 / 偏差	89% 适宜	67% 适宜	71% 适宜 /18% 过多
水果数量 适宜度 / 偏差	80% 适宜 /13% 不足	85% 适宜	88% 适宜
巧克力数量 适宜度 / 偏差	93% 适宜	85% 适宜	88% 适宜
整体口感满意度	7.9**	6.9**	7.2*
脆度 适宜度 / 偏差	79% 适宜	71% 适宜 /20% 不足	85% 适宜
嚼劲 适宜度 / 偏差	83% 适宜	67% 适宜 /31% 过高	89% 适宜
整体味道满意度	8.4*	7.4**	6.2**
咸度 适宜度 / 偏差	89% 适宜	77% 适宜 /17% 不足	68% 适宜 /27% 过高
甜度 适宜度 / 偏差	83% 适宜	72% 适宜 /19% 过高	76% 适宜 /14% 不足

$N = 257$　* 表明显著性水平为 95%　** 表明显著性水平为 90%
满意度：你对产品总体上满意还是不满意？
适宜度（JAR）：关于你看到和品尝的样本，你对（坚果 / 水果 / 巧克力 / 脆度 / 咸度 / 甜度）的（数量 / 水平）有何看法？

TRIX

图 7-10　总结表格

　　千万不要在正式场合的幻灯片中使用图 7-10 这样的图表！在工作会议上与同事讨论问题时或者在你演讲的附录材料中，你可以使用这种倾泻数据的方式制作图表。但是，当你想讲好故事的时候，这种制表方式绝对无法实现就数据进行沟通的目的。

　　我做的第一件事就是明确我想说什么，并将要点用语言表达出来。在整个演讲过程中，我将使用这组数据中的多项数据，但不会一次性全部展示出来。我会将使用的数据编织成一个合乎逻辑的故事，让不熟悉数据的受众也能理解。

现在，我们以一个信息要点为例，说明并应用我们学到的内容。无论是从总体还是从单项（外观、口感和味道）测试标准来看，现有配方远比替代配方更受欢迎。图 7-11 显示了我根据前面的数据绘制的初始柱状图。

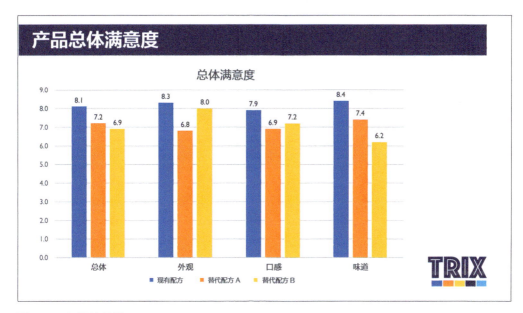

图 7-11 初始柱状图

接下来，我会修改图表，让其从默认设置下绘制的通用图表逐渐成为满足我具体需求的图表。我会清理图表，去掉不必要的元素，使数据更加突出。我会将我的观点用文字表达出来，适量使用对比的方法向受众指明应该看哪里，找到支持我观点的证据，见图 7-12。

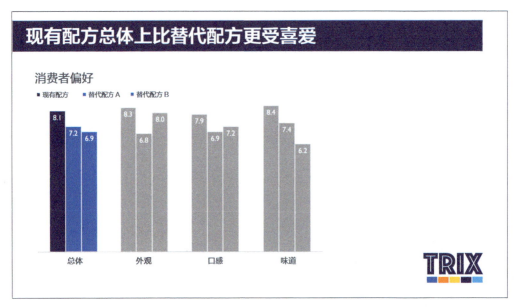

图 7-12   重新设计的幻灯片明确了受众应该看的地方和内容

现在，我需要思考如何带领受众了解这些数据。值得一提的是，我在第 5 章设定的报告结构（图 5-22）包含了一张相关内容的幻灯片。我可以直接使用图 7-12 中的柱状图，但是这样于受众无益。正如我们在本章中所讨论的，我并不想简单粗暴地展示图表，我想把数据融入整体故事。

计划报告结构的时候，介绍数据的幻灯片只是一张起占位符作用的幻灯片。要实现沟通目标，一张数据幻灯片远远不够。我想先介绍背景，然后逐张展示图表，确保它们对受众来说直观明了，同时确保受众的注意力始终随我而动。我还想将不同的图表联系起来，使整套幻灯片符合逻辑。

在思索的过程中，我不会将数据与其他部分割裂开来，而是结合我想表达的所有内容来审视数据。于是我转变了思路。我意识到，我想同时展示更多的数据，我最初设计的柱状图显然无法实现这一点。按照这一思路，我展开头脑风暴，并与同事讨论了其他方法，最后决定用一种更新颖的视图来展示味道测试的总体数据，并将其与我计划介绍的细节关联起来，这样效果会更好。

首先，我要强调测试的参与者更喜欢原来的配方，并介绍参与者评估样品的满意程度分为 9 级（从极其不满意到极其满意），见图 7-13。

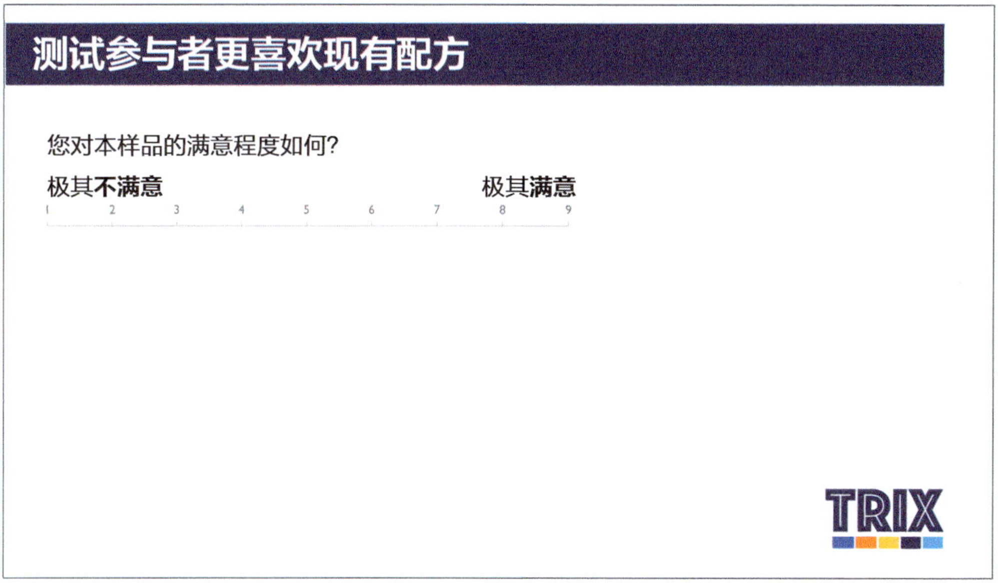

图 7-13　介绍背景

　　然后，我将数据逐步添加到图表上，以便能够逐点进行讲解。我从现有配方开始，依次添加替代配方 A 和替代配方 B。图 7-14 展示了添加这三部分数据后的效果。

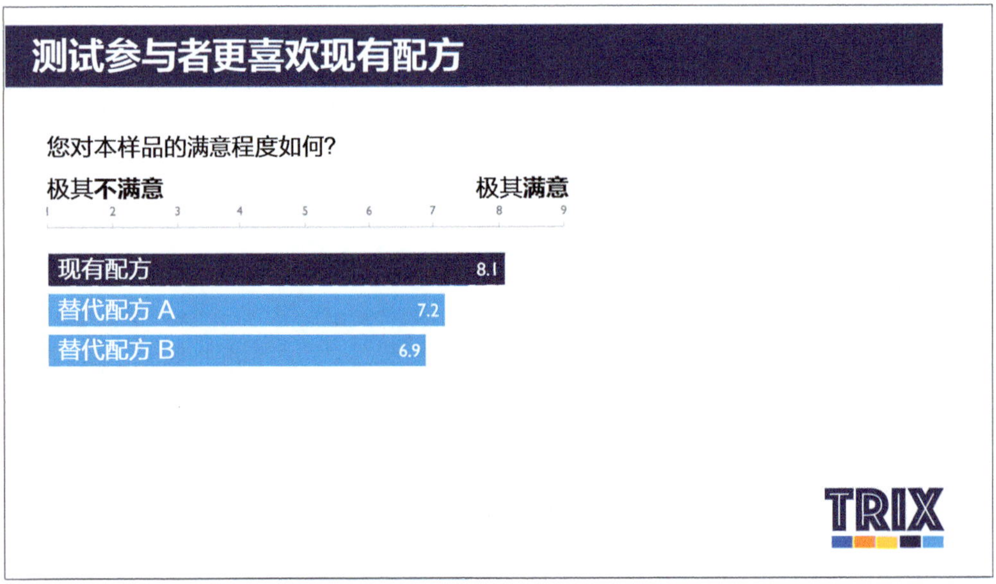

图 7-14　构建图表

　　你会注意到，这次我将数据绘制成横向的柱状图（而不是图 7-11 和图 7-12 中的以消费者偏好为纵轴的纵向柱状图）。这样做的目的是为采用我所提到的更新颖的形式——散点图——做好铺垫。首先将数据表达为受众非常熟悉的柱状图，确保受众能够理解这些数据。然后，我将柱状图的柱子改为代表数据点的圆形。这在现场效果特别好，受众可以看到柱状图中的柱体变成了圆形（图 7-15）。

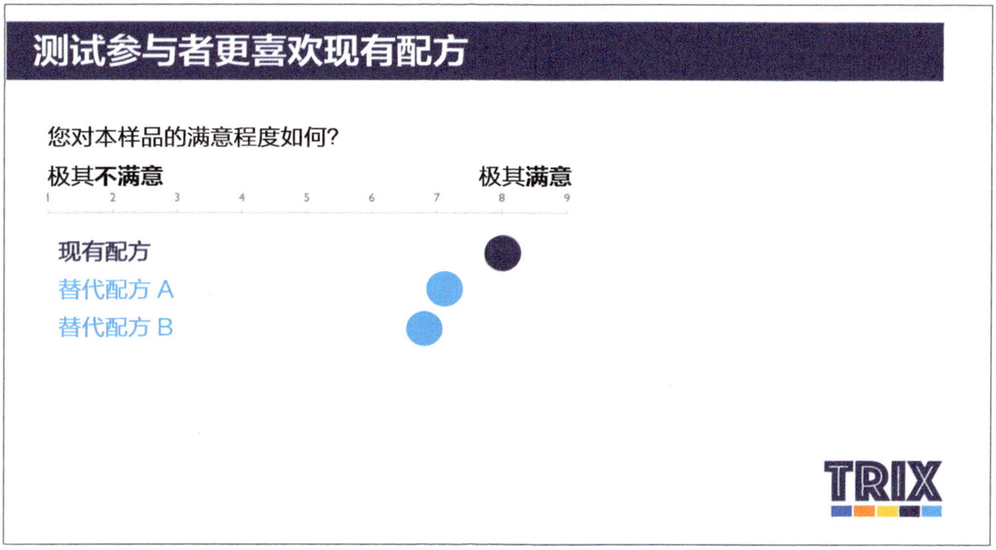

图 7-15　向散点图过渡

接下来，我将所有的点汇聚在一条线上（图 7-16）。这一步可以引导受众解读数据。

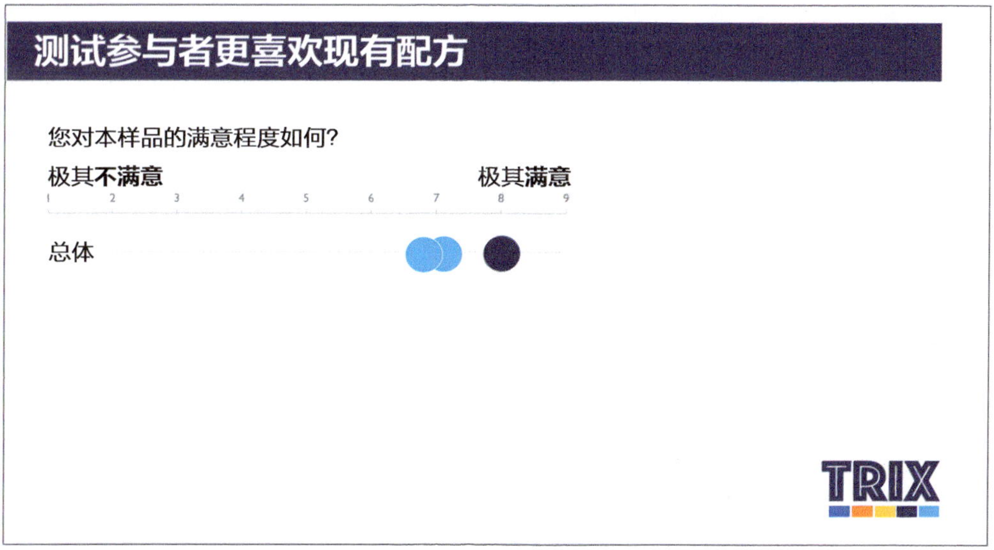

图 7-16　点汇聚于一线之上

　　在将它们汇聚在一条线上之后，图中就有足够的空间来添加味道测试中的其他维度了。图 7-17 显示了现有配方在测试中的结果。

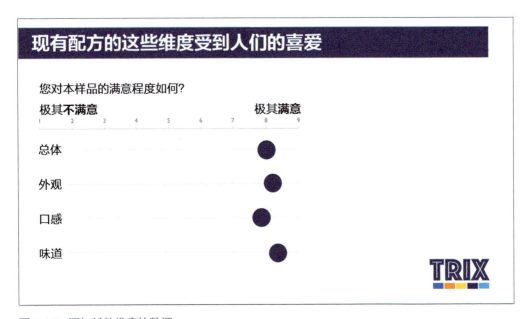

图 7-17　添加其他维度的数据

　　现在，图表的框架已经完全建立起来了，我可以将不同维度的数据分层，每次讨论一个或几个数据点（这是我最初计划的柱状图难以实现的功能，所以我决定转而使用散点图）。

　　如图 7-17 所示，我先展示现有配方的数据，将测试过的替代配方的满意度分层放入图表之中。图 7-18 显示了替代配方 A 的满意度。

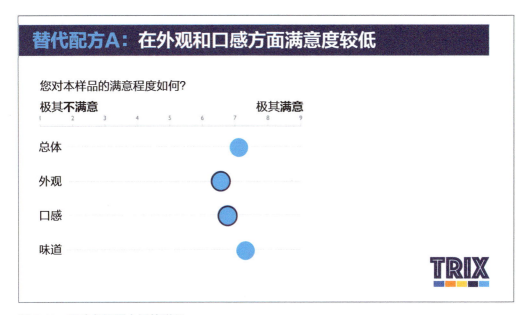

图 7-18　明确各视图之间的联系

通过这种循序渐进的方法，我向受众清楚地说明了我所传达的各项数据之间的关系。通过文字和形成对比的格式突出了替代配方 A 在外观和口感方面得分较低。借此，过渡到替代配方测试后续的细节层面，让我能够进一步向受众解释该替代配方这两项分数较低的原因。这两项数据的格式与其他项目不同，因此我会使用另外一张图表。在继续讲述故事的过程中，我将按照同样的流程，描述背景信息，逐步构建图表，引导受众解读各项数据，并将他们的注意力引向我认为需要关注的数据。在本书随后的部分，你将看到这一切是如何实现的。

在此之前，我还要在最终的幻灯片中加入另外一种视觉内容：图片。接下来，让我们关注这方面的内容。

第8章

用图片说明

什么样的主题或者信息最适合使用图片进行说明？如果你曾经登台演讲，那么你可能考虑过或者实践过在演讲中使用图片。但是，如果场景是需要使用幻灯片的日常会议呢？这种情况下，什么时候需要使用图片？如何使用最为有效？

你此前肯定见过反面案例：幻灯片上加入了拉长过的照片，唯一的目的就是填补页面上的空白；在有关伙伴关系的幻灯片上出现握手的图片；还有那些与主题仅有些许关系的剪贴画或者连环画，它们只会分散受众的注意力或者令受众感到困扰，根本起不到任何积极作用。这些情况都是我们应该避免的。我经常会听到滥用图片的指令："我们的幻灯片上还有些空白的空间，我们加入一些内容吧。""你应该加入一些图片，丰富演示文稿！"这些指令中使用图片的原因和方法都是错误的。

如果图片使用得当，可以取得良好的效果，帮助你解释概念、加深理解、保持注意力、强调内容、加强记忆等。我们很快会具体探讨各种类型的图片，通过举例说明和分享实用技巧，帮助你有效地将各种类型的图片整合到视觉传播内容之中。在此之前，让我们先具体了解一下为什么要在演示文稿中加入图片。

使用图片的原因

在视觉传播中使用图片有多种原因。虽然并不全面，但我将常见的图片使用方式分为四大类：助力解释和理解，促进记忆，确定基调，改进设计。让我们逐一详细讨论。

图片帮你解释说明，也帮受众理解内容

简而言之，如果受众看到某些内容，可以提升沟通的效果，那么就应该加入相应的图片。如果看到某个事物有助于受众对该事物的理解，或者视觉辅助材料能够让你更轻松地解释某个主题或概念，可以考虑使用图片。例如，假设你在创业公司工作，正在准备融资演讲，希望以此获取投资。你的受众是风险投资人，你可以考虑在演示文稿中加入公司旗舰产品的草图或计算机生成的模型，帮助你更好地解释相应的内容，并且确保受众能够清晰地理解。

你还可以使用图片来给出沟通的框架。我们在第 5 章讨论了规划演示文稿时加入导航幻灯片的问题（我分享了两个案例，其中一个只是使用文字，另一个案例则是加入了我孩子的照片）。简单来讲，这种方法使用的图片应该概括你演讲的主要内容或者主题。你可以在演讲开头的部分引入导航幻灯片，说明演讲内容和它们的顺序。在演讲的过程中，你可以多次回到导航幻灯片，作为各部分之间的过渡，让受众知道你已经讲到哪里，将要讲什么内容。最后，在演讲即将结束时，再次使用它回顾要点。

让我们来看看我在工作中运用这一技巧的真实案例。我曾做过一个简短演讲，内容是整理数据可视化材料。我先讲了一个故事，在我小的时候，我常常会因为没有打扫房

间而被父母训斥。那时我总是不听父母的话，拖延打扫房间的时间，因此我的房间非常混乱，结果就是，在如此杂乱无章的环境中我很难集中注意力。我用自己童年的轶事来比喻图表中杂乱的视觉内容会导致受众不良的观看体验。然后，我展示了图 8-1 这张凌乱的办公桌图片，以此介绍了我要讲述的具体内容。

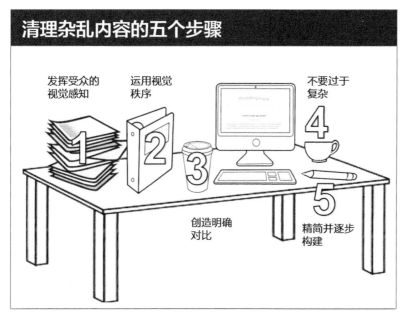

图 8-1　使用图片的导航幻灯片：初始视图

　　讲完图 8-1 中带有图片的导航幻灯片之后，我会使用图 8-2 过渡到第一个步骤。

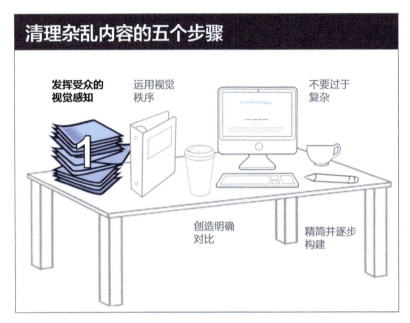

图 8-2　使用图片的导航幻灯片：过渡到第一个步骤

在介绍完每个步骤之后，我都会回到这张图片，并以类似的方式突出图片中的一个步骤，以此作为两个主题间的视觉过渡。

这是另一种使用图片的方法，可以帮助作为演讲者的你，将所有内容以一种让他人更容易理解的方式串联起来。另外，不断重复图片和概念还能让受众更容易记住你讲的内容。说到促进记忆，这也是图片所具有的强大力量。

图片有助于记忆

如果图片使用得当，能够提高受众对概念或者观点的记忆能力。这就是所谓"图片优势效应"（Picture Superiority Effect，也常称"图优效应"），即相比文字，人们更易记住图片。有人认为这是因为图片是同时存在于视觉和语言记忆之中的双重编码，而文字是只存在于语言记忆中的单一编码。大量研究发现，当有效地将图片与文字相结合时，记忆效果会比单独使用文字更好。

但是这里的关键在于"有效"。你手头可能有一张很棒的图片，但是它是否能够强化你的想法或者信息？它是否能够帮助他人理解你内心的想法？对于理想的图片－信息组合来说，受众在事后回忆起图片的时候，也能想起你展示图片时所说的话语。

在"用数据讲故事"工作坊的幻灯片中，我们加入了一些图片。谈到引导受众的注意力，我们经常会进行"你的视线被吸引到了何处？"的测试。做这项测试的时候，我们会展示各种图片，让参与者大声说出他们的视线首先被吸引到了什么地方。这种做法说明了视觉注意力在不同的场景中会有怎样的变化。

其中一组图片的第一张是满屏的五彩气球，如图 8-3 所示。

图 8-3　你的视线被吸引到了何处？

当你想让受众特别关注某个目标时，使用色彩丰富的图片并不能为受众提供明确的目标。试将图 **8-3** 与图 **8-4** 进行对比。

图 8-4　**有节制地使用对比能够集中受众的注意力**

我无须说"请看蓝色气球"，在看到图 **8-4** 的时候，你就已经在看它了。鲜明的对比，尤其是少数颜色的对比，很容易引起受众的注意。如果演讲结束之后，受众回忆起这两幅图，他们应该会记住这一刻。这就是一个用图片说明、强化观点，并帮助记忆的绝佳例子。

图片可以确定基调

接着色彩的话题，你可能还记得在第 5 章中，我们讨论了在演示文稿设计中，色调是如何唤起人们的情感并帮助你确定沟通基调的。图片也能做到这一点，而且有可能效果更好。

我曾在一次工作坊活动中以我生女儿时的故事作为开场白。虽然在商业场合分享这个故事似乎涉及个人隐私，也有些出人意料，但我这样做事出有因。当时我的演讲对象是一群医生，他们是代表一家医疗设备公司发言的神经外科医生。我的任务是说服他们采取与以往不同的方法处理问题。（在这样的场景下面对这样的受众，是不是令人感到畏惧？）当时我们在一家酒店的宴会厅，我站在大厅的最前面演讲，到场的医生大约有50 名。

我生女儿时，医生给我做心电图，机器就在我身边，我看着结果在一卷纸上打印出来：一个峰值，然后是一个谷值；一个峰值，然后是一个谷值——心电图的数值上升，然后下降。我心想，这真是一张有趣的图表。

医生看着显示结果的纸条告诉我："产程进入活跃期之后，心电图就是这个样子！"在讲这个故事的时候，我背后的大荧幕上是一张空白的幻灯片，让医生们把注意力集中在我身上。故事讲完的时候，我在幻灯片上放了两张我美丽的女儿埃洛伊丝（Eloise）的照片：一张是她在新生儿重症监护室里的照片，另外一张是她一岁时的照片（图 8-5）。

图 8-5　埃洛伊丝刚出生和一岁时的样子

　　照片中刚出生和一岁时埃洛伊丝的对比展现了现代医学的奇迹，在座的医生们肯定能够体会得到，这种对比也以一种戏剧性的方式向他们暗示了计划之中我希望与会者实现的转变。我希望能够触动他们的内心，然后让他们以一种新的方式看待事物。我把生女儿的故事和相关图片放在演讲开头，吸引了在场受众的注意，也开始取得他们的信任。故事和图片帮助他们与我产生共鸣，建立融洽的关系，为当天演讲的成功奠定了基础。

　　在演讲中加入孩子的图片，有些人可能会觉得奇怪。对我来说，这很自然，因为我从孩子身上学到了很多东西，我在演讲中讲述的故事也经常涉及我的孩子。我这样说并不是鼓励你刻意分享涉及个人隐私的照片。但是，如果你与某张图片有强烈的感情联系，谈论起相关的概念也会得心应手，向他人展示图片的时候选择的方式也更容易引起共鸣。

说到图片可以帮助我们确立演讲的基调，调动现场的受众，我想再举一个不那么情绪化的例子。我曾与一家能源公司合作，帮助运营风险管理部门的一个小组建立领导团队的沟通机制。在一次工作会议上，我们在大屏幕上审阅一份草稿，翻到了一张标题为"我们为什么要购买保险？"的幻灯片。幻灯片顶部有一张小图片，后面是大量文字。这些文字分为几类：转移风险、法定要求和合同义务。每个类别都有几个小点，包含更多细节。

我不知道图片上展示的内容是什么意思，因为相关内容已经远远超出了我的专业范畴。我提出了我的疑问。这张图片描绘的是一台价值数百万美元的机器发生故障，突出了保险的必要性。仅从小组讨论的热烈程度看来，我就知道这张图片引起了预期的反应。遗憾的是，在目前的设计下，它的尺寸太小，而且后面文字过多，削弱了图片的效果。为了改善效果，我们将图片作为幻灯片的重点，并配上文字"为什么我们需要购买保险"。原始幻灯片中的文字成了沟通过程中口述内容的要点（保留在备注部分）。

图片可以改进设计

在某些情况下，确实可以为了美观而加入图片。虽然在普通的商业演讲中也可以使用图片，但是回想我自己使用图片的案例，多数还是在大会演讲中。

如果你以极具感染力的图片作为沟通的核心，那么你可以根据它来设定整套幻灯片的颜色、字体和其他方面，使整套幻灯片更加连贯，给受众留下专业的印象。在我最引以为傲的主题演讲中，我讲述了一个关于我两岁的儿子多里安（Dorian）读书的故事。实际上他并没有在阅读书上的文字。我们给他讲过很多次这本书里的故事，现在他是在利用书上的图片，促使自己回忆起此前听过的故事，然后大声复述出来。这个故事再次说明了图片所蕴含的力量！因为演讲提到了这个故事，所以我与受众分享了儿子读的书，也把书中的故事简单介绍给了他们。

这本书是《拉里在西雅图迷路了》（*Larry Gets Lost in Seattle*），作者是约翰·斯库斯（John Skewes），他以小狗拉里和它的倒霉经历为题材创作了一整套系列丛书。图 8-6 是其中两页。

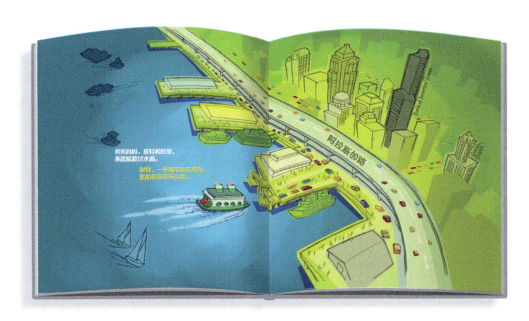

图 8-6 《拉里在西雅图迷路了》节选（© John Skewes）

考虑到这个故事的重要性，我在演示文稿中加入了一些设计元素，包括鲜亮的色彩和"拉里迷路了"系列图书中的一些图片（经作者授权许可）。图 **8-7** 是我演示文稿的标题幻灯片（你可能还记得它，第 6 章中有一张缩略图，作为会议演讲的标题幻灯片）。

图 8-7　我演示文稿的标题幻灯片，灵感来自《拉里在西雅图迷路了》

有时也可以使用图片来分割内容，或者在演讲的同时提供一些内容给受众观看。这似乎与我之前的建议背道而驰，其实我的建议是不要将图片的使用方式局限于此。如此使用图片时，尽量使图片还能实现我们讨论过的其他作用。

在虚拟演讲中使用图片

随着虚拟会议和演讲的增多，我在视觉材料中融入图片的方式也愈发多样。线下演讲时，在介绍背景、描述场景或讲述故事时，有时我会使用空白的幻灯片，确保受众的注意力集中在我身上。但是在线上演讲时，我往往不会这样做。因为使用空白的幻灯片会让受众误认为是技术故障，或者把注意力转移到其他事情上（例如收发电子邮件，毕竟他们就坐在电脑前面，只需点击几下就能办到）。我会加入一张图片，让受众在听我说话时有内容可看。一次演讲，主题与银行网点满意度有关，我在介绍背景的时候就使用了某个银行网点的照片。还有一次，主题是开学季购物，我在演讲时展示了某家零售店的照片。

以这种方式使用图片时，图片应与演讲主题直接相关，并且受众无须花费太多心思就能理解两者的关系，你需要他们的注意力主要集中在你自己和你所说的内容上。图片的作用只是在他们听你说话时取悦他们的双眼。我们会在第 10 章讨论在虚拟环境中如何发言才能吸引受众的注意力。

图片在沟通中能够发挥巨大作用，所以在设计沟通内容的时候，要仔细思考如果加入图片，你的内容是否会从中受益，在何处受益，以及如何才能受益。正如我们讨论在沟通中使用文字和图表时一样，在演示文稿中加入图片要有明确的动机，每张图片都要有其目的，这样才能有效地使用图片。

我们已经看到一些不同类型的图片。下面我们来谈谈三类图片及其使用技巧和策略。

照片、插画和示意图

我对图片的定义比较宽泛，它包括演示文稿中我们在有关文字（第 6 章）和图表（第 7 章）的两章中尚未涉及的所有常见视觉内容。这包括照片、插画和示意图。我将讨论如何使用每种图片，并分享相关的设计注意事项和示例。

我想重申一遍：我并不是训练有素的设计师。我只是有一双善于发现问题的眼睛，敢于相信自己的直觉，愿意不断尝试、犯错，从每个实例中学习，由此逐渐掌握了设计技巧。以下的实用建议来自我自己在会议和演讲材料中使用各种形式图片的实践。

照片

照片可能是商业和其他专业演讲中最常见的图片。

我记得我丈夫在一家可穿戴技术公司工作时，我曾帮他制作过一套幻灯片。这家公司的创始人对于设计的要求异常苛刻，他这种要求也需要贯穿到公司内部的视觉传播中。在幻灯片中我通常会使用文字或者图表作为视觉材料，考虑到这一背景，我们转而使用照片。我们从该公司的照片档案中选取相关的引人注目的照片。一次，公司讨论将年度员工调查引入季度业务审查中，我们没有使用含有项目符号的幻灯片来详细说明具体细节（创始人对具体细节并不关心），而是使用了一张全体员工会议中员工们的照片，然后配上了简单的文字："让我们听听团队的意见"。

由此，就引出了我对于在演示文稿中使用照片的第一条建议：如果使用照片，请以照片为中心。不要让照片看起来像所有内容确定之后，因为某个角落还有空闲空间才添加的内容。请把照片放在中心位置。通常，照片需要占据整张幻灯片。让我们看看我在本章前面提到的能源公司客户的例子。

图 8-8 是我帮忙修改的演示文稿中的一张幻灯片（为保密起见稍作修改）。

清洁能源企业
努力创造更加绿色的环境

未来三年清洁能源业务投资
15亿美元

全北美太阳能光伏业主排名
第3

已获长期购电协议发电量占比
90%

可再生能源生产能力

[保密原因，图表略去]

风能总发电量为310兆瓦，占我们公用事业规模
可再生能源生产的30%。

图 8-8　初始幻灯片：对于照片的使用并不理想

　　注意幻灯片底部的提示，它的箭头指向第二张照片。通过讨论，我了解到这张照片是关键内容之一。有鉴于此，我建议将原来的幻灯片转换成几张幻灯片，每张幻灯片集中展示一个主要信息。图 8-9 的幻灯片就是为了突出刚才我们提到的关键信息。

计划未来三年对清洁能源企业投资

15亿美元

风能占我们公用事业规模可再生能源
生产的30%。

图 8-9　以图片为中心，配以精练的文字

在图 8-9 中，我放大照片，覆盖整张幻灯片。调整照片大小时，注意不要拉伸图片（改变原始宽高比会使图片失真）。受众的眼睛很快就能发现比例失衡的图片，这会给他们留下你并不专业的印象。相反，你可能需要裁剪图片的一侧或多侧，使比例更加协调。使用高分辨率的照片，因为这种照片即便调整大小，也不会显得模糊或有颗粒感。

演示文稿中的照片从何而来

获取照片有多种途径。在某些情况下，自己拍摄照片可能是更好的选择，只要可能，我肯定会选择自己拍摄。这样就能完全掌控照片，使其完全符合我的要求，此外，也不必担心潜在的版权问题。

根据需求自己拍摄照片并非总是可行。如果无法自己拍摄，可以选择使用在线的图片库。有各种免费和付费的图片库可供选择，以下是我使用过的几种。

- Getty Images 旗下的图片库 iStock 是很好的付费照片和插画库，有各种定价和订阅服务。其他广受欢迎的付费图片网站包括 Shutterstock、Getty Images 和 Adobe Stock。
- Flickr Creative Commons 提供各种类型的授权形式，允许用户使用图片（其中许多只要求简单的署名）。
- FreeImages、Pixabay 和 Unsplash 提供免费的图片，供个人或者商业使用。

可以搜索、浏览或者购买照片的网站很多，我只是列举了几个。无论在哪个网站，使用图片之前，请务必阅读详细说明，了解所有许可或者署名要求。

在确定幻灯片上照片和其他图片位置的时候，我们必须掌握一条设计原则，即"三分之一构图法"。遵循该原则的图片构图显得更加严谨（该原则也适用于幻灯片设计的其他方面）。试想象，将图片的长度和高度都三等分，这样图片就会被分为九个相等的区域。三分之一构图法建议我们将关键的主题或图形元素放在图片三等分线上或三等分线的交叉点上。设计构图的时候，总体思路是让受众在观看照片、图片或幻灯片时视线有可以移动的空间。这与将关键元素置于中心位置的构图法形成显著差异。

让我们来看一张我以前用过的照片——一张我给儿子多里安拍的照片。我在本章前面曾提到，两岁的多里安已经可以自己给自己讲《拉里在西雅图迷路了》的故事了。图 **8-10** 中就是多里安自己给自己讲故事的场景。

图 8-10　居中构图法和三分之一构图法

比较图 **8-10** 中左边和右边的照片，你觉得它们有何不同？根据"三分之一构图法"，我们应该选择第二个版本，多里安在九宫格的左边三分之一处，而非处于图片的正中间。此外，如果我们想要在幻灯片的照片上添加文字，右边的版本右上方有更多的空间。

关于照片，我还想给出最后一条建议，其实我在本章开头也有暗示。在演示文稿中加入照片的时候，避免使用过于老套、缺乏想象力或大家反复使用的照片。不要一说到销售，就不假思索地使用与金钱有关的照片；不要一说到沟通的目标，就使用靶心的照片；不要一涉及全球业务，就使用地球的照片。此前太多人这样使用照片，无法为你的演示文稿增加价值，也无法令人过目不忘。

相反，你要确定在演讲的过程中，你希望受众有怎样的感受，你希望他们在某个时刻理解或者记住什么内容。照片能否帮助你实现这些目标？单单是进行这样的思考就能帮助你更有目的性地使用照片。

接下来我们将讨论另外一种图片——插画，它同样适用这一建议。

插画

我对插画的定义是：所有通过绘制得到的视觉内容。绘制的图片通常没有照片那么精致。但是，我强调这一点并不是要说明其缺点，而是要说明在演示文稿中什么时候使用插画，以及为什么选择插画而不是照片。此前我们考虑使用每种类型的内容（文字、图表、照片）时首先都要明确原因，在决定是否加入插画的时候也是如此。

插画的形式多种多样，有的精致，有的潦草，有的写实，有的抽象。试看图 8-11 中的插画。

图 8-11　一只鸟的三种画法

你会用哪些形容词来描述图 8-11 中同一只鸟的三种画法呢？

对于最左边的这只鸟，我会用"庄重的""专注的""轮廓优美的"来形容。对于中间一只，我的印象是"敏捷的""不加修饰的""轮廓突出的"。最后，对于最右边这只鸟，我会用"可笑的""轻松的""有趣的"等词来描述。

你用来形容三幅画的形容词可能会与我的不同，这没关系。问题的关键在于，不同风格的插画（即使描绘的是基本相同的事物）会传达出不同的基调，唤起不同的感受。了解了这一点，你就能更好地选择插画风格，强化你想要营造的整体氛围。

我会在纸上画画，不过 iPad 的使用率越来越高

如果只需要一幅简单的插画，我通常会自己动手绘制草图。我不是什么艺术家，但我喜欢画画。无需太多时间，我就能画得相当不错。我最喜欢在纸上画画。要把纸上的图画转移到电子世界里，我会扫描或者拍照，然后在 PowerPoint 中重新着色或者做些其他细小的编辑，往往这样就能满足我的需求。这种做法肯定不是最为先进的技术，但是一般情况下，都能收获不错的效果！

我的团队成员很多都会使用 iPad 作画（他们的作品非常漂亮），他们的热情感染了我，我也慢慢开始培养自己这方面的技能，逐渐尝试在 iPad 上绘画。我觉得它使用简便，有足够的选项来帮助我实现目标，又不会因为功能太多而让人感到不知所措。图 8-11 中的苍鹭就是我用应用程序 Procreate 在 iPad 上绘制的。

我在第二本书《用数据讲故事：专业图表实训教程》中使用了大量插画。虽然那本书并不是关于演示文稿的，却能展示在视觉沟通中使用插画背后的思考过程。那本书并不是简单的读物，它的目标是营造沉浸式的体验，我希望读者能撸起袖子，亲自实践。早在规划内容时，我就列出了数个理由，希望该书能够配有插画。我希望包含轻松有趣插画的《用数据讲故事：专业图表实训教程》与那些令人生畏的大开本图书形成鲜明的对比。加入插画能够让读者感到更加亲切。

刻意使用手绘这种形式，目的是从视觉上强化"处理内容时，不是那么正式也没关系"这一理念，并且吸引读者自己动手画画。主要的插画内容包括带有手写文字的便利贴和以视觉表达方式总结每章主要内容。图 8-12 就是章节回顾的一例。

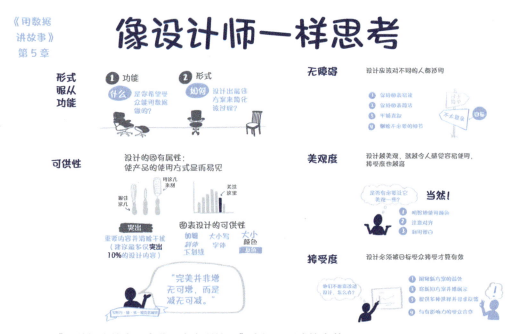

图 8-12 《用数据讲故事：专业图表实训教程》中插画形式的章节回顾

　　无法使用照片的时候，使用插画是不错的选择。这让我想起之前的一个例子：我们需要宣传一种尚未问世的产品。插画可以帮助受众理解，确保他们对产品的认知保持一致，避免在这方面出现巨大的差异。使用插画的另一个好处是，如果插画由你亲自绘制或者委托他人创作，可以指定细节，这样制作出来的插画是完全符合你的要求的。插画不必像照片那样必须拍摄现实中存在的东西。

　　和照片一样，如果你自己的绘画技术并不纯熟，要获得好的插画可能需要花一些钱。本章前面列出了一些图片库网站，其中部分也可搜索插画。在某些情况下，聘请专业人士来绘制插画是正确的选择［我在编写本书和《用数据讲故事：专业图表实训教程》时就是这样做的，这两本书的插画都出自才华横溢的凯瑟琳·马登（Catherine Madden）之手］。

关于插画，我建议避免使用剪贴画（演示文稿软件中提供的预置插画）和漫画。这与我建议避免使用他人反复使用的照片原因一致，加入此类剪贴画和漫画非但益处不多，有时反而有害。使用漫画可能存在例外情况，但是也要谨慎对待。漫画可能会破坏你的可信度，影响你展示内容的专业性和严肃性。

示意图

照片和插画能够唤起受众的情感，有助于引入或者强化观点，当需要讲解某个过程、概念或元素之间的关系时，则应选择示意图。示意图的形状和形式多种多样。在本部分，我不会再讨论示意图具体的类型，而是概述一些广泛适用的技巧。

首先，就像使用照片和插画时一样，我希望你也能思考自己想使用示意图传递什么信息。一张白纸就是帮助你思考的好工具。白纸可以让你快速测试不同形状的示意图，找到大致合适的形式。然后确定你的演示文稿软件中是否有预装的模板可供使用，或者你需要从头开始构建示意图（图 8-13）。

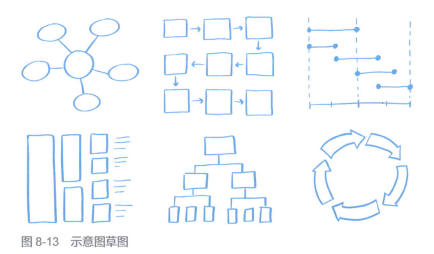

图 8-13　示意图草图

　　先在纸上设计示意图还有一个好处，这使得杂乱无章的内容更难进入你的设计之中。我们在第 6 章和第 7 章讲到精简文字和图表，使用鲜明的对比来引导受众的注意力，这点也适用于示意图。在示意图中，需要注意的常见杂乱内容是分散受众注意力的边框或者形状，还包括添加了非必要的颜色或者对颜色的使用不太理想等情况。

　　示意图的边框和起到连接作用的各种形状（如线条和箭头）通常可以作为背景出现。正如我们在第 7 章中谈到淡化图表中某些元素，这样做更容易形成对比，从而将受众的注意力集中到其他部分。如果你希望受众关注某个节点或者部分，那么就让其在视觉上与其他部分区分开来。例如，只在这一部分着色。

　　在现场演讲的时候，你还可以借助对比来讲述示意图。就像我们在第 7 章中逐步展示图表一样，有时一部分一部分地显示示意图也是正确的选择。这样，受众阅读示意图的进度不会快于你的介绍。或者，如果需要先展示示意图的全貌，那么可以使用色彩对比或者其他方式强调不同节点或者部分，依旧做到逐步推进。这样不仅可以在发言时引导受众，又能为受众提供视觉锚点，让他们知道此时此刻应该看示意图的哪个部分。

　　例如，图 8-14 是同一个简单示意图的两个版本。左边的版本有大量的边框和连接箭头，且颜色较多。相比之下，右边的版本没有边框，甚至删去了部分文字的背景。箭头和部分背景虽然依旧存在，但是全部改为灰色，与需要强调的部分区分开来，这样受众能够看到所有流程，又能将注意力集中在目前介绍的部分。

　　假设我使用的是右边的示意图，在现场讨论示意图中的内容时，随着介绍的推进，我会逐个强调示意图中的节点，当前的重点是活动日当天的签到步骤。请注意，在右边的版本中，创建对比和引导注意力的灵活性要强得多。

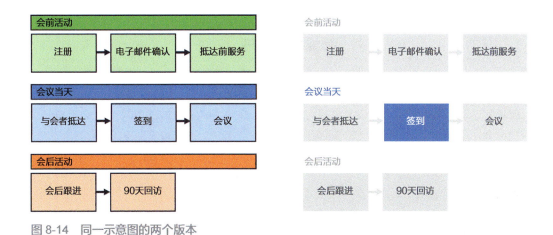

图 8-14　同一示意图的两个版本

　　用好示意图，可以将复杂的内容简单化，促进受众的理解。在创建示意图的时候，一方面要考虑选取多少信息作为展示内容，一方面要考虑受众的注意力应该集中在何处，要在两者之间取得微妙的平衡。这意味着示意图中的部分内容会成为谈话要点，因此在演讲中，我们只需展示简化后的版本。

　　根据这一思路，如果需要概述关键信息且某些细节也非常重要，那么我们可以选择展示整个示意图的简化版，以此让受众了解整体背景，然后强调某个节点或者部分，并在随后的幻灯片中详细介绍。我可能会使用图 8-14 右侧的示意图来介绍签到活动，然后用一张或一系列幻灯片来解释签到活动。

　　随后，你可以回到前面出现过的简化版示意图，再聚焦其他部分的细节。这个方法与我们反复讨论过的多次向受众展示导航幻灯片类似，而对于示意图来说，它本身就是你的导航幻灯片。

能使用地图吗

地图属于图片、可视化的数据还是示意图？地图可以扮演前述任何一种角色，这取决于你如何使用，有时还可以同时实现多种目的。当受众需要了解地理空间方面的一些重要信息时，地图就能很好地发挥作用。例如，演讲涉及一个鲜为人知的地理区域，且它的具体情况至关重要。另一种情况是，沟通内容涉及数据，有一个区域的相关数值比较突出（高或低），你需要通过地图才能展示清楚。

对于经常在幻灯片中绘制并使用地图或有这个打算的人来说，肯尼思·菲尔德（Kenneth Field）所著的《制图学》（Cartography）一书是绝佳的资源。《用数据讲故事》播客第 41 集收录了我与肯尼思的对话。

在写作本书的过程中，我想到了许多演讲中的技巧和策略。例如：使用导航幻灯片让你自己和受众始终清楚演讲的脉络，去除杂乱无章的内容，重视抓住受众注意力，对于要使用的内容始终要先思考是否适当。我谈到的许多针对某一方面或某一类型内容的设计，也适用于其他方面或其他类型的内容。我希望你能从整体上思考自己构建的演讲内容，思考如何让其以最佳方式服务你和你的受众。

示意图可以帮助我们解释某些内容，加深受众的理解；插画能够奠定和强化演讲的基调；照片可以让受众与你本人和你的主题产生共鸣。一般来讲，图片能够帮助受众记住你讲述的内容。它们都能发挥重要作用。经过本部分的讲解，我希望你对于在演示文稿中何时和如何使用图片已经有了较之以往不同的认识。

至此，本书"构建演讲"这一部分就画上了句号。你应该还记得，在第 5 章，我们将第一部分中创建的"低科技"的演讲计划转化为幻灯片，确定了演示文稿的风格和结构。然后，我们了解了一些相关概念，并看到了许多内容开发的示例：用文字表达，用图表展示数据，用图片说明。

如果在阅读本书的同时，你恰好在准备商业演讲，而且已经跟随本书前面几章的脚步开始制作内容幻灯片，那么现在是时候停下来再次审视你的演讲内容是否能够整合在一起了。通常这也是与他人分享你的工作并征求反馈意见的好时机。在全面审视完你此前的工作之后，再继续完善材料。

但不要把剩余的准备时间都花在准备材料上。你展示的材料只是成功的要素之一。成功的另外一个要素正是你自己。你的角色至关重要，我们将在本书的最后一部分深入探讨。

在此之前，让我们回到案例研究，确定是否以及如何在演示文稿中加入图片。

用图片说明：TRIX 案例研究

我正在为与诺什团队的沟通准备材料，如果加入图片，是否有助于此次沟通呢？为了帮助我做出最终的判断，让我们一起回顾一下我们在第 6 章中为沟通确定的框架，考虑哪些地方适合加入图片。你应该还记得，我们之前在幻灯片浏览视图中对此进行过研究。为了便于阅读，我将列出按照计划的故事线草拟的幻灯片标题：

- TRIX 混合坚果：最受欢迎的产品
- 坚果啊！夏威夷果价格上涨
- 决策：提高价格还是降低成本？
- 我们测试了包装
- 味道测试：评估三个配方

- 测试参与者更喜欢现有配方

- 杏仁让替代配方 A 口感变得太软

- 替代配方 B：人们不喜欢榛子

- 替代配方 B：人们喜欢椰子

- 需要权衡的决策

只是阅读这些标题，我找不到任何地方可以融入我孩子的照片或者我业余水准的素描（开个玩笑！）。让我们考虑一下其他图片是否适用。

在第 5 章，我展示了一张幻灯片，描绘的是我们研究经历的曲折过程，如图 8-15 所示。

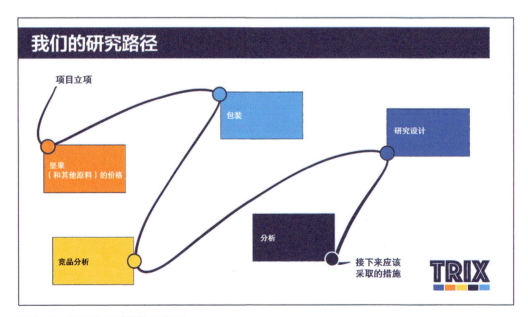

图 8-15　表明曲折过程的示意图

　　这张示意图可以帮助我解释我们提出建议的大致路径（也可以放入幻灯片附录中作为所有补充材料的导航幻灯片）。我先在纸上画了草图——很庆幸我这样做了。如果我直接使用软件中的模板，很容易做成线性流程图。而从纸上开始，让我能够思考我想向受众展示什么：提出最终建议的道路并非一帆风顺，我们经历了许多曲折才到达终点。我在纸上绘出概念图，然后用 PowerPoint 制作图中的形状（图中的曲线是我自己画的，其余部分只是根据需要设置了格式的简单矩形和圆形）。

　　正如我已经提到的，此次报告意义重大，该产品是客户业务的重要组成部分。所以在加入其他类型的图片时，我必须擦亮眼睛。

　　我们进行了一系列测试，其中包括将目前的包装与新版包装进行比较，新版包装上有个开窗，消费者可以看到包装内的混合坚果。在材料中加入这两种包装的照片似乎再合适不过了（图 8-16）。这样做可以直观地强化主题，确保当我提到有开窗的包装更好时，每个人都能建立相同的认知。

图 8-16　用于测试的包装照片

　　在报告中，我们还会讨论混合坚果的各种成分。当然，我们可以用口述的方式描述每个配方的成分，或者选择在幻灯片上以文字的形式列出成分。但我们还可以用照片展示混合坚果的成分，让受众直观地看到。

　　在这种情况下，我需要加入具体的照片：三种混合坚果的特写，让受众清楚地看到每种混合坚果的成分（以及三种混合坚果成分的差异）。任何图片库都不会有这样的照片！我很幸运，我的同事亚历克丝（Alex）非常支持我的工作，她对细节有敏锐的洞察力，而且有时间帮我完成这项工作。我请亚历克丝拍摄了三种不同配方的照片，见图 8-17。

图 8-17　用于测试的三种混合坚果照片

　　这些混合坚果的图片看起来非常漂亮！亚历克丝不是摄影师，也没有使用任何高级的工具，但她确实发挥了自己的聪明才智。

　　她将每种混合坚果放入一个透明的玻璃小碗里，这样既能盛放混合坚果，又能使坚果呈现出圆形。她把这些碗放在白色窗台上，既能获得素净的背景，又能获得自然光。然后，亚历克丝（用 iPhone 8 的相机）尝试从不同角度拍摄，还要不断调整碗里的混合坚果，使每种配方的成分都能充分暴露在镜头之下。由于坚果、玻璃碗和白色窗台之间有鲜明的对比，因此拍摄之后她没有对照片做太多修改。亚历克丝使用 PowerPoint 的内置功能去掉了背景（没有 PowerPoint 的人可以使用一些在线免费去除背景网站）。总之，从在碗中摆放混合坚果到制作图 8-17 所示的照片，整个过程用时约 30 分钟，制作出的照片不仅专业，而且完全是为我们量身定制的。毫无疑问，我会将其加入我的幻灯片。

我计划将三种混合坚果的图片放在一张幻灯片上，然后逐一介绍，这样受众就能在我描述每种混合坚果的成分时看到具体的成分。通过这种方式，照片能够强化受众的记忆，使其记住每种配方的构成。之后，我想我可能还会在与诺什团队回顾我们的味道测试结果时，在有关数据的幻灯片上再次用到这些照片，这可以让受众清楚地了解配方之间的不同，以及测试参与者对于不同配方在不同维度上的满意度。

至此，我已经为我的演示文稿准备了充足的内容。我将继续丰富演示文稿，获取团队成员的反馈。我还计划和诺什团队中一些与我关系良好的成员分享我的演示文稿，确保对于更广泛的受众来说，演示文稿也有不错的效果。在本书的稍后部分，我会展示整个演示文稿。

随着与客户团队会面日期的临近，我需要保证自己不仅花时间准备了演讲的内容，还让自己做好准备。接下来，让我们把注意力转移到为了发表出色的演讲，我会怎么做，或者确切地说是你该怎么做上面来。

第三部分

发表演讲

第 9 章

练习精进

你已经计划并构建了演讲的内容。但是，如果沟通效果不佳，精彩的内容也会变得平淡无奇。在本章中，我们将聚焦作为演讲者的你。

无论是介绍分析结果、分享项目情况或者是做其他商业演讲，你在整个过程中都扮演着重要角色。回想一下你曾经听过的商业演讲，如果你和我的经历类似，那么这些演讲可能水平参差不齐，有些精彩至极，有些则不尽如人意。至于演讲的水平是好是坏，通常主要取决于一个因素：传递信息的演讲者。他们说话的方式是否能吸引我？

我曾参加过这样一次会议，会上有位演讲者针对新西兰珍稀鸟类（濒临灭绝的鸮鹦鹉）做了一番简短发言。我来听他的发言并非出于个人兴趣，该次大会是只有一个会场的单轨会议，更利于所有与会者碰撞思想。我坐在会场里一张舒适的椅子上，旁边是我不常见面的朋友。我惊讶地发现，演讲者分享的话题竟然如此引人入胜。它之所以吸引我，并不是因为我对新西兰珍稀鸟类这个主题感兴趣，而是因为演讲者对主题充满了热情。这种热情会传递。我可以看出他是多么关心这个主题，这让我比正常情况下更加关注这个主题。演讲者使用的视觉辅助内容也很出色，但这些都是锦上添花。让演讲引人入胜的关键就是他本人。

即便演讲材料平庸，经验丰富的演讲者依旧能奉献精彩的演讲。反之则不然。你可能手握精彩的内容——出色的图片、漂亮的可视化数据、精心设计的幻灯片，但如果你的演讲方式不能吸引受众的注意力，无法引起受众共鸣，所有努力都可能付诸东流。

一定要避免这种情况！有个好消息是：我们都能成为出色的演讲者。

但是，想要成为出色的演讲者并没有捷径可走，需要花时间、用心和积极练习。所有这些都是幕后的努力，因此很容易被忽略。面对一位优秀的演讲者时，你无法知晓他背后的努力，你所能看到的只有他出色的演讲表现。当某人呈现了一场精彩的发言之后，你很可能有过这样的想法：我要是也有这样的演讲天赋就好了，他能在观众面前表现得如此自如和自信，真是得到了上天的眷顾！

我们经常在 TED 演讲中看到这样一幕：演讲人表现得谦逊低调，但是对演讲内容驾轻就熟，上台之后娓娓道来，观众听得欢欣鼓舞。有时，我们似乎感到他们是如此轻松就完成了演讲！

如果你真的能够把生活"倒带"，你才能看到，为了让台上的二十分钟看起来如此轻松，演讲者花费数月的时间进行专业的策划，并且接受专业的指导。

原来我做公共演讲时也不像现在这般自信，颤抖的双手、摇摆不定的声音和层出不穷的废话都出卖了我内心的紧张。我的演讲技能来源于精心准备和大量练习。随着时间的推移，我不仅使自己具备了公共演讲的能力，也培养我的团队成员具备了这项能力。因此，我坚信所有人都能越来越有效地进行沟通，细节方面也能做得越来越好。

在本章和接下来的章节，我们会研究具体的策略和技巧，帮助你优雅地完成演讲。本章的中心是在编写好具体的内容之后，如何练习演讲。我们将给出具体的方法，帮助你不断完善起到辅助作用的幻灯片，并且做好充分准备，确保能够驾轻就熟地发表演讲。在第 10 章，我们将把焦点放在你身上，帮助你树立作为演讲者的信心。

让我们先来进行简单的练习，把演讲内容大声说出来。

大声练习

如果你准备在重要场合发言，无论是与同事围桌而坐，还是在线进行商业演讲，或者登台发言，我的第一条建议永远都是花时间大声练习。

我们在口头练习的时候，需要关注的一个重要方面是过渡环节。具体来讲，所谓过渡指的是幻灯片、图表或者主题之间的过渡。当你坐在办公桌前，在显示器上浏览幻灯片时，你非常清楚播放每张幻灯片时你应该说什么。但是，你很容易忽略如何从一张幻灯片过渡到下一张幻灯片。当大声说出演讲内容时，你不得不阐明过渡环节。你必须为自己和受众找到能够有效连接各个部分的话语。这样既能帮你形成缜密的过渡环节，又能不断完善幻灯片和其他内容，使其更好地支持你的口头表述。好的过渡能够让杂乱无章甚至是前后脱节的演讲变得优美顺畅。

通过几种不同的方式大声练习是有好处的。当我准备做重要的商业演讲时，我会对照着幻灯片浏览视图大声练习，然后针对每一张幻灯片练习，最后在没有幻灯片的情况下进行练习。我们分别讨论一下这三种方法。

在幻灯片浏览视图下练习

在第 4 章中，当我们按照叙事弧线安排所有内容时，我曾建议你大声讲述你的故事。在第 5 章中，我们使用软件将故事情节制作成幻灯片，并在幻灯片浏览视图中核对整个流程（当时，我们只是在空白幻灯片上添加了简单的标题）。现在你已经充实了内容，正是在幻灯片浏览视图下再次审视和讲述整个故事的大好时机。

在幻灯片浏览视图下练习，可以帮助你测试演讲各个部分的排列顺序是否适当，并开始形成流畅的过渡，逐渐把演讲的过程记忆到脑海之中。这种练习还可以帮你找出需要调整的具体部分，让你的内容更好地支持你的观点。如果你觉得某些内容比较别扭，或者你不知道如何从一张幻灯片过渡到另外一张幻灯片，这通常说明你需要改变内容的顺序或者加入过渡内容。使用这种方法，幻灯片处于静态视图，你可以确定每张幻灯片上的动画（元素出现、透明或消失）效果如何，也能找到添加动画效果的最佳时机。我们将在本章末尾的案例研究中介绍这方面的具体例子。

大声说出来

大声说出演讲内容这种练习方式，能让我们不断完善演讲，在图表、单张幻灯片乃至演示文稿等方面找到更好的解决方案。这个方法不仅简单，而且有效，但是长期以来未能得到充分利用，我一直倡导大家给予足够重视。如需了解更多有关这一观点的信息，请参考《用数据讲故事》播客第 6 集《大声说出来》（"Say It Out Loud"）。

逐张幻灯片练习

经过练习，熟悉了演讲的大致流程之后，再逐张幻灯片进行练习，会取得不错的效果。看着幻灯片浏览视图回顾整个演讲的内容，可能会让你始终停留在宏观层面，在这个层面，你可以确定发言的要点。你也需要具体到每张幻灯片，测试每张幻灯片添加的细节是否合适，熟悉播放每张幻灯片时使用的语言和所有内容的顺序。多做几次这个练习（尤其是某个内容让你犯难时，更要重复几次），你能够测试不同的方案，找出最有效的一种。

本章稍后我们会再讨论对照幻灯片大声说话的练习，届时我会鼓励你模拟最终演讲的环境进行一次完整的练习。现在，你需要做的是在大声练习中清楚地表达你的要点，并确保你组织的演讲内容能够很好地支持你的观点。如果你害怕忘记某些重要内容，可以直接在幻灯片中加入提示。例如，添加提醒词语、演讲重点或者对应的动画，引起你的注意。注意那些你觉得有难度的地方。要么继续练习，直到感觉顺畅为止，要么修改内容。如果你时间充裕，可以在休息一段时间之后再思考有问题的地方。经过休息，转换思维之后，你可能能够从不同的视角审视有问题的地方，从而更有效地做出改进。

如何确定练习量

我主张尽可能多地练习，直到你对演讲内容得心应手，能够滔滔不绝地讲述为止。随着情况的变化，练习的内容也会有所不同。在本章中，我将与大家分享我个人在至关重要的演讲中综合运用的各种练习方法。当然，这并不意味着你每次演讲都必须按照所有方法练习一遍。在某些情况下，在幻灯片浏览视图中完整练习一遍就足够了；而在其他情况下，可能单单是一个过渡内容你都需要多次练习，才能做到流畅自然。根据你对主题的熟悉程度、准备时间的长短和其他因素，选择最适合你的方法。我建议，演讲的场合越重要，练习时间应该越长。

有人认为过度演练并非好事，我并不同意这种说法。如果通过准备，你能对演讲内容得心应手，那么在最终演讲的时候，你就可以腾出部分脑力来关注其他事情。例如，你可以观察受众的面部表情，并根据表情调整表达方式，或者有意识地在现场移动（我们将在第 12 章中进一步讨论）。最终目的是表现娴熟，又不像照本宣科。

在我想要明确某张幻灯片的要点时，有时我会在演示文稿软件中使用演讲者备注。为此，可在普通视图（我们编辑幻灯片内容的视图）中幻灯片下方的窗格里添加文本。我不建议写出完整的讲稿，但添加几个字词作为提示有助于你想起你要讲的内容（前提是你在演示时能看到这些备注）。如果你是为其他人准备演讲材料，或者你会与受众分享你的演讲材料，你还可以使用演讲者备注来强化要点或提供细节作为辅助。

不看幻灯片练习

我还提倡在不使用幻灯片的情况下大声练习。我经常这样做。这样做的好处是，你可以在任何地方进行练习。我经常在我家附近长时间散步，自言自语，大声练习，强化演讲内容的记忆（好在我这样做通常不会碰到太多邻居！）。这种练习方式有几方面的好处。首先，这种练习有助于强化我们之前提到的过渡部分。如此练习时，当我从一个想法或概念过渡到另一个想法或概念，我会努力思考，拓展我脑中已经建立的过渡方式，最终选取最为合适的一个，实现在最终演讲时的流畅过渡。我会自己听自己的演讲，探索如何使用自己的声音（我们会在第 10 章深入讨论这一内容）。

其次，面前没有幻灯片，我不得不提前思考并记住接下来要讲述的内容。重复非常重要。这样的练习做得越多，就越容易回忆起演讲的流程。我知道接下来该说什么，就能巧妙地从我现在说的内容中引出我接下来要说的内容。在大声练习的过程中，我能够确定内容之间该如何过渡，选择措辞，与此同时思考接下来要讲的内容。我的大脑要同时思考很多内容！提前进行此类练习，能够让我在最终演讲时沉着冷静、思维缜密。

最后，不看幻灯片进行练习的另一个好处是，我有时会忘记计划中演讲内容的顺序，而以另一种顺序讲述演讲内容，效果反而比我最初设计的更好。因此，这种不看幻灯片大声演讲的练习，也为我改进演讲内容提供了启发。

在你……的时候把演讲记在脑子里

如果演讲的内容是新内容（可能是主题演讲、线上活动或培训课程），在此前的几天里，我会一边刷牙一边在脑海中练习所有过渡不顺畅的地方。这是不受干扰的独处时间，在这段时间里，我会尝试使用不同的措辞，制定各种方案。采取这样的练习方式能促使我把相同的部分多思考几遍，因为我认为重复是极佳的练习方式。这种间歇式的练习很有仪式感（我不一定每次刷牙的时候都做这种练习，有时早晚刷牙时都会练习，或者连续几天早上刷牙时练习），也有助于我记住演讲的整个流程。你在一天之中的什么时间会习惯性地做一些不需要积极思考的事情？在这段时间里，你能否利用空闲的大脑来打磨演讲的语言和信息？

我不主张死记硬背，这样做风险太大。一旦忘记你想说的某个字词，马上会不知所措。但是我喜欢把要点记在脑子里。有一点必须记住，那就是演讲材料的大致组织顺序：先讲什么，后讲什么，再讲什么。在没有幻灯片的情况下进行练习有助于你记忆这一顺序。

虽然我不建议背诵整个演讲，但我希望你能规划好开头和结尾的方式。

规划好开头和结尾

演讲的开头和结尾同等重要。开场方式是你给他人留下的第一印象。在最初的几分钟里，受众便会决定是持续关注你，还是将注意力转移到其他方面。一定要提升演讲初始时刻的效果，激发受众的兴趣，既包括对你演讲主题的兴趣，也包括对你个人以及你演讲方式的兴趣。此外，结束演讲的方式也极为重要，因为这是你给受众留下最后印象的部分，你的表现也将决定演讲结束之后他们对你的印象。所以，努力在这部分给受众留下积极的印象。

开头有力

让我们先关注如何精心设计开头。每次要讨论新事物时，我都会计划好开头的方式。我最近录制了一集播客，与嘉宾面对面进行了访谈。除了音频之外，我们还录制了视频，推流给观看直播的观众。录制纯音频播客时，我通常会提前起草导语，逐字逐句地写出来，然后大声练习几次，这样在录制时我的开场白听起来会非常自然。

但是考虑到这次播客相对特殊，这种方法是行不通的，因为我需要打动嘉宾和观众，不能完全念稿。为了使得播客的开头给人留下深刻印象，我规划了大致流程。首先，我会做自我介绍。然后，我会介绍嘉宾的背景，以及观众为什么应该对嘉宾感兴趣。接下来，我会详细描述我们是如何认识的，其间我会加入趣闻逸事，引起观众的兴趣。随后，我会提出访谈中的第一个问题。这就是我在开场部分想要讲述的内容和它们的先后顺序。

我会大声练习。每次练习的时候，每个部分之间的过渡都有所不同，这样效果很好。例如开头有 A、B、C、D 四个部分，每次练习，我都会找到从 A 部分到 B 部分再到 C 部分最终过渡到 D 部分的不同方法，这样，我在最终录制的时候可以灵活地串联各个部分。我底气十足，因为我知道即便轨迹不同，最终我还是能到达提问部分。大声练习的另一个好处是，有时，我发现我讲述某个部分或者过渡的方式不甚理想，那么我就可以马上终止，从先前一个部分重新开始。这是一个学习的过程，避免了我在现场直播的时候胡言乱语！

如果你在别人面前发言时容易紧张，那么了解自己在演讲开头需要解决的问题也能够帮你在沟通中取得更好的效果。对演讲的开头有明确计划，可以让你轻松应对最初的几分钟。完成开场白之后，你的紧张情绪很可能已经平复，这样你就能更冷静、清晰地思考接下来的内容。

规划结尾

每次演讲的结尾同样非常重要。通过沟通，你希望让受众有怎样的感受或者记住何种观点？无论你是站在台上，希望启发台下的受众，还是与同事们围坐在会议桌前，希望他们记住沟通的要点，或者根据你分享的见解采取行动，好的结尾都会帮助你达成目的。

最终陈述要有感染力

我发表演讲，通常是在讲台上做主旨演讲式的发言，或者是在工作坊培训时面对满满一屋的学员做主讲人。在这两种情况下，我都喜欢在结束沟通前，逐渐提升受众对于结尾的期待。通常，我都会准备一个经过反复演练的示例作为结尾，这个示例必须紧扣沟通主要内容，激发受众去思考各种可能的未来。最后，我会以一段结束语收尾，鼓励受众在自己的工作中践行所学。结束语必须提前准备好且意图清晰、掷地有声。这样，受众也能明白沟通已经结束。你需要认真考虑如何才能让结束语具有极强的感染力，让受众在倍感鼓舞的状态下结束沟通。

结束语要与沟通的场合相匹配。如果是商务会议，可以感谢受众到场，重复一下你希望他们接下来采取的行动，或者让利益相关者知道下次汇报最新进展的日期。如果你将停留在最后一张幻灯片上一段时间（例如你会进行讨论或者有问答环节），应该巧妙地利用这段时间，将要点放在最后一张幻灯片上，让你自己和受众能够时刻看到。

规划好结束沟通的方式可以帮助你优雅地收尾。即便是比较随意的场合，我也建议你认真考虑，提前规划好结尾。这是你给受众留下深刻印象的良机。

获取反馈意见

现在，你已经以几种方式大声进行了练习，也计划好了开头和结尾的方式，是时候征求他人的意见，指导你继续改进了。反馈意见可以针对你的沟通内容，也可以针对沟通方式，但是要考虑清楚征求反馈意见的对象，以及哪种类型的反馈意见最为有用。这样，你的工作会更加有的放矢。

确定征求反馈意见的对象

谁能够提供最适合你的反馈意见？在斟酌征求反馈意见的对象时，首先可以考虑避免向批评者寻求反馈意见，而是寻找你的支持者。如果缺乏自信，早期先向支持者寻求反馈意见是良好的开端。支持者的建议能够给你打气，帮助你走上正确的道路。如果时间不足，询问你的"超级粉丝"的意见也是一个不错办法，因为与你站在一边的人更能够理解你在准备演讲过程中受到的限制。

如果你时间相对充裕，根据具体情况，偶尔可以征求批评者的意见。所谓批评者，可以是对你特别严厉的人，也可以是你预料中可能会抵触你想要传递的信息的人。选择这样的对象寻求反馈意见有几个好处。首先，如果对方与你意见不一，那么你可以更好地理解不同观点，这样有助于你了解是什么原因导致对方提出反对意见，从而认真思考如何解决。其次，即便只是联系批评者，向他们征求反馈意见，就已经是迈出了勇敢的一步，可以释放出强有力的信号。如果对方同意你的请求，提供了指导，那么要有针对性地采取行动。这样的交流往往会有额外的收获，对方会从批评者转变为支持者。试想，你征求意见的对象是即将与你一起参会的人员，在你征求他们的指导意见之后，他们对你的支持会提升到一个全新的高度。

在选择给你提供批评意见的人选时，还需要考虑对方对于你将要进行沟通的领域是否熟悉，是选择专家还是选择不熟悉该领域的普通人更有助于你提升沟通效果呢？如果选择专家，他们对于专业知识非常熟悉，能够迅速接受你的沟通内容，可能会更专注于你沟通的风格。他们还会帮助你预测受众的提问，并且告诉你你是否偏离了正轨或者讲述的内容有些过头，如果能够提前得到这些信息并且解决问题，有助于我们更好地沟通。请专家站在你的对立面，提出不同的观点或者棘手的问题。预估沟通可能出现的意外情况并为此做好准备，这样的练习做得越多，就越能熟练地处理最终沟通时出现的问题。

如果你想要选择对主题并不熟悉的对象征求反馈意见，那么可以考虑亲朋好友。他们可以帮助你判断你是否使用了令人难以理解的语言，或者评估你是否提供了足够的背景知识。请他们在你演练的过程中对于任何不明白的地方提问，明确告诉他们你希望他们给予你直截了当的反馈意见。回答他们的问题会迫使你阐明自己的逻辑依据，找到不同的表达方式和解释内容的方法，并且将它们融入你的沟通。

支持者的意见帮助我完善故事

当我需要意见时，我经常会求助于我的"头号粉丝"——我的丈夫兰迪（Randy）。我知道他会坦诚地表达自己的观点，而且他希望我能够出色地完成沟通，所以他提出反馈意见时，我都会认真听。他的意见往往能让我获得全新的视角，让我知道我阐述概念的方式是否通俗易懂，或者还需要进一步的简化。他也是一位讲故事的高手。如果我的故事是介绍某个内容，说明或者强化某个观点，我都会征求他的反馈意见。在你的生活中，谁能为你提供反馈意见，帮助你改进演讲内容呢？

向前述两种对象征求意见，都能使你有所收获。如果事关重大，或者你想要提升和磨炼自己的沟通技能，通常可以向多个对象寻求反馈。收集各种意见还可以帮助你验证你的观点：一条负面评价可能不值得你重视，但是如果你从多个来源得到相同的建议，就值得采纳并做出相应调整。

具体说明需要何种反馈意见

还要清楚什么样的反馈意见对你最为有用。你想让对方专注于评价你的内容，确保你的用词易于理解，还是让他们观察你沟通的方式，例如你的肢体语言、你说话的语气？你是希望他们在你演讲的过程中提出问题并进行评估，还是让你完整展示沟通过程，结束之后再给意见？事先告诉对方你的期望，这样对方就会知道应该注意你演讲的哪些方面，并能自如地表达自己的意见。

　　知道你具体希望得到哪些方面的反馈意见，也能帮助你确定以何种方式呈现内容。如果你希望检查沟通内容的整体结构，让对方指出错误、找到问题，可以先展示幻灯片浏览视图。如果是在线的形式，可以先共享屏幕；如果是面对面，可以让对方坐在你身边，看着你的屏幕，然后在演示文稿软件中点击每张幻灯片，向对方讲述你整体结构的规划。这样，你们之间的对话会更加顺畅，你可以一边与对方交流你计划中沟通的方法，一边获取对方的反馈。如果你希望对方对你的沟通风格给予反馈，那么你就应该打开幻灯片，从头到尾为对方呈现沟通全过程。这时，最好事先商定在你呈现完整内容之后再讨论反馈意见，避免中途打断。

　　如果你面临一些制约因素，且它们决定着沟通的内容是否可以进行调整或者哪些内容可以调整，也请告知对方。如果你需要在一场重要会议上发言，而会议明天即将召开，你只希望对发言内容做出微调，那么就不需要收集不同类型和不同程度的反馈意见。如果你需要在几周后做报告，那就可以灵活地做大刀阔斧的修改。面对为你提供反馈意见的对象，你对自己的需求和自己面对的制约因素说得越清楚，你收到的反馈意见就越具有可操作性和实用性。

演练

　　如果你向他人征求了反馈意见，你可能是将展示演讲过程作为一次演练进行的，按照你的规划，从头到尾讲完所有内容。如果得到的反馈意见不多，而且你对准备的材料和自己演讲的风格感觉良好，那么你可能不需要再做演练。但是，如果你此前没有向别人征求反馈意见，或者根据此前的反馈意见对内容进行了修改，那么我主张你还需要自己再进行一次演练。根据演练过程中发现的问题，对内容进行最终调整，确保时间安排得当，技术运用自如，声音日趋完美。

模拟演讲实地环境

在演练的时候，尽可能根据你的预估来模拟演讲环境的细节。如果实际演讲时你会坐在桌旁，那么请坐下来，用电脑放映幻灯片，练习抬头将视线从屏幕上移开，就像有其他人在场观看、听你演讲一样。如果实际演讲时，你是站在讲台上或者站在会议室的前面，那么请站起来，用翻页笔来控制幻灯片，边说边环顾四周，就像真实演讲一样。如果是在虚拟场景中进行沟通，请注意在说话的时候看着摄像头。

练习时，无论是场景设置还是内心感觉，尽可能贴近真实的演讲。

熟悉陌生的技术设备

如果你在实际演讲中会使用此前未曾使用过的技术设备，那么试讲是你熟悉其使用方式的绝佳机会。我已经举过一个例子。例如你需要使用翻页笔来控制幻灯片，那么请提前练习（最好是使用实际演讲时使用的翻页笔，但是如果不能，也可以使用替代品进行练习）。如果实际演讲时使用的是手持麦克风，那么在演练时，你手里也应该拿个类似的物品。没错，这听起来很傻（看起来也很滑稽！），但是这样的练习可以让你提前做出很多重要决定。例如，我一手拿着翻页笔，一手拿着麦克风，如果想喝口水，该怎么办？

对于任何会影响幻灯片内容或设计的技术设备，尤其需要熟悉。如果你不是用自己的电脑播放幻灯片，那么就要预期可能出现的困难，并且做好准备。正如我们在第5章讨论过的，这可能意味着要在演讲用的笔记本电脑上下载特殊字体，或者完全删除你的幻灯片中的特殊字体，避免临场字体无法显示的情况。

如果你是在线进行沟通，那么演练的时候也应该使用实际沟通时使用的平台（Zoom、Google Hangouts、Microsoft Teams、Cisco WebEx 等）。如果可能，请在预约的虚拟会议室之外独自或与同事一起进行练习。这样你就可以随意浏览软件功能，不受干扰地做笔记和记忆内容。你需要熟悉各种操作，包括共享屏幕、打开或关闭视频和音频，以及切换到其他窗口（如聊天、问答）等。

在线进行演讲时，我经常使用转换器（我的首选设备是 ATEM Mini Pro）。这个小巧的设备可以让我在直播时在演讲的画面和幻灯片之间无缝切换，还可以在画中画（将幻灯片作为主画面，同时将摄像头拍摄的画面放在适当的位置，反之亦然）之间无缝切换。如果计划使用画中画，我会在设计幻灯片时在画中画的位置放置占位符，确保后期使用时所有内容都有足够的空间，没有任何元素彼此重叠。尽管我经常使用转换器，但我在练习中使用时，仍会发现一些需要解决的问题。

你甚至可以在演练时穿上实际演讲时要穿的衣服，戴上计划佩戴的配饰。虽然这个建议听起来有些奇怪，但是这样做可以帮助你找出潜在问题，在其产生危害之前将其解决。如果你打算穿某双鞋进行一小时的演讲，但是你穿上几分钟便觉得不舒服，或者你计划穿着某件新外套演讲，结果几分钟就大汗淋漓，那么就需要重新考虑一下你的选择了。

自己计时

在演练过程中，要注意时间并做好记录。开始演讲时要看表。尽量保持你期望实际演讲时保持的节奏。在模拟演讲时，记下讲述关键内容或者过渡内容的时间点，并且记下结束时的时间。

如果你会与受众互动、讨论或者回答受众的问题，那么应该预估额外需要的时间，或者确定大致范围。模拟演讲的时间加上预估的额外时间，与你能够占用的总时长相比是长是短？你需要做出调整吗？

如果你的演讲时间是固定的，例如会议议程上固定的 10 分钟发言时间或者大会给你 45 分钟做主旨演讲，那么你应该采取具体措施，确保按时完成演讲。制作一张时间表，这样你就能清楚地知道每个部分应该用多长时间。在演讲时，将其作为参考，这样你就知道自己是应该加快节奏追赶进度，还是应该放慢速度以用完规定的时间（除非可以提前结束）。

你还可以在演讲的内容中加入"缓冲内容"。所谓缓冲内容，就是当你发现自己演讲的速度快于预期时，可以在其上多花些时间的内容，或者当你发现自己落后于预期进度时，可以迅速跳过的内容。章节之间的分节幻灯片就是一种缓冲内容（如前面提到的导航幻灯片所示）。分节幻灯片一般用于总结此前的内容，为接下来的内容做好铺垫，实际演讲时，可以根据进度情况，选择不吝言辞，或言简意赅地讲述此类幻灯片。另外一种缓冲内容是在陈述过程中设置一个（或几个）专门的时间段邀请受众互动或提出意见，如问答环节。这种方法也能够让你在时间上更加灵活。如果进度允许，可以多花些时间；如果时间不够，则少投入些时间。

措辞准确

演练可以让你的措辞更加具体，做到既能准确表达自己的观点，又能让受众轻松理解。我曾参加过一次会议，会上有两位发言人连续发言，其中一位给我留下了深刻印象，而另一位却让我颇为不爽（二人的对比是如此强烈，我甚至记下了那位表现出色的发言人的原话，在此与大家分享）。让我印象深刻的是，他们的主要区别在于描述问题时的措辞不同。

那位出类拔萃的发言人充分考虑到了受众虽然背景不同，但是很多人经验丰富，甚至是业界权威：

"如果大家不熟悉这方面内容，我会带领大家快速浏览一下；如果您熟悉的话，请稍等片刻。"

"我相信大家此前看到过这一内容，但是我要用它来……"

"目前我还未有确凿证据，但是我怀疑……"

他的措辞与那位不合格的发言人形成鲜明对比。那位发言人介绍我此前已经多次听过的内容时，说得仿佛这是全新的事物一般；转而讨论另外一个我不熟悉的概念时，他又默认这是众所周知的内容。他这样是刻意为之，存心得罪受众吗？不太可能，但我感觉他没有把受众放在心上，这让我不太愿意听他讲话。慎重选词，利用模拟练习和其他大声练习的机会打磨自己的措辞。

直面时间限制，专注于自己

如果准备演讲的时间有限，我们总会认为最好把时间都花在完善内容上。但实际上，制作完成之后，材料保持原样即可，把精力集中在你自己和你的演讲风格上，往往会事半功倍。运用我们在本章讨论的策略，大声练习。充分了解你的材料，尤其是你将如何在主题、章节和幻灯片之间过渡。做好计划，开头、结尾均要令人印象深刻。提前获得反馈意见，然后做出调整。进行模拟演练，打磨演讲的风格，准确把控时间。

难道你不希望你参加会议或者听他人演讲时，越来越多的演讲者能够做到上述内容吗？

在本章，我们探讨了一些具体的策略，这些策略可以帮助我们更好地了解材料，更有效地讲述材料。如此缜密的准备工作本身就能帮助你增强自信。到目前为止，我们所做的一切都让你对于自己演讲者的定位更加清晰：了解你的受众，以适合他们的方式精心设计信息；编写故事，制作能够有效讲述故事的材料；通过练习，精心打磨内容和表达方式。

现在你不仅感到自己已经做了充足的准备，而且也能展现自己出色的演讲能力。不过在这方面，你还可以更进一步。在下一章，我们将重点介绍作为演讲者，哪些技巧可以让你感到自信、散发自信。

在此之前，按照惯例，让我们再一次进入案例研究部分，我会分享我在完善内容和表达时所采用的一些具体策略。

练习精进：TRIX 案例研究

幻灯片已经完成大半，我把注意力转移到自己身上，准备即将到来的与诺什团队的会议。这个项目我已经深入研究了很长时间，对细节了如指掌。这是一种优势，但是也可能存在危险，这让我极易纠结于细枝末节。我在构建幻灯片内容的时候很注意避免这种情况的发生，但演练我想要讲述的内容也很关键。

我必须张嘴练习，这样才能找到适当的措辞，顺畅地将所有观点和主题连接起来。首先，我切换至幻灯片浏览视图（图 9-1）。然后，我会从头到尾对照着每张幻灯片，大声地说出我想表达的主要观点，并且找到适当的话语从一张幻灯片过渡到下一张。

图 9-1　幻灯片浏览视图

在此过程中，我意识到一些问题。首先，在 TRIX 混合坚果的故事里，我想让人们注意到，随着时间的推移，一些细节数据发生了变化（幻灯片 4，见图 9-1）。要想实现这一效果，需要使用多张图表而不是单一的静态图表，才能突出特定的数据。使用多张图表也有助于我的演讲，因为幻灯片本身会提示我想要说明的要点。这对受众也有帮助，他们能在我发言时清楚地知道应该看幻灯片的什么地方。

我发现，在一些地方增加幻灯片能够帮助我更顺畅地从一个主题过渡到下一个主题。在"五种基本原料"这张幻灯片（幻灯片 5）中，我在备注里列出了夏威夷果的重要性以及其近期价格上涨的关键信息。我要将这两条信息分别制作成幻灯片，引起更多关注。这样也能强化我的观点，因为此时两条信息各占据一张幻灯片且出现在标题这样突出的位置，幻灯片内容也都是用来支撑这两个要点的。

在与客户团队分享我们产品包装测试的结果之前，我还需要添加一张幻灯片来介绍该测试（幻灯片 7 介绍了包装测试的结果）。现在看来，我理应加入介绍包装测试的幻灯片，但是在用幻灯片浏览视图讲述幻灯片之后我才意识到这一点。我注意到还有一些地方需要添加过渡性或者递进性内容，帮助我更好地解释图表、突出重要数据。做完这些修改后，我退出幻灯片浏览视图，然后逐张浏览幻灯片。

这时，我发现折线图的动画设计有些过度。我以为让 TRIX 的曲线逐年出现会很酷。但是当我浏览幻灯片时，我发现这样设计需要点击太多次了！我还是要制作图表，但是在显示曲线的时候，选择让其整段出现而非逐个显示每个数据点并用线段连接，这样可以更好地支撑我的文字内容。同样，我也不该逐个显示竞品数据的折线，而是应该在同一坐标系中同时显示。这也能反映出我计划如何讲述内容以及总体的故事线。

图 9-2 中，上方的图表是我最初的设计。每个黑圈代表一次点击，使指定元素出现。第一次点击显示图表的标题、坐标轴标签和标题。然后，逐年显示深蓝色的 TRIX 混合坚果曲线。我将每个竞品（灰色线条）逐一显示，然后再逐个显示 TRIX 的其他产品。总共点击了 17 次！

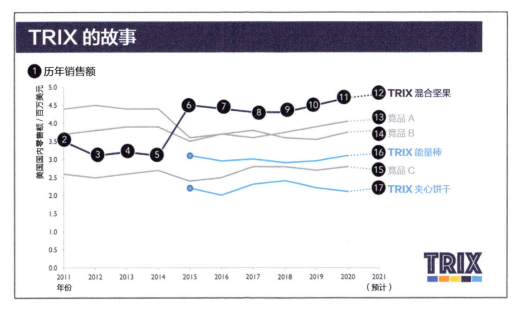

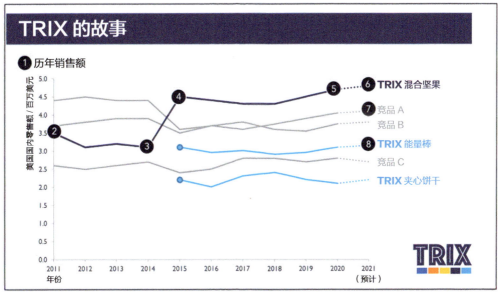

图 9-2　将显示整张图表的点击次数从 17 次减少到 8 次

图 9-2 中下方是我修改后的图表，动画的点击次数从 17 次减少到了 8 次，这样就能更好地引导、强化沟通要点。

我看着幻灯片做了数次练习。如果可能，我还会不看幻灯片，对其中部分内容进行演练。我将继续调整内容，改进表达方式。

通过这些练习，我逐渐做好了准备，其中就包括如何开始和结束演讲。我已经准备好了完美的开头。我记起在第 6 章，为演讲拟标题时，我采用了一个精练、好记的表达："夏威夷果是关键所在。"我将以这一关键信息作为开场白，然后开始讲述 TRIX 的故事、面临的问题、我们进行的测试、我们得到的结论以及我们的建议。

至于结尾，我们的目标是让客户在了解相关的信息之后再进行讨论。我设计了一张幻灯片，上面明确给出了三个供考虑的选择。我会用它来引导讨论，然后在最后重复我的标题幻灯片，让客户做好行动的准备。

准备到这时，我联系了诺什团队中几位对我相对友好的成员，安排时间让他们了解我演讲的计划并征求意见。我先从瓦妮莎的办公室主任马特开始（你可能还记得，瓦妮莎是包括 TRIX 混合坚果在内的系列产品的产品主管，也是委托这项工作的负责人）。我们开始这个项目时，马特刚刚加入诺什。现在已经过去了一段时间，他对瓦妮莎的喜好有了更深入的了解，可以确保我的报告符合她的喜好。我还会向他了解是否有其他人需要提前面谈。

在此类对话中我只会概述演讲的内容，自己练习时，再完整练习报告并注意把握时间，确定所有内容在合理的时间范围内完成。

　　我还想到，诺什研发团队的感官分析师阿比和西蒙很早就同意了我们的总体方法，现在是时候与他们再次沟通，报告我们的工作，快速概述我们的分析结果了。这对我来说将是一次极好的练习，以防我在最终的客户会议上（特别是在苛刻的部门首席财务官杰克出席的情况下）不得不讨论其中的要点。另外，在最后的客户会议上得到他们的支持，也有助于增强其他人对我们工作的信心。

　　说到信心，是时候把我们的注意力转移到这方面了。

第 10 章

建立自信

让我们用一个简单的冥想练习拉开本章的序幕。请你闭上眼睛，深呼吸三次，用鼻子吸气，用嘴巴呼气。然后，我要你想象自己刚刚做了职业生涯中最为重要的一次演讲，而且非常成功。你的受众很投入。你改变了他们的想法。他们听得非常认真，肯定了你的观点，现在准备根据你分享的内容采取行动。他们对你的演讲报以热烈的掌声。事后，大家纷纷向你表示祝贺，对你的演讲交口称赞。

来吧，闭上眼睛，深呼吸，想象一下这样的情景。

成功的感觉怎么样？成功让你的脸上挂着怎样的表情，身体又有怎样的反应？你的脑海中在思考什么？花点时间，找出几个你希望别人用来描述你精彩演讲的形容词。我做这个练习时，我的形容词清单上会有"舒服""干练""自信""引人入胜""风度翩翩"等词。请牢记你想象中自己演讲的特点，我们马上就会提到它们。

对自己演讲的内容是否了如指掌是一回事，能否吸引全场的注意力并在现实中创造出你刚才想象的成功则是另一回事。在本章中，我们将探讨相关策略，帮助你建立自信，以令人印象深刻的方式进行演讲。首先，我会请你录下自己的声音，评估一下你现在演讲技能的水平。然后，我们将深入探讨如何通过言谈举止来展现你的风采。我们将讨论平复紧张情绪的技巧，以及在心理上做好准备的步骤。所有这些都将帮助你树立信心，提高演讲能力。

录下自己的演讲：自己看，自己听

录下自己的演讲可能是提高演讲能力中最令人感到不适却又最有效的方法。观看、倾听自己的演讲，然后诚实地评估自己目前的演讲能力，找到需要改进的地方，这么做是让你在公众面前演讲时显得游刃有余的必经之路。

我在谷歌工作时，有一次，正在准备首次登台作为培训师为数据可视化的培训课程授课。在此之前，我和其他即将成为培训师的同事一起参加了专门的培训项目。在这次培训中，我们就进行了一次演讲录像练习。老师要求我们准备一份演示文稿，选出一部分，做五分钟的演讲。老师给我们的指令是选择自己熟悉的内容，这样就不用分散精力关注自己演讲的内容，只用关注自己的表达。我对自己准备的演示文稿很有信心。当我站在镜头前时，紧张感很快掩盖了内心的兴奋之情。每个人都完成演讲之后，我们一起观看了录像，每个人先看自己的演讲录像，然后再接受小组其他成员的反馈意见。我观看自己的录像时，有一件事让我印象最为深刻：我脚下踩着一双高跟鞋，鞋子并不太稳当，导致我整个身体都在摇晃。如果有人给我建议，"说话的时候尽量站稳，如果你总是前后摇晃，很容易分散受众的注意力"，我可能很容易置之不理。但是亲眼看到自己来回摇晃的体态让我意识到两个问题。首先，鞋子不合适导致的身体摇晃确实严重分散了受众的注意力。其次，我尴尬地意识到，此前每次演讲，我呈现给受众的都是这样的丑态。意识到自己的坏习惯之后，我马上就改掉了。

教训：录下自己的演讲。你能看到演讲的过程中自己的动作，听到自己说的内容，而其中很多部分需要调整。让我们来谈谈具体怎么做。

准备和记录

首先确定你演讲的内容。时间不必太长，而且考虑到我会建议你多次回看，陈述的时间也不应该太长。一般来说，五分钟左右的陈述时间就足以供你做出准确的评估。选择内容时，应该选择你熟悉且能够在五分钟内从容讲述的内容。你可以从最近准备的演示文稿中选取一两张幻灯片，或者讨论一下你最喜欢的娱乐方式以及你喜欢它的原因，或者介绍一下你自己（第 11 章我们会探讨自我介绍的技巧，如果你手头没有方便演讲并记录的主题，可以先看第 11 章，之后再返回本章）。无论什么主题，演讲的时候，都要像在会议室或者其他演讲场合一样正式。我建议你先自己练习一次，然后再开始记录。

同时录制音频和视频。在录制时，要考虑到最终的演讲方式。如果你准备的是虚拟会议，或者你将坐在桌旁参加线下会议，那就坐着讲幻灯片并录制。如果你在演讲时是站着的，那么也要设置好摄像头，方便录制站着演讲的你。模拟环境，看看你在真实环境中的表现。假装镜头是你的受众，要像对受众说话一样对着镜头说话。

当今的技术让录制变得简单

现在回想起在谷歌时的经历，依旧会感到非常有趣。我们把摄像机架在三脚架上，由一人负责操作拍摄。我的演讲录制在一盘录像带里，要观看的时候还要将其放入与电视机连接的录像机里。如今，录制和观看的过程已经简单多了：智能手机和电脑普遍有内置的摄像头，Zoom 这样的软件让任何人都能快速、轻松地录制、回放、观看自己的演讲。一定要充分利用这些便利条件，改进你演讲的方式！

在录制完自己的演讲之后，我建议多次观看，要从不同的侧面进行评估。我将引导你进行三次回看，了解在观看过程中应该看和听的内容。

第一次回看：克服尴尬

如果你以前曾经录下自己的声音并听过回放，或许你会有这样的反应："我说话可不是这样的！"你之前听自己说话确实不是这样，因为你习惯于从讲者的角度而非听者的角度听自己的声音。此外，你第一次看到自己演讲肯定会感到不舒服，也会因为发现你实际演讲中某些方面与你预想的不同而感到忧心忡忡。

首次回看演讲唯一的目的就是直面并接受自己内心的反应。你有这样的反应很正常，你要改变此前对自己仪态和声音先入为主的预想。通过首次回看，习惯看和听你自己的演讲，克服内心的尴尬。这样，当你再次观看录像时，你会更容易对录像做出批判性的、有益的评估。摒除了这种不适反应，你就可以深入地关注细节，找到可行的改进措施了。

第二次回看：观察自己

第二次观看录像时，要注意观察自己。为此，我建议调低音量，只关注你自己的表情和动作，边看边做笔记。哪些地方让你印象深刻？既要注意效果好的部分，也要注意分散受众注意力或不理想的地方。

在观察自己演讲的过程中，你很容易就能发现各种问题。如果你没有头绪，下面是你需要关注的细节和相关问题。

- **体态**：你是否站直了或者坐直了？你的体态是否过于松弛或僵硬？

- **眼睛**：你在看哪里？眨眼频率是否正常？

- **面部表情**：你是在微笑、皱眉还是脸上挂着其他明显的表情？

- **手**：你的手在哪里？你是如何使用手势的？

- **其他身体动作**：你的动作是否过多或者过少？

特别注意那些让你觉得别扭、不舒服或不受受众欢迎的动作。

像新员工一样记录演讲，以此进行学习并获得反馈

我的品牌是"用数据讲故事"，我称我们团队的成员为"用数据讲述故事的人"。2019 年，迈克·西斯内罗斯（Mike Cisneros）和亚历克丝·韦莱兹（Alex Velez）加入了我们。那时，线上会议不是常态。作为新人，他们的首要任务是学习，学会适应我们广受欢迎的"半天工作坊"活动，能够在工作坊里作为主讲人信心满满地发言。我们团队的成员生活在不同的城市甚至时区，所以要想完成远程学习，必须有所创新。每周，他们都会阅读、学习和练习工作坊中的某一课。一周结束时，他们会把自己的讲课过程录下来，然后发给我。这样做有两方面的好处：他们可以通过观看视频来评估自己的讲课方式并做出改进；而我也可以对他们的演讲进行点评，了解他们的进展，并提出建议。

我们在异地办公，这种方式能够迅速帮助新员工上手，也帮助他们习惯了记录自己的演讲，并通过观看回放不断进步。我和团队其他成员也经常采用这一做法。鉴于现在办公环境大有向线上转型的趋势，录制演讲视频是我们学习和获取反馈的良策，对于新老员工都适用！

第三次回看：听自己的演讲

既然你已经了解了自己演讲时的样子，那么现在就该关注一下自己的声音了。我们的声音是强大的沟通工具，却往往得不到足够的重视。在最后一次回看中，请关闭视频画面或将其最小化，只听音频。你发现了什么问题？

像观察自己的体态时一样做好笔记。以下是我列出的几个需要特别注意的事项。

- **填充词**：你是否说了太多没有意义的内容（例如"呃""嗯"等）？
- **重复用词**：你是否过于频繁地使用某些特定的词语或者表述？
- **语速**：你说话的速度是否太快或者太慢？节奏是否有变化？
- **停顿**：你的陈述中是否有停顿？停顿的长度是否恰当？
- **音量**：你的声音是否太大或者太小？你的音量波动是否适当？
- **音调**：你的音调是否足够多变？还是听起来过于单调或像在唱戏？

和观看自己的演讲时一样，听自己的演讲时，既要注意演讲中效果较好的方面，也要注意所有突出的负面内容。

自我评估：汇总回看结果

你已经看过、听过自己的演讲。回想一下我在本章开头让你用来形容成功演讲的词。你希望自己演讲时的样子和你目前演讲时的样子存在哪些差异？

如果两者之间存在差距，不要感到失望。换种方式看待这种差距：这种差距同时也是改进的契机。好消息是，有许多有效的方法可以帮助你改进。接下来我为你介绍一下我和我的团队采取的方法，多年来的实践证明它们卓有成效。我笃信就人际沟通而言，每个人都可以通过不断改进变得愈发娴熟。现在是时候行动起来了。

观察和学习他人

改进沟通方式的方法之一是向他人学习。认真看、认真听他人的演讲，仔细观察他们的举手投足和表达方式。他们哪些方面做得出色，你可以效仿？你发现他们有哪些不太理想的行为，你应该在自己演讲时避免？你如何将他人行之有效的技巧自如地运用到自己的演讲之中？

要分享你从观看别人演讲中学到的内容，或者想要通过他人对演讲者的评价获益，请查看"用数据讲故事"社区的练习"向 TED 演讲学习"（Learn from TED）。在提交了自己的评价之后，你就能看到其他人的评价了。

成为受众想要看到的样子

我建议在演讲的时候，尽量让自己看起来像受众愿意看、愿意关注的对象。不要误会，这并非指个人外貌或者魅力。我指的是你通过肢体语言展现自己的方式。如果你的举止看起来令人舒服、充满自信，受众也会感到轻松，感受到你的自信和能力。

站起来，保持良好体态，做动作要有目的性，与受众眼神交流，积极主动地让自己感觉处于最佳状态，这样在受众眼中你就处于极佳的状态。让我们逐一谈谈哪些方法能够让我们处于良好状态。

站起来

如果是在会议上发言，我主张在可能的情况下，尽量以站姿发言。据我观察，很多发言者因此受益，但是我们对这种姿势的利用仍不够充分。首先，站姿本身就能吸引受众的注意，而且也能更持久地吸引受众，因为相比采取坐姿的受众，采取站姿的你与众不同。这一细小的改变能带来不可思议的效果。回顾我自己作为演讲者的成长道路，从坐姿到站姿的改变是一个重要的转折点，标志着我在演讲时已经可以做到充满自信、游刃有余。

在谷歌工作期间，我参加了前面提到的培训师培训项目，有位名叫妮亚夫（Niamh）的导师来观看我授课并向我反馈意见。我当时正在讲授一堂两小时的培训课，主题是数据可视化。授课地点是室内，房间中间有一张大会议桌。我的幻灯片投影到会议桌一端的大屏幕上。我坐在桌子的另一端。

授课结束后，我得到了职业生涯中最好的建议之一：站起来。妮亚夫说，在我授课期间，她的视线一直在我和幻灯片之间来回切换。幻灯片上的图片对于说明我所教授的概念至关重要。但是处于桌子另外一端的我也说得绘声绘色，她又忍不住要将目光投向我。在目前的布局下，我和幻灯片是争夺受众注意力的竞争对手。但是如果我站起来，走到房间前面，站在幻灯片旁边，那么我与幻灯片就成了合作关系。

改变位置，提升能量

在物理空间中，我们所处的位置会影响到我们与他人的关系。前面我建议你站起来，如果其他人都坐着，而你站着，你能够在受众面前树立一种权威。想改变这种氛围，只需调整姿势。在工作坊讲课的时候，我会保持站姿，但是如果我想转入相对随意的讨论，便会拉过一把椅子坐下来。这样我与学员"平起平坐"，迅速转变了现场氛围。相反，在会议上，如果每个人都坐着，而你想转变话题或者氛围，站起来是吸引注意力的好方法。我们会在第 12 章中进一步探讨"站起来"这个方法及其他益处。

保持良好姿势

无论是坐着还是站着，都要注意自己的姿势。

保持良好的姿势能维持脊柱的自然曲线，其好处很多，包括减轻肌肉劳损，保持体力，提高平衡能力，更容易协调身体各部分，扩大肺活量，以及增强自信心，等等。展现出身体和环境所允许的最佳姿势，听众也会感到赏心悦目。

如果演讲时无法站立，也要确保坐姿正确。可以先让臀部接触椅背，然后身体略微前倾，挺直上身，背部曲线尽量伸展。身体与椅背大约呈 10 度角。

如果采取站姿演讲，请站直！保持头部水平，与身体成一条直线（下巴微收，不要前探）。这时你的耳朵与肩膀中间对齐。双肩放松下垂，稍稍后张，不要驼背。收腹，双脚张开，与肩同宽，膝盖微曲（不要僵直！），身体重心落于脚掌前部（脚趾和脚弓之间）。想要养成良好的站姿，可以背靠墙壁，肩膀和臀部接触墙壁，后脑勺也应该轻触墙壁，保持这个姿势作为练习。

你的肢体语言也能传递信息

培养良好的姿势是通过肢体语言进行非语言交流的第一步。当你站得笔直，肩膀后张，自信就会自然地流露。受众还能从不同的姿势中读出许多其他信息，有好有坏。了解这方面的内容非常重要，因为我们的很多肢体语言是下意识的动作，只有掌握相关知识，刻意练习，才能使其为我们所用。

首先，我们来看一些不好的肢体动作。把手插在口袋里会让人觉得你不自信、害羞或者软弱。环抱双臂放在胸前，在你和他人之间形成一道屏障，释放出你固执己见、防御心理强或者内心焦虑的信号。身体向后倾斜、远离对方，通常表示你不喜欢对方或者态度消极。身体向前倾斜或者接近对方，表示你感兴趣或者被吸引。

在第 12 章，我们还会重温关于身体姿势的内容，并进一步拓展，因为身体姿势与受众也密切关联。我们在会议上发言或者演讲时，受众会阅读我们的肢体语言，反之，我们也能从受众的肢体语言中发现一些重要线索。

现在，我们已经讨论了正确的坐姿和站姿，让我们看看演讲时的动作。

动作要有目的性

观看自己的演讲录像时，你或许会注意到自己在不知不觉中做了一些动作。做动作本身并非坏事，有助于加深演讲给人的感受，增强流畅性，但是演讲中的动作必须有其目的。我指的动作不是我讲的谷歌故事中我前后摇晃、分散受众注意力的动作；演讲时该做的动作是有目的地向前迈出一步，用手部动作表达某个重要信息，当然这只是一例。

知道如何使用手部动作非常重要。回看录像的时候，你注意到自己的手部动作有什么问题吗？如果没有问题，说明你使用得体。反之，你可能会发现自己过度使用手部动作，或者因为没有充分使用手部动作而使得演讲略显僵硬。

演讲时，如果受众的视线集中在你身上，而你希望他们看幻灯片，可以将手向屏幕移动示意（如果你站的位置与幻灯片显示的位置不在一处，手部的指示动作尤其重要，稍后我们会讨论）。同样，你也可以用手提示大家该看谁。如果我想让艾丽西亚加入对话中，我会朝她做手势，提示他人朝她的方向看。我还可以用手部动作发出邀请信号。当我请受众提供意见或进行讨论时，我会向他们张开双臂，邀请他们进行互动，并且会保持这个姿势一段时间，直到有人开口说话。我们一方面需要考虑如何利用精心设计的手部动作，一方面要考虑何时双手应该自然下垂，避免分散受众注意力。

无须让受众注意到你的演示器

使用演示器（翻页笔）控制幻灯片时，应该选择工作距离较远的演示器（我使用的是罗技的 Spotlight 无线演示器）。这样，你可以站在房间任何地方，轻松控制幻灯片。这种演示器让你不必精准地对着电脑才能控制幻灯片，它是你手的延伸，要么把它握在手中，自然下垂，要么有目的地使用它来吸引受众注意力或者强化你的某个内容。

你还可以通过你的手和身体的其他部位的动作，将某个内容与空间方位联系起来，从而达到强调该内容的目的。在提到某事的前后变化时，我经常会使用下面的方法。假设我站在房间的前面，面向受众，提到变化发生之前的内容，我会边用手做动作，边将身体向右转。在面对我的受众眼中，我的身体是向他们的左边转，手也指向左边，所以他们会将变化之前的状态与左边联系起来。随后，为了描述变化发生之后的内容，我会将我的双手移到我的左边（受众的右边），身体朝我的左边转动。这样，我就将空间方位与所讲内容联系了起来（你也可以想象一下，在虚拟环境中我是如何使用这种方法的，我会把双手放在体前正中，然后先移向右边，再从右边移到左边）。如果我又提到变化前的情况，可以通过身体朝那个方向做手势来表示，以此强化空间方位与时间概念的联系。

我已经解释了如何将动作与时间前后联系起来，这种方法还可以用于强调一种状态与另一种状态之间的区别。我甚至会将其拓展到描述开始到结束过程中有多个状态的过程。我会随着讲述，向我的左边迈步，表示事物从一个状态进入另一个状态，直至结束。如果演讲是在场地的最前面对受众，这种方法不仅能让受众把内容与空间位置联系起来，也能帮助我回想起具体的内容或者讨论的要点。

在使用这种方法时，不要过于频繁，以免造成混淆。此外，你还要注意你相对于受众的位置。在西方文化中，表达事物发展过程的空间顺序是从左至右。如果我是面对受众的，那么我就应该从我的右边移动到我的左边，这样受众才能自然而然将我的动作与事物发展的过程联系起来。

除了利用空间方位与内容的关联强化概念外，还要考虑在演讲区域内应该如何移动才能达到最佳效果。是否应该让别人同时看到你和你的幻灯片？如果是，确保自己处于这样的位置之上。在全场满座的情况下，你可以从会议室前面的一侧走到另一侧，这样，无论别人坐在哪里，都会感觉到你没有忽略他们。在其他情况下，花时间走到场地的不同位置，在不同的位置演讲也是不错的方法。我在工作坊授课时，除了在教室前面讲课外，（在不影响幻灯片投影的情况下）还会走到教室后面和教室两侧。如果你不习惯这样做，一开始会感觉不舒服。就像大多数事情一样，不断练习可以帮助你了解这样做是否有效以及何时有效，并让你做起来越来越得心应手。

线上演讲如何利用空间

在虚拟场景中演讲时，在场地里走动没有意义，但你仍然可以利用我们此前讨论的方法，根据虚拟场景进行调整。提前在摄像头前进行练习，然后观看，彻底搞清楚受众能看到你身体的哪些部位，以及演讲时你身体两侧和前方能有多大空间供你使用。

只要不会分散你的注意力，妨碍你看向摄像头，演讲时能看到自己的画面也能让演讲有更好的效果。例如，在线演讲时，我会把外置摄像头安装在屏幕正上方。我的摄像头自带显示屏，我会把显示屏调整到镜头旁边，这样我就可以在看着镜头演讲的同时看到自己。如果想用手部动作来强调某个内容，一定要确定动作处于摄像头拍摄范围之内。与线下演讲相比，线上演讲活动范围受到的限制更多，但是仍然可以加以利用。

眼神交流

吸引受众的一个简单方法就是注视他们的眼睛。在线上演讲时，这点相对容易做到，因为只要我注视着摄像头，在受众看来我就是在注视他们的眼睛。如果是在现场，受众不止一人，这点是很难做到的。

如果演讲的对象是多人或者在室内场地，要适度地移动你的视线，让所有人都有参与感（而非感到被忽视），但是又不能过于频繁、迅速，免得令受众感到不适或者觉得你过于随意。一般来说，这意味着你将注意力集中在场地中的某个人或者某个区域，说几句话后再移动视线。如果场地房间较大,你可能只需面向场地的一部分(不需要跟具体的某人做眼神交流,也不用保持很长时间,不要让任何人觉得自己被孤立了)。如果场地较小,你需要与具体的受众直接眼神交流。

如果这种眼神交流让你感到不适,那就通过练习来适应。站起来,对着你现在所在的房间讲话。你的视线可以先落在椅子上,然后移动到窗户上,接着是门上。也可以边照镜子边练习。唯一的目标就是让自己显得自然、自信。同时,不要忘了适当地眨眼!

你的表情透露了怎样的信息

你的面部表情仿佛一扇窗,通过它受众能够了解你的想法和感受。你来参加活动开心吗?你对演讲主题充满热情吗?你是否乐于与受众沟通,是否想要吸引受众?如果答案是"是",请微笑吧!如果你陷入沉思,正在思考别人刚刚向你提出的问题,需要花点时间整理思绪,那你应该有怎样的表情?可以用手托着下巴,抬头或者侧目(这些都表示在思考),或者皱起眉头。如果你对话题和讨论特别投入、特别感兴趣,这些表情是自然而然的反应。

如果你站在讲台上距离受众较远,或者是在线演讲时只能出现在较小的屏幕上,那么在做表情的时候,为了让受众看清,请稍微夸张一点。一开始你可能会觉得有点尴尬,多加练习便会容易许多。在这些场景中,从受众的视角看来,你的画面比正常情况要小,所以要表现得生动一些,才能避免显得面无表情。面部表情在线演讲时尤为重要,因为受众除了你的脸,几乎看不到其他东西。

积极主动，进入最佳状态

我们已经讨论了一些演讲时你应该注意的事项，还有针对性的练习，它们可以帮助你在沟通时保持良好体态。除了这些细节之外，想想平时做些什么能让你的身体感觉良好，感觉自己已经做好了充分的准备。例如保证充足的睡眠，穿上让你感到自信的衣服，做让你进入最佳状态的事情。你感到自信的时候，也更容易让受众对你充满信心。

利用你的习惯

仔细观察你自己习惯性的行为方式，将其精华融入你的演讲方式之中。下次你和朋友讨论你热衷的话题，例如体育、音乐、政治等时，注意你的行为，注意你躯干的姿态和手的动作。你的身体是向对方倾斜吗？肩膀是否后张？你说话的音量或节奏是否有变化？请一位值得信赖的朋友找出能让你在演讲中脱颖而出的动作。在讨论其他话题时，想想如何将这些动作融入你的演讲中。以适合自己（并吸引受众）的方式表现出你对话题的兴趣，从而抓住受众。

声音要让受众爱听

演讲时，使用声音的方式能够产生巨大的力量。你说话的方式决定了你是否能吸引受众的注意力。这不仅体现在你说的内容上，怎么说出来同样重要。你的声音受众是否爱听？

避免填充词

首先，找出你口语沟通时存在的不必要的、重复的声音、字词和表达。你听自己发言时，可能会注意到填充词。例如，"嗯""啊""那个"，听到这些字词，受众会觉得你准备不充分，对自己的观点不确定，或者缺乏自信。它们会分散受众的注意力，妨碍你简洁地表达观点或者清晰地传递信息。

除了找出自己发出的不必要的声音外，还要努力了解自己是在什么情况下发出这些声音的，这是遏制坏习惯的关键。当你想表达某个意思，在思考措辞的时候，你可能常常会使用填充词。解决的方法很简单，在你思考的时候保持沉默。以"呃……"作为下一句话的开头会让受众觉得你不知道自己在说什么。你应该停顿一下，想好之后，直接说出适当的字词（即便这个思考过程需要几秒）。这样受众会觉得你经过深思熟虑而且沉着冷静。

读出所说的话，改进表达方式

转录并阅读口头沟通的内容是极具启发性的体验，可以帮助你快速识别不良的说话习惯。回顾一下我在本章前面建议你录制的自己的演讲，再听一遍，然后写下你所说的话。注意你记下的内容中反复出现的部分，很可能就是你寻找的多余的声音、字词或者表达。

如果你觉得这样过于烦琐，现在的技术手段可以帮助你实现。Descript 能对音频进行分析，对常见的填充词给出频率统计。我和我的团队在编辑《用数据讲故事》播客时了解到这一功能，开始在录制我们的工作坊和演讲练习视频时使用，帮助我们识别并避免"口头禅"。

在去除掉累赘的声音、字词和表达之后，你就可以在使用声音的方式方面更进一步了。

洪亮的声音从良好的呼吸开始

你可能会紧张，但是不要让颤抖的声音出卖你！确保声音充满活力、掷地有声的第一步是保证呼吸顺畅。我们已经讨论过正确的坐姿和站姿的问题。良好的姿态是顺畅呼吸的保障，因此也是洪亮声音的关键。

当你坐正或站直时，肺部就有了扩张的空间。深呼吸，当你的肺部有足够的空气，你的声音不仅响亮，而且清晰。如果呼吸不够频繁或者不够深，就会导致声音颤抖等问题。

保护好你的嗓子！

有次我去澳大利亚出差，日程非常繁忙，结果我完全失声了。失声是在我接连几天参加工作坊活动、演讲（其中还包括一次没有麦克风的重要演讲，我必须在没有辅助设备的情况下大声对受众讲话）之后发生的事情。这次经历给我敲响了警钟，让我意识到嗓子对我的工作极其重要，我要保护好它。经耳鼻喉科医生诊断，我只是用嗓过度。但是自此以后，我学会了保护嗓子的措施：保证饮水充分，避免酸性食物，在演讲时一定要准备好麦克风以避免嗓子疲劳。

说话时候气息不足会导致"气泡音"的现象。由于没有足够的空气通过声带，声带无法像正常情况下那样摩擦，从而产生沙哑的、嘎吱作响的气泡音。如果发现自己的声音变了，或者在长句结束时没了声音，很可能就是这种情况。要解决这个问题，请深呼吸并使用较短的句子。声音抑扬顿挫也可以改善情况。

抑扬顿挫：变化是关键

声音的抑扬顿挫是指说话的节奏或者音调变化。我也听过有人将其描述为声音的韵味（texture）。我喜欢"韵味"这个词，因为它意味着声音是有趣的、多变的。如果有韵味，声音就不会平淡或单调。

在听自己的录音时，你可能已经发现了自己在音调和节奏方面的特点。了解了自己自然的音调与节奏之后，想想是否需要做出改变，何时需要改变，以及如何做出改变。节奏、音量和音调的变化会让你听起来更有吸引力，也让受众对你说的内容更感兴趣。

首先让我们考虑一下说话的节奏。加快语速可以表达兴奋之情。当说到一个重要的观点时，你则可以放慢语速，充分表达和强调每一个词，并留出时间让受众充分理解。说到留出时间，停顿在说话节奏中也起着至关重要的作用。你可以在说关键内容之前停顿一下，引起受众的注意；也可以在说完一段话之后停顿一下，让你刚刚表达的观点在受众脑海中沉淀一下。停顿可以让你的口头表达更有节奏感，让你有深呼吸的时间间隔，这对我们接下来要讨论的问题非常重要。

你还可以用有趣的方式改变音量。有时，**为了表达一个观点，可能需要提高音量。**我刚才是不是提高了嗓门？（请注意，黑体文字读起来就像你在大喊大叫！）有时，我可能会柔声细语，甚至是耳语。如果运用得当，这确实能吸引受众的注意力，因为他们不得不更加努力地去听。这是一个实用的技巧，可以让受众在你说重要的事情之前就集中注意力。（不过，在使用这种方法时要谨慎，最好是在有麦克风扩音的情况下低声说话，这样受众不至于因为你声音小而听不清）。

音调是另外一个你可以调整的语音要素。音调有相对的低音或高音。如果你还记得我之前提到的"气泡音"问题，这种情况最常发生在说话的音调较低时。如果出现这种情况，可以尝试将音调调整到你音域的中间位置。改变音调能让你的声音听起来不那么单调。用它来表达兴奋（较高的音调）或者强化你想让受众产生的感觉。例如，在讲述悲伤或严肃的事情时，你可能需要降低音调。

在寻找自己适合演讲的声音，调整节奏、音量和音调时，要注意不要过度。目标是让自己的声音听起来自然、真实，并且让受众觉得你自己对传递的信息有浓厚的兴趣。

用声音告诉受众你在乎

如果你自己都不在乎演讲的内容，对其没有激情或者兴趣，那么你的受众也不会在乎。并不是所有内容都能自然而然地吸引受众的注意力。如果你演讲的时候听起来对主题漠不关心，那么就很难引起受众的积极反应。简而言之，演讲的时候，如果能让自己看起来和听起来因演讲的主题而感到兴奋，就能以与众不同的方式牢牢抓住受众的注意力。回想一下我在第 9 章开头提到的以鹦鹉为主题的演讲，由于演讲者对该主题充满热情，我也受到了感染，比平时更关心他的演讲。声音蕴含着巨大的力量。

要想体现出热情，可以利用的方法就是在演讲时用好自己的身体，因为身体的姿态决定了声音。如果我驼着背，视线就会对着脚下，声音就会有问题，内心则无法感到自信，受众也不会看到我散发出自信。你可以实验一下，摆出我刚才描述的姿势，看着地板说："鸮鹦鹉濒临灭绝。"我实验的时候，声音存在严重问题，我敢肯定你也一样。考虑一下如果是演讲的时候你该怎么做。

说点题外话，发现自己动作和声音的问题，并且临场进行调整，这会占据部分脑力。这也是我建议你花费大量时间计划和练习演讲内容的原因之一。如果你的所有脑力都用来记住接下来要讲的内容，那么你就不可能同时考虑自己的动作和声音。只有对内容了如指掌的时候，你才能有脑力来关注和做好沟通的其他方面。

在你演讲之前，我建议你做几件事来增强自信。现在我们就来聊聊这方面的内容。

积极准备

要想克服重要演讲前的紧张情绪，方法之一是积极行动，对演讲时将要面对的情况做好充分准备。这样更容易在临场保持泰然自若。

准备好工具

准备好所需的工具，你会更加安心。要做到这点，我建议准备好"演讲工具包"。把所需物品打包准备好，就不容易忘记重要的东西。随着经验的积累，你会知道哪些东西是必须准备的，哪些是无须准备的。图 10-1 是最近我为团队中要出差主持工作坊的新员工准备的工具包。

图 10-1　筛选后的演讲工具包内容

我自己的演讲工具包通常包括下面的工具。

- 我最喜欢使用的控制幻灯片的演示器（带上充电线或者备用电池）

- 笔记本电脑（带上充电器）和 HDMI 转换器

- 一个 U 盘，我会提前将我的演示文稿复制进去（以防万一）

- 印有我们品牌标志的笔（送给有需要的人）

- 记号笔（如果我要画一些内容可能会用到）

- 保护嗓子、清新口气的药品或者糖果（润喉茶、润喉糖、薄荷糖）

- 便利贴（无论走到哪儿我都要带着便利贴）

- 蓝色美纹胶带（用于粘贴标牌、固定电线等）

- 名片和宣传贴纸（告诉对方如果想继续学习，哪里可以找到相关资源）
- 方便携带的拉链包，用来装所有东西

除了准备好要用的物品，我还会规划专门的时间提前参观演讲的场地。

参观场地

如果可能，提前参观一下即将演讲的场地。这样可以发现潜在的问题，并在其产生影响之前加以解决。此外，进入场地、熟悉环境虽然看似是简单的一步，实际上能够大幅缓解畏惧心理。

如果是在公司开会，安排专门的时间进入会议室准备；如果是在其他地方演讲，要提前到场地熟悉、调试设备。这样，你就能练习如何设置场地的设备、控制幻灯片或者解决其他相关问题。

例如，你需要了解你和你的受众所处的位置，他们会通过怎样的方式观看你的演讲。这也能帮助你做好最后的准备工作，顺利完成演讲。演讲的时候，你一般应该开启演示文稿的演示者视图，方便你看到下一张幻灯片和演讲者备注。有时笔记本电脑就放在你的面前，有时可能较远，但也在你视线可及范围之内。而其他情况下，你可能需要在自己站的讲台下放置一个提词器显示当前幻灯片，方便在不背对受众的情况下瞥见当前幻灯片的内容。结合场地具体情况，规划你是否需要在场地中走动，如果需要，应该怎样走动。

提前考察场地时还要排练一下如何发声，试用一下现场的扩音设备。如果要使用麦克风，请先熟悉操作，学习如何打开、关闭、静音麦克风。如果要把麦克风夹在衣服上，要考虑是否需要调整计划中的着装，如果需要调整，应该改穿哪件衣服。

准备越充分，应对突发事件就越从容

几年前，我出差到奥地利，要在一个大型会议上发表主题演讲，当时我无法提前参观会场、测试设备。如果我当时提前去看场地，就会发现没法把夹式麦克风固定在计划要穿的衣服上，我肯定会选择换件衣服去演讲。可惜我没有这么幸运。现场负责视听技术的人员很有经验，我走上舞台的前一刻，他发现了问题，选择将麦克风的电池盒固定在我礼服后领口上。这个位置并不理想，我能感到我扎起的低马尾辫子就在电池盒上来回摩擦。

好在我在其他方面做了充足的准备、周密的计划，我对内容了如指掌，对自己的演讲能力充满信心，麦克风问题只是这场成功的演讲中一段小插曲，否则它可能会毁了整个演讲。

浏览所有幻灯片。这时候你不必逐一讲述幻灯片的内容，但你应该全部浏览一遍，因为在现场容易发现哪些内容需要最后的修改。在此过程中，请站在受众的角度，在场地四处走动，看看不同位置的受众看到的效果如何。例如，如果你发现有些文字太小，从后面看不清楚，或者某种颜色在投影仪上显示效果不好，那么就修改一下。

准备在线会议的时候，在演讲之前提前连线测试。无论你的演讲地点是家里还是办公室，都要实地测试。确定如何布置场地、使用设备，保证演讲顺利进行。

现在你已经参观了场地，想象一下你在现场泰然自若地演讲。当然，并非所有事情都能如我们预期一般进展，我们也应该考虑到这一点。

预测可能出现问题的地方

预见哪些地方可能与计划不同，就能有针对性地制定应对方案。只有这样，会议或者演讲中出现意外情况时，应对起来才能更加得心应手——发生意外情况几乎是常态。

没有事情是完全按照计划进行的。回想一下我之前提到的我失声的经历。为了应对这个突发状况，我取消了日程表中的非必要活动，以此保护我的嗓子。我联系了下一场重要活动的主办方，这是一场客户培训，我提醒了他们我的情况，与他们一起集思广益，考虑解决方法。好在对方有位参会人员主动带来了他们的麦克风和扬声器供我使用。我也调整了内容，增加了小组活动，减少我的发言量。那天，参加培训的人员耐心地听完了我仿佛耳语般的授课。

我面对满堂观众做演讲可能已经有成百上千次，似乎大多数时候，演讲总会出这样或者那样的问题：我没有提前发现限制我发挥的因素；我的航班取消了，我不得不连夜驱车四小时赶到活动现场（当时我已经怀孕七个月，还吃了一张超速罚单）；管理视听设备的技术人员上班迟到，投影仪的操作非常复杂，现场无人会使用；现场一百名与会者的会议手册没有按时印出；客户希望我能呼吁受众做出某项改变，受众却抵制我的呼吁；现场停电。这些也只是我遇到的各种问题中的一部分。有趣的是，这些不理想的情况往往能激发出创造性的解决方案，而这些创造性的解决方案会逐渐成为你解决问题的常规工具。当你预料到演讲可能会出现什么问题时，请花些时间思考如何从容应对（我们将在第 12 章再次讨论这一话题）。这样做不仅能让即将到来的演讲更加顺利，也能保证你日后演讲的质量。

坦然面对问题

　　如果每每想到即将到来的会议或者演讲，你总是感到紧张或者焦虑，可以试着预测可能发生的最坏情况。这一方法非常有效。思考问题的时候，我们往往会夸大其中的利害关系，给自己施加过大的压力。除非你真的是面对生死攸关的问题，否则即便我们不愿意看到失败，一次失败的演讲也并不是世界末日。

　　通过想象事情出现意外时可能的情景，提醒自己这可能会成为现实。演讲中可能出现的最糟糕情况是什么？很多时候，发生想象中最糟糕的情况并不可怕。而且，如果提前预想过最糟糕的情况，而现实中事情发展比预想要好，你会获得更多的满足感。这种想象有助于你减轻压力，提升你完成演讲的能力，并使你享受自己的所有付出。

预测可能出现的问题时，让其他人参与进来是不错的选择。你甚至可以以游戏的形式，与同事开展头脑风暴，讨论可能出现的问题以及解决办法。这种活动就像防灾培训。可能出现哪些技术问题？如果你的幻灯片无法播放，或者你的演示器在演讲过程中没电了怎么办？你应该制订哪些应急计划？人员方面可能出现哪些问题？例如，你最重要的支持者日程安排冲突，临时决定缺席活动，或者利益相关方不守规矩，或者你遇到意想不到的阻力。展开头脑风暴，找到可能出现的问题和解决方法。如果你能确定某些方面肯定不会有问题，引导大家跳过这些方面。尽可能预测各种可能出现的情况，这样你才能在问题出现时泰然处之。

现在你在通往演讲成功的道路上又进了一步：你已经树立了信心。马上就要登台了！我们还有最后几件事情需要考虑，在此之前，我们再回到我们的案例研究，以此复习一下本章的内容。

建立自信：TRIX 案例研究

为了进一步准备即将到来的客户会议，我讲述了计划中的几张幻灯片并录制了录像。我之前已经录制过很多次自己的演讲，因此能够迅速找到需要改变的地方。在姿势和动作方面，我的表现相对较好，但是我注意到有几处用词需要改进。

我的目标是让受众感到我做了充分的准备，整个报告优雅、娴熟，但又不会让他们觉得我经过反复排练，在照本宣科。我需要充满信心，既帮助我直接面对的诺什团队做出明智的决定，又促使诺什成为我们的长期客户。

我需要改进的地方包括以下方面。

- **降低使用手部动作的频率。**我必须收敛一些，这样我的手就不会和我讲述的内容争抢受众的注意力，尤其是在我说到关键点的时候。
- **不要以"那么……"（So...）作为句子开头。**我从一张幻灯片转到下一张幻灯片时，似乎经常使用这个毫无意义的词。我会练习大声说出报告内容，找出更好的过渡方式。
- **不要再使用"有点儿"（sort of）这个词。**这个赘词在我 7 分钟的视频中出现了 11 次！它让我本来直击要点、自信满满的报告听起来平淡无味。完全摒弃这个词大有裨益。

- **减少以"对吗？"（right？）来结束句子。**使用"对吗？"来结束句子，本来的目的是在报告时有娓娓道来的感觉，并得到肯定，但是出现频率过多，令人厌烦，也没有必要。

我把"那么""有点儿""对吗"这些词写在便利贴上，在上面重重画上一个叉，然后贴在显示器上，在报告之前的几天，我经常会看到这张便利贴。在日常工作中，我甚至会让每天与我在一起的同事在我说出这些词的时候提醒我，力求从根本上杜绝这些词。

最近，我在诺什与马特会面，核对我的报告计划，我们在最后的报告场地碰面。我利用这个机会练习了在场地使用笔记本电脑，检查了幻灯片，确认它们没有问题。我还了解了会议室的情况，决定在报告时采取站姿。这样，我就可以时而站在会议室前面看幻灯片，时而随意在房间内走动。

在诺什公司时，我与感官分析师阿比和西蒙进行了沟通，收集了他们的问题以及他们预计其他人会在会议期间提出的问题。我还与我的团队一起头脑风暴，讨论演讲中可能会出错的地方和客户可能存在的其他疑问。我还要求他们进行角色扮演，我练习回答他们提出的问题，以及引导他们之间的对话。

我把我的演讲工具包和其他用品收拾妥当。我已经做好了演讲的准备。

不过，在我开始演讲之前，我们还要用一章来讨论另外一个问题，这一章完全是为你准备的。

第 11 章

自我介绍

你肯定做过自我介绍，也许是在求职面试时，也许是在和朋友的同事见面时，也许是在社交活动中，也许是在演讲的开头。

但是，你有没有仔细思考过如何做好自我介绍？

"大家好，我叫科尔，我用数据讲故事。"在过去十几年的时间里，我站在世界各地的会场中，面对着一张张陌生的面孔，成千上万次说出这句话。我性格比较内向，我觉得我也不是那种天生就擅长站在公众面前自如演讲的人，但是最终我还是做到了。学会演讲不是偶然发生的事情，而是精心策划、不断练习的结果。多年来，我也帮助我的团队和无数客户设计了他们的自我介绍。现在，我就同你分享我的方法。

你可能会觉得奇怪，为什么要花费整整一章的笔墨专门讨论自我介绍，而且是在讨论了计划、构建和发表之后才谈及这一问题。这是我刻意的安排。无论是在讲台之上还是在日常生活中，自我介绍的方式都会对他人如何看待你产生深远影响。自我介绍的好坏决定了是否能和对方建立融洽的个人关系。根据第 10 章的内容，流畅的自我介绍也能增强演讲者的自信。

我在接下来的几页中概述了如何有针对性地撰写自我介绍，在这个过程中会用到我们在本书中讨论过的方法。你需要按照我在本章中的安排来实践，所以请拿起纸笔（如果你手边有便利贴，也可以准备一些），准备开始工作。即使你近期没有重要的演讲，你也可以积极运用此前学到的知识，磨炼技能，为未来做好准备。此外，通过本章的练习，最终你的自我介绍绝对可以迅速吸引受众的注意力，在演讲和其他活动中助你一臂之力！

以受众为出发点策划你的故事

与我们在设计演讲内容时讨论过的方法一样，成功的自我介绍也离不开充分的计划。我们很少会在自我介绍的时候把自己的人生故事和盘托出，至少在商务场合很少这样。你应该根据不同的场合和你希望达到的目标来选择与受众分享你哪方面的背景和经历，以及决定应该细致到何种程度。在类似的场合，你可以借鉴本章的内容；随着自我介绍的场合发生变化，你应该重复本章介绍的方法，重新制作自己的自我介绍。

在你思考自己的情况之前，让我们先来认识一下听你自我介绍的人们——你的受众。

在第 1 章中，在你计划演讲的初期，我提出了许多问题供你思考，现在我再次提出类似的问题：你的受众是谁？他们来听演讲的动机是什么？他们做某事或者不做某事的动机是什么？他们关心的是什么？什么事情牵扯到他们的利益？复习并且完成第 2 章的中心思想工作表可能会对你有所帮助。如果你在撰写自我介绍时还不知道演讲具体的场合和受众，那么可以大致想想受众可能会关心什么或者可能会被哪些内容所鼓舞。

确定关键印象

你在做自我介绍的时候，希望给别人留下怎样的印象？你希望别人对你有何种认识？如果在你介绍完自己之后，受众要向其他人介绍你，他们会用什么样的词来描述你？思考这个问题时，不要把注意力放在受众对你自我介绍的反应上，要关注他们对你形成的印象。思考你想让受众认识你的哪些品质，你想展示自己哪些特点，或者你想唤起怎样的情感。你可能还记得，在第 10 章开头，我曾要求你做过类似的练习。在本章，我们将更深入地探讨你想让受众认识你哪些特质，以及如何在自我介绍中塑造这些特质。

花五分钟时间补完下述句子：我希望大家用 _____ 来描述我。你可以在横线上填上一系列形容词，可能是"自信""聪明"或"热情"等。这个练习非常简单，五分钟的时间显然太长，但是这正是我们设计它的初衷，希望你能走出舒适区，摆脱自己最初想到的几个形容词，深入思考你想要通过自我介绍给受众留下怎样的印象，尽量拓展其广度。你可以借助词典。

你至少应该列出十个形容词，如果不够十个词，可以多花一两分钟时间。列好后，就要安排优先级了。在你列出的形容词中，找出你必须给受众留下的关键印象。争取找到三到五个彼此没有交集的形容词（如果有几个形容词意思相近，可以将它们归为一类，然后选出一个概括它们的词）。牢牢记住这些形容词，它们会在我们接下来的工作中发挥重要作用。

事实胜于雄辩

如何给别人留下你想要留下的印象？讲述真实的故事。我们举个简单的例子。例如，你想给对方留下自己很诚实的印象。不要只是强调自己很诚实。相反，讲个相关的故事，小时候你在街上看到别人口袋里掉出一张 5 元的纸币，你迅速捡起来物归原主。在自我介绍中，我们可以巧妙地表述自己的经历来塑造自己的形象。

整理片段

思考一下，你想通过展示自己的哪些具体经历，给受众留下哪些重要印象。可以是你目前和以前的工作、职责、兴趣、参与的项目、教育背景和个人经历等。你可以分享哪些趣事、故事或者其他证据，让受众对你在一个方面或者几个方面留下印象？是否还有其他的方法来让受众留下印象？

在思考的时候，我很喜欢用便利贴（剪成方形的白纸也可以）。我会先把我想要受众认为我具备的特质分别写在便利贴上。然后我会找块地方，一般会把办公桌清空，或者找张空桌子，甚至会选择办公室的地板。我会把写有我想留下的各种印象的便利贴摆放好，周围留出一些空间。

然后我会开始头脑风暴。针对每个我想留下的印象，我会用另外一种颜色的便利贴写下一个要讲述的内容，可能是个人经历、从事的项目、担任过的职责、面对过的情况、经历的趣事。便利贴上的内容最能突出哪方面的印象，就把它贴在哪里（在某些情况下，某段经历能说明我的多个特质，所以我会把它放在不同类别之间，或者在便利贴上注明）。

图 11-1 就是这种方法的具体呈现。我会在本章结尾的案例研究中带你详细了解。

图 11-1　自我介绍头脑风暴的例子

此时，不要筛选内容，自由发挥。你首先想到的往往是一些简单的事实，例如，你曾经从事过的工作或者参与过的项目。这是很好的开端，但是不要仅仅局限于个人简历这个范畴。在你的生活和职业生涯中发生了哪些能够让别人真正了解你的事情？要回答这个问题，可以以"我记得有一次……"为开头，分享一段经历或讲述一个故事。经历和故事可以是：

- **成功案例**：你是否有出色完成工作的经历？
- **转折点**：你是否因为某件事情而改变过自己的观点？

- **困难或失败**：你是否遭遇过重大的挫折？

- **顿悟**：你是否有过意想不到的收获？

- **克服挑战**：你能否展示自己解决问题的智慧？

如果你感到毫无头绪，我有几点建议。与熟悉你的人聊一聊你想要留下的印象，与他人讨论可能会唤起你的记忆或激发好点子。如果你很难用头脑风暴想出如何让受众认为你具备某种特质，不妨把思路从这种束缚中解放出来，思考一下你在职业生涯或者个人生活中有哪些决定性的时刻。它们体现了你怎样的特质？这些特质与你最想要留给受众的印象是否一致？如果不一致，是否说明你应该在想要留给受众的印象中有所补充？

此时无须考虑材料的前后顺序或者如何组合，我们接下来会解决这个问题。顺便说一下，如果这让你想到了我们在第 3 章中介绍的故事板，那很正常，因为它们的本质是相同的。就像我们之前做的那样，花些时间进行头脑风暴，然后再对材料进行排序、编辑，形成完整的故事。

形成故事

把头脑风暴过程中产生的想法放置在你能够看得到的地方。（这就是我喜欢用便利贴进行此类活动的原因：便利贴便于移动。）你所构思的各个材料可以如何组合在一起？现在开始排列它们的顺序。

考虑如何构建你的整个故事。对于你想让受众认为你具有的特质，你是通过具体地讲述一个极具感染力的故事来体现，还是每个特质对应一个简短的故事，然后将所有故事汇编成一个连贯的叙事？这个问题并无标准答案，这取决于你面对的情景和个人偏好。

确定如何开始和结束自我介绍。自我介绍中应该有吸引人的内容或者冲突点，这样才能吸引受众的注意力。找出它们与其他片段的衔接点和衔接方式。建立一个"弃牌堆"，剔除无法融入计划叙事的内容。例如，你可能已经想到了自己过去七段不同的经历，它们可以说明你具备三种重要特质。但是，如果要把这七段经历都融入自我介绍之中，可能会造成叙述内容的脱节。确定哪些可以合理地组合成完整的故事，然后删除掉不合适的内容。在必要时，准备更多的便利贴，添加更多的细节，将所有想法串联起来，确保故事流畅。

介绍你的公司或产品的步骤

编写自我介绍的方法也能迁移到向陌生受众介绍不同的主题上，例如你的行业、公司或者产品。下面介绍一下大概的步骤。

1. **了解受众**：确定受众是谁以及他们关心什么。

2. **确定关键印象**：确定你最想让受众认为你具有的特质。

3. **整理片段**：开展头脑风暴，找出能证明你具有这些特质的事例、证据。

4. **形成故事**：将最重要的事例片段整合成连贯的叙事。

5. **打磨故事**：大声练习，获取反馈，考虑演讲时面对的各种限制条件。

这个方法还可以应用到职场面试之中。花点时间琢磨你的面试官，找出你想给他留下的关键印象，然后整理证明材料。在这种情况下，并不一定要把它们编成一个故事。在回答面试官提出的问题时，要深思熟虑，思考如何将自己的经历和趣事融入回答之中。

这套方法还可以有什么应用呢？

其实自我介绍的内容并非一成不变，而是需要不断迭代。思考能够说明你特质的内容，按照一定的顺序排列这些内容，然后敲定整个自我介绍，这个过程并非一劳永逸。根据不同情况，你可能需要调换部分内容的位置，重新组合内容，然后评估是否合适；你还有可能添加或者删除部分内容，然后重新排序。你需要权衡哪种内容组合最为有效，试着大声练习，说出你的故事。你会发现当把某些内容组合在一起的时候，更容易达到你的目标，进而可以根据练习选出最佳方案。

到目前为止，你已经粗略地规划出你的自我介绍。下一个目标是继续打磨。

熟能生巧

你已经有了自我介绍这一故事的大致计划，是时候运用第 9 章和第 10 章中概述的各种方法了。这些方法将帮助你完善你的自我介绍。练习自我介绍也是极好的机会，通过交流一个你非常熟悉的话题——你自己，来改进你演讲的表达。

首先，大声练习。张嘴练习，考虑如何措辞来表达你构思出的整体故事。如果需要，可以写出来。我建议不要死记硬背讲稿，而是先弄清楚你要表达的主要观点，然后多次大声练习，找到如何表达自己的观点，以及从一个观点过渡到另一个观点的语言。在这个过程中，开头和结尾需要确定具体的措辞。切记，开头和结尾非常重要，值得我们特别注意。

听过自己的自我介绍，对其满意之后，征求他人的意见。先解释你的目标，请对方假设自己是你的目标受众。如果你希望对方对你的内容或者表达方式给出某方面的具体反馈意见，请事先告诉对方。在做自我介绍时，要把对方当作你的目标受众。然后，就哪些地方做得好、哪些地方需要修改进行交流。尽量不要打断对方的发言，也不要为自己辩解，倾听并提出问题。根据反馈意见进行调整，有需要的话，再向其他人寻求反馈意见。

录制自己的自我介绍，仔细看，认真听。观察并记录下需要改进的地方。现在是你打磨自我介绍中表达的细节的时候了。如何运用肢体和双手？什么时候需要改变节奏、音量或者音调，帮助你表达你的思想，突显你的个性？寻找低风险的场合进行测试（比如在社交场合遇到新朋友时），并根据需要不断改进内容和表达方式。

你好，我叫……

要了解自我介绍的更多技巧，请参考《用数据讲故事》播客第 38 集《你好，我叫……》（"Hi, My Name is..."）。在本集播客中，我会进一步讨论本书中概述的各种方法，也会讨论"用数据讲故事"团队成员自我介绍的故事和录音。

你已经充实了自我介绍的内容，也充分进行了练习，注意根据不同的场合，限制自我介绍的时间。如果只有两分钟，你会如何介绍自己？三十秒呢？只用一句话呢？练习的时候，也要考虑一下这些版本。这样，你基本上可以面对任何需要介绍自己的场景了。

虽然在我的描述中，准备自我介绍是一个循序渐进的单向过程，但是在必要的时候，你还是要进行迭代。这可能意味着你要回到之前的步骤，或者在后期加入之前删掉的内容。我们的目标是让你的自我介绍更加精彩，给他人留下深刻印象。请综合运用各种技巧和策略，实现这一目标。

你已经计划、创建并练习了自我介绍的内容，可以滔滔不绝地介绍自己。现在剩下的就是实际演讲了！

在此之前，让我们先来关注一下我们一直在研究的案例，看看如何应用在本章学到的内容。

自我介绍：TRIX 案例研究

来自诺什的团队已经很熟悉我了。尽管如此，考虑到这个项目事关重大，我还是要进行完整的自我介绍。我在诺什项目中有许多新的收获，我想把它们融入我的自我介绍之中。而且在我为诺什团队做报告的时候，他们有可能会派来不熟悉我的成员。准备好详尽的自我介绍后，我就可以在会议正式开始前的几分钟内快速介绍自己。有备无患！（如果事情真的不顺利，我在面试新工作时也会用到它——当然，这是开个玩笑。）

我首先评估了我的受众，确定了我想给他们留下什么样的印象。我将向诺什的团队做报告，他们是混合型团队。产品主管瓦妮莎是我最需要打动的人。她必须对我提供的信息和我的能力充满信心——这既关系到 TRIX 产品的直接决策，也关系到诺什是否继续与我们合作。我还必须给部门首席财务官杰克、TRIX 品牌营销副总裁赖利和负责管理客户满意度的查利留下好印象。他们希望知道，我是否已经花费了足够的时间了解他们的业务和竞争中需要优先解决的问题，是否正在引导他们朝着正确方向谨慎前行。

考虑到这一背景，我花了五分钟时间写下我想给他们留下的各种印象，然后整理出以下清单：为人可靠，充满自信，镇定自若，善于表达，值得信赖，考虑周到，聪明，独具慧眼，思维缜密，乐于助人，积极主动，有激情，有能力，有经验，体贴，能够提供有力支持，富有合作精神，思维敏捷，睿智，好奇，负责，精明，专业，善解人意，富有同理心。

接下来，我把我的清单归纳为几个关键印象。在回顾这些印象时，我注意到有许多类似的特质可以归纳在一起（例如，为人可靠、值得信赖，以及聪明、睿智、精明）。我还想到，我在演讲过程中的言谈举止也能体现出其中的一些特质。充满自信、镇定自若、善于表达，我不需要趣事或经历来说明这些，我会直接通过我的演讲方式来展示这些特质。这样就减少了自我介绍中需要展现特质的数量，有助于为我的自我介绍瘦身。

为了从剩下的内容中找出关键印象，我又重温了一下我们的最终目标：我们希望赢得诺什的业务，建立持续的合作伙伴关系。有鉴于此，我确定我希望留给受众的印象是：

- **富有合作精神**：我乐于助人，包容他人，能够与他人愉快合作。
- **独具慧眼**：我有良好的判断力，能做出明智的决定，推荐好的途径。
- **有能力**：我经验丰富，能提出切中要害的问题，找到有说服力的解决方案。

哪些事例可以帮助我展示这些特质？我拿起便利贴，开始记下各种想法。

进行头脑风暴的时候，我发现我的一些事例可以体现多个特质。有鉴于此，我将这些特质（写在蓝色便利贴上）排列成三角形，留出空间，方便放置与它们有关的个人经历。我还意识到，在 TRIX 项目中的一些工作可以直接用来展示我具备某种特质，让来自 TRIX 的团队了解我们未来合作的方式（我们会有良好的合作，我敏锐的判断力也能发挥作用）。我花了十五分钟构建了图 11-2 的内容。

图 11-2　准备自我介绍时我进行的头脑风暴

　　在头脑风暴的过程中,我还产生了一个新想法,这个想法与我想要给受众留下的任何印象都没有直接联系,但似乎很有用。我突然想到:我第一次在 TRIX 混合坚果中吃到整颗夏威夷果的情景,让我记忆犹新!当时我正在工作,休息的时候,我从茶水间拿了袋零食。回到桌前,我心不在焉地咀嚼着零食,但是吃到那颗完整夏威夷果的第一口就把我的思维拉回到了口中的美食上。如果我能充满真情实感地讲述这个故事,并且带有几分新意,那么肯定会取得不错的效果。这段经历值得充分发掘,或许我能以某种方

式加以利用。因此，我将写有这个趣事的便利贴贴在另外一张大纸的一个空白角落，我
会在这张纸上整理我头脑风暴的结果。然后，我会从客观的角度来思考全部内容。

如何将我所有的经历组合在一起？是时候重新排列便利贴了。我把写有我想留下的
印象的蓝色便利贴放在一边，它们的任务已经完成。现在，通过讲述我的故事，这些印
象能够留在受众心中。我花了几分钟的时间撕下便利贴，然后重新排列粘贴，还会加入
新的便利贴，将所有的便利贴排列成一个平缓的弧线，与叙事弧线相呼应（从全局思考
之后，我很快就完成了这一步）。图 11-3 中，黄色便利贴来自我最初的头脑风暴，橙色
便利贴是我在形成故事这一步中添加的。

图 11-3 我的自我介绍故事

我会从我第一次吃夏威夷果的趣闻说起。然后快进到今天，讲述我在 TRIX 项目中扮演的角色。如果我和对方是第一次见面，背景不同，我可能会用过去的某个项目来举例，证明我具备某些特质。但是，这次我选择直接用在 TRIX 项目上所做的工作来给客户留下我期望的印象，这样重点更加突出，更有针对性，更有说服力。

我将根据自己职业生涯最初几年的亲身经历，描述无效的咨询与客户关系是什么样的，为我的故事增添冲突。那是一段不堪回首的岁月（也是一段学习的岁月），我能够描绘出一幅清晰的画面。接下来，我将结合我在现在的公司工作的这些年所学到的知识和积累的经验，谈谈经过深思熟虑后进行的外部咨询是什么样子。

然后，我会转而谈谈我是如何将这些洞见融入与诺什团队的合作之中的，还会谈谈我是如何深入了解该品牌及其背后历史的，我也会表明我对该品牌和品牌历史的欣赏之情。我觉得我还应该借自我介绍的机会，提及报告中会涉及一些特别的研究结果，引起受众的兴趣（同时强调我的团队从研究和数据中获得可执行洞见的出众能力）。最后，我将感谢大家对这个项目的支持，并表达与诺什继续合作的强烈愿望。

有了自我介绍的大致故事情节，就需要张嘴练习了。我以图 11-3 中的故事板作为指导，大声模拟了几次自我介绍。我自己觉得过关之后，就会和同事亚历克丝进行模拟练习，征求她的意见。亚历克丝非常了解这个项目（你可能还记得，她是我的摄影师，技术娴熟），也很了解我，因此她能够很好地进行评估并提供有价值的意见。

谈到自我介绍的结构，亚历克丝建议介绍我们之前回答过的关于 TRIX 的有趣问题，以此引出我是如何与诺什团队合作，如何理解 TRIX 这个品牌的。这条建议非常好，我承诺尝试一下。她还指出了我常常会用的一个填充词"那么"。在录制自我介绍做练习时，我牢记这一点。让我高兴的是，通过观看录像，我发现自己不仅没有加入任何多余的词语，而且比以前录制时更有效地使用了双手。

尽管我可能不会在与诺什团队的演讲开始时使用这个自我介绍的完整版本，但这次练习还是非常有价值的。通过自我介绍，我注意到了我在这个项目中收获的重要经验和使用的工作方式，我可以把它们融入我的报告之中。我现在已经牢记了自我介绍中我精挑细选出的事例，而且经过练习，打磨措辞，我已经能够流利地讲述这些事例。我知道，在讨论或回答问题时，我可以将其中的一些事例融入沟通之中。通过准备自我介绍，报告整体的影响力会更强。

此外，如果房间里有不认识我的新面孔，我也准备好了我简短的开场白："你好，我是科尔。我喜欢这样描述我们团队的超能力：我们会开展深度研究并从中发掘可执行的洞见，因此能够帮助像 TRIX 这样的品牌茁壮成长。"

想象一下，你刚刚加入这个项目。你会如何介绍自己？

（不要花费太多时间，会议马上就要开始了！）

第 12 章

精彩演讲

活动日期已经临近，一场重要的演讲迫在眉睫！

现在，让我们回想一下到目前为止我们经历的各个步骤。一切从计划开始：了解受众，设计信息，组合信息，最终形成故事。你构建了内容：首先确定演讲的风格和结构，然后填充具体内容，在精心设计的幻灯片上加入文字、图表和图片。作为演讲准备工作的一部分，你通过练习完善了内容和口头表达，建立了自信，还学习了自我介绍的技巧。

我们投入了大量精力，让你为演讲做好准备。现在，你已经准备就绪。最后，我还有一些建议要与你分享，它们是在进行演讲前的几天、临近演讲、演讲中和演讲过后可以使用的策略。但最重要的一点是，我希望你能全身心投入，尽情享受。你已经付出了巨大的努力，现在该收获回报了。

是时候让受众参与进来，并激励他们按照你的构想采取行动了。

最后的准备：演讲前的几天

着手准备演讲的时候，距离演讲可能还有几个月或者几周的时间。也许你是一点一滴，在很长的一段时间里做准备；或者是紧锣密鼓，试图在短时间内完成所有准备工作。无论你花了多长时间，你都会面临这个时刻，即距离演讲只剩几天（或者几个小时！）。

展望成功

思考演讲的主要目标：你希望达成什么？从几个角度定义你的成功。首先，想想你对受众的期望。你希望他们有怎样的感受？你希望发生什么？你希望他们采取什么行动？

你要明白，即使受众的反应与你希望的不同，也不一定表明你没有成功。或许你的受众会根据你分享的内容或者你引发的深刻讨论，采取其他的行动方案。这依旧可以说明演讲有了良好的结果。

你还要从自己的角度定义演讲的成功。在演讲之前、演讲之中和演讲之后，你希望有怎样的体验？在准备演讲的过程中，在进行过练习后，你了解到了演讲中可能发生的事情，你是否希望在实际演讲中促成或者避免其中的一些事情？

写下你想实现的几个目标。我会要求你在演讲之后回头看。你的个人期望尤其值得记录下来，因为随着时间推移，你衡量和判断自己在会议中、在讲台上或在其他场合演讲是否成功的标准会不断变化。可以用一本日记来记录你成为讲故事高手的过程，以此见证你演讲效果的不断提升。

既然你已经从自己的角度思考了演讲成功的标准，让我们来想想如何让他人参与进来。

不要唱独角戏

可能你要负责演讲中的多个部分或者整个演讲，但是这并不意味着你必须一个人完成。你需要考虑别人能在哪些地方支持你以及如何支持你。对于你的支持可以有多种形式，下面我就列举几种。

- **在受众中安插友好的面孔。**让你的朋友或者你的配偶出席你发言的主题演讲，坐在你能看得到的地方。邀请你的上司出席你发言的重要会议。如果是线上会议，请一位支持你的同事加入，将他放在屏幕上显著的位置。在演讲中，有友好的面孔向你轻轻点头或者微笑，你能得到莫大鼓励，这是迈向演讲成功的坚实一步。

- **找到或者发展支持者。**提前与筛选后的利益相关者单独会面，这样你就会知道在会议期间谁是你的支持者。或者，如果有人不支持你，与他们会面可以帮助你更好地了解你将面临何种阻力，然后努力在演讲之前解决。如果是会议发言，可以在会议开始前通过各种途径和与会者互动，来消除阻力。

- **争取共同发言人或助手。**在实际演讲或者会议中找人协助。可以是负责问答环节的主持人；也可以是正式的共同发言人，由他负责部分发言内容；还可以是预先安排的某人，随时就某些问题或讨论的主题提问、回应。在线上环境，特别是与会者可以通过各种方式进行互动时，通常需要招募一名同事来帮助你管理聊天或回答聊天中提出的问题。

- **找人给你反馈。**邀请一个会去听你演讲的人在会后为你提供反馈意见（这个人可以是你选中扮演前述角色之一的人），提前告知他你的具体目标。单单是评估你的演讲这一简单的请求，就能让他在你演讲的时候为你提供积极支持。

虚拟场景：放置一张激励自己的照片

在虚拟环境中发言时，即使你安排了自己的支持者，可能也会因为屏幕上受众的人脸太小，或因为受众无法出镜，导致你无法分辨对方。作为替代，你可以在视线范围内放置一张别人的照片，这个人应该是你希望他以你为傲的人，以此取代"缺席"的鼓励，他可以是你的孩子、父母、合作伙伴或者朋友。一方面，这能提醒你你是在与人沟通（而不只是眼前的屏幕）；另一方面，也能在你演讲时给予你鼓励。

演讲前夜入睡前……

对于重要演讲，要想获得成功，做好充分的准备，肯定要远远早于 24 小时。尽管如此，在演讲的前一天，特别是晚上，你依旧可以做一些事情，助力演讲成功。

尽一切可能确保睡眠良好、精力充沛。我建议在前一天尽早吃晚饭，避免摄入过量糖分、咖啡因及酒精。睡前两三个小时禁食可以大大改善睡眠。睡前进食意味着消化和代谢系统的肌肉必须在本可以休息的时候继续工作，这会影响我们入睡，特别是影响深度睡眠，导致第二天无法精神焕发地迎接演讲。

利用晚饭后到睡觉前的一段时间复习你的材料。在重要的演讲之前，我的习惯是在睡觉前看幻灯片。我会在笔记本电脑上提前浏览幻灯片，确保自己清楚幻灯片顺序和整个流程。我还会复习自己的笔记：提醒自己避免使用填充词，回顾计划中自己要如何移动，回想其他任何我想在演讲中牢记的注意事项。我认为（也有一些研究证明了这一观点），这种做法能帮助我在一夜之间将重要内容从短期记忆转化为长期记忆。

这个时候请不要编辑演讲的内容！我承认有时这不可避免：你没有足够的时间来完成所有工作，必须要完成幻灯片。即使如此（尤其是在你的材料已经足够的情况下），也要在这个时候尽可能减少投入在完善演讲材料上的时间。在演讲前的几个小时里，你应该把精力集中在自己身上——确保自己有足够的精力发表一场精彩的演讲，而不是继续对幻灯片进行调整或做细微的改进。

早点睡觉。设置好闹钟，在演讲之前留出充足的时间，因为在演讲前的几分钟你还可以做些其他事情。说到时间，明天请戴上一块手表——你会需要它的！

佩戴手表

在演讲之前和演讲进行时，把控时间非常重要。除非你确定现场会有一眼能够看到的时钟，否则我强烈建议佩戴手表。瞥一眼手腕上手表的时间不会引人注目。不要依赖手机来查看时间，因为这样你会在不经意之间让受众觉得，你认为收短信或者电子邮件比他们更重要！

深吸一口气：演讲就要开始了！

在演讲当天，我有一个建议：提前到场。这样在时间上相对灵活，可以从多个方面保证演讲顺利进行。

提前到场

如果你可以提前进入演讲的场地，那就提前进入。调试好你的设备，评估是否还需要做其他准备。熟悉我的人都知道，为了更好地促进讨论，我经常要求移动场地内的家具，把讲台移走或者重新摆放桌椅。

虽然我不喜欢使用讲台，但我还是希望有地方可以放水、咖啡或茶以及笔记本，所以我会想办法找到最合适的地方。我还会确保演讲时饮品就在手边（就我个人而言，我选择在上午喝咖啡，下午喝茶，手边总是有水）。如果是在会议室发言，我会自带饮品，然后把它们放在手边。如果是登台进行正式演讲，有时可以把饮品放在讲台上。在有多人发言的活动中，组织者通常会在台上准备瓶装水。

演讲前要吃些东西，但不要太多！

为了保持精力充沛，我建议在重要演讲前一两个小时吃点清淡的东西。与晚饭和入睡的时间间隔一样，在会前用餐和演讲之间留出一些时间也很重要，这样你就能把所有精力都投入到演讲中去。

根据演讲时间的长短，你可能还需要在会议或者活动过程中吃些东西。在较短的活动中，一般不需要吃东西（为了保持自己专业的形象，我会避免这样做）。在时间较长的活动上，例如半天外出培训或者全天的培训，你应该进食以保持体力。但是不要吃得太饱！吃得过多或过饱会让人感觉疲惫。我经常会全天在工作坊活动里授课，我发现即便午餐吃得不多，也会让我在餐后感到疲劳，因为我身体将部分注意力放在了消化上。为了解决这个问题，我调整了午餐后的内容，以小组讨论开始，在我完全进入状态之前，给我的身体一点喘息的时间。

如果事先没有考察场地，可以在演讲前绕场走一圈，了解整个场地各个角度的视野，规划好演讲的时候自己应该站在哪里以及如何移动。理想情况下，会方应该事先安排你在指定地点浏览一下自己的幻灯片。如果没有，演讲之前时间又允许，那就抓紧时间查看幻灯片（如果与会者已经到场，我建议跳过这个环节，以免无意中过早开始讨论其中的内容）。

如果你需要在移动的白板或者挂图上面画画，提前把它放到你想要的位置。如果计划演讲时，我大部分时间位于会议室的前方（受众一般都是面向前方），并且空间允许，我会选择将白板放在会议室的一侧。如果受众围坐在一张大桌子旁，我会把白板摆放在场地后方，摆放的地方应该尽量避免受众需要转身观看。前述安排给了我充足的理由，同时也提醒了我，在演讲或者引导讨论的时候可以移动到场地的不同位置。还可以利用这个机会试一试现场的记号笔，避免你想在白板上强调观点或者画图说明时，手中的记号笔却不"给力"的情况。

理想情况下，所有这些最后的准备工作都应在其他人到达之前进行。一旦与会者开始进入会场，你应该与他们聊天。利用好这段时间。如果能在演讲开始之前认识一些人，演讲的时候与这些友好的面孔互动可以帮助你平复紧张情绪，而且你也可以通过提前和受众聊天，获取可以用在演讲中的素材。你还可以选择向陌生人介绍自己。如果记住受众的名字有利于演讲成功，努力记下或者写下他们的名字（在沟通时，以名字称呼受众是建立融洽关系的绝佳方式）。在演讲开始之前与受众建立联系，获得他们的支持，甚至让他们成为你的拥护者。

为你想收获的内容播下种子

如果你对与会者有什么期望，请利用会议开始前的时间给他们提个醒，可能包括你希望自己提出某个问题的时候，某位与会者能够主动提供你指定的答案，希望某位与会者在你提出观点之后能够立即表示支持，或准备好讨论某个话题，或采取其他方式积极参与互动。提前准备有助于避免尴尬的停顿或意外的回应。

静下心来

正式开始演讲之前，让自己安静片刻。如果是正式的演讲场合，通常会安排专门的休息区域，比如后台或者休息室。如果没有，那就找一个相对私密的空间。我的习惯是在场地闲逛的时候找一间会议室或者办公室，在演讲之前去那里让自己安静下来。如果场地里没有这样的场所，也可以去洗手间。利用独处的时间让自己冷静下来。

让自己静下心来的具体做法因人而异，你可以构建一套自己的习惯。如果你不知道具体有哪些做法，可以参考下面的提示。

- **用高能量的姿势鼓舞自己。**把双手放在臀部，肩膀后张，面带微笑。如果空间足够，可以把双臂伸向身后，就像超人在空中飞翔的姿态一样。没错，这听起来很傻。但是我会在参加重要活动上台之前，在卫生间的隔间里做这个动作。

- **深呼吸**。用鼻子深吸一口气，肩膀放松。用嘴慢慢呼气，微微抿住嘴唇（你能听到你的呼气声），下巴要放松。重复几次。
- **调整心态**。看看家人、宠物或其他能给你带来快乐的人和事物的照片。提醒自己，眼前的这场演讲不会决定你人生的成败，生活中还有很多更重要的事情。

准备好去享受演讲吧，好戏即将拉开帷幕！

奉献一场精彩的演讲

你对演讲内容了如指掌。通过第 9、第 10 和第 11 章的练习，你已经深入了解了实际演讲时的许多细节。但是在演讲过程中，你需要做的是把所有考量抛到脑后——你不必主动去思索那些细节，因为它们应该深植于你的脑海中，成为一种肌肉记忆。演讲的时候，你只需集中精力，尽你所能，与人沟通，优雅、从容地应对一切。

专注当下

努力保持全神贯注。不要急于进入演讲内容，花点时间观察你所处的环境和周围的观众。深呼吸，保持微笑。

你很清楚自己如何开始演讲，因为你有完备的计划，也反复进行了练习。随着演讲的推进，保持对现场情况的关注。有时可能需要暂停一下，邀请大家提出意见、进行互动或讨论，或者在适当的时候快速记下你不想忘记的内容。

紧张让你无法集中精力？暂停一下再继续

我向你保证过，规划好开头会让你摆脱紧张情绪。但是，如果你依旧无法战胜紧张情绪，并不意味着全盘皆输。如果你发现自己语速过快、呼吸困难、声音颤抖，先停下来，暂停一会儿，可以喝口水。深呼吸，调整一下状态。在受众面前这样做确实会有点儿尴尬，但是在短时间内迅速恢复状态，然后继续给受众奉上一场精彩演讲，远好过继续处于这种紧张状态之中。后者会让包括你在内的所有人感到不舒服；前者却能展现你作为普通人的一面，如果能够在临场恢复镇定，甚至会让在场的受众对你产生好感。

如果会议议程有规定的时间或者演讲有指定的开始和结束时间，你还需要留意时间。在某些情况下，你可能需要遵循模拟演练时制定的时间表，用它来评估演讲进度的快慢，是否需要做出调整。在其他情况下，你只需知道演讲每部分所需的时间，并适当调整。按照预定或计划好的时间完成演讲，这体现了你对受众的尊重。

是不是很庆幸，按照我的建议戴上了手表？

除了关注时间，你也要注意在场的其他人。观察受众的反应是衡量演讲效果的好方法。深思熟虑之后对你观察到的情况做出反应，这也是确保演讲顺利进行的绝佳方法。

观察和调整

演讲的时候，切记你沟通的对象是在场的受众，不是你的幻灯片。你要和他们进行眼神交流。只有你对自己的内容极其熟悉，才能有余力观察受众的反应，然后做出反应。

演讲的时候，你看向现场受众的时候，看到了什么？

微笑和点头都是积极的信号，表明你演讲的内容和方式都得到了受众的认可。但是如果他们眉头紧蹙、噘起嘴唇呢？有的人在全神贯注接收信息时就是这个样子，但是这种神态也可能表明你说的内容令他们感到困惑，或者他们持有不同意见。某些情况下，可以选择暂停一下，和受众深入交流。可以直接与某个人沟通（"克里斯，我看你面露疑色，你有什么疑问？"），或者对全场受众说（"我发现现场有人有不同看法，谁能表达一下自己的不同观点？"）。

灯光晃眼

如果演讲是在非常正式的场合，往往需要站在舞台上，舞台灯光会直射在你的脸上，有时你根本看不清受众。对于演讲者来说，这绝对是一个挑战。某些情况下，你仍有可能看到坐在前排的受众，你只能通过观察他们的反应来评估演讲的效果。此时不能忘记望向观众席的其他位置，否则其他受众会感到自己被你忽视了。如果你根本看不到任何受众，那就按照虚拟演讲来处理。在这种情况下，我希望你能想象其他人在微笑、点头，表示他们喜欢你的演讲。你看不到受众的反应，所以不妨利用这种想象增强自己的信心！

如果你积极观察受众，有时你能捕捉到他们态度发生变化的那一时刻：举止放松（这是好的信号）或者僵硬（通常不是好的信号，但是能提醒你注意）。你应该考虑如何利用好这些信息。如果受众反应不积极，你该采取措施彻底解决问题，还是改变演讲方法，避免情况恶化，或者置之不理继续演讲，希望其态度随后会好转？往好的方面想，如果后续受众的态度回暖或者你赢得了他们的信任，这是否足以支持你继续演讲？帮助你扭转受众态度的言行在演讲的后续部分还能否继续奏效？

解读受众的方法有很多。我们在第 10 章曾提到过，某人身体前倾，表示感兴趣（除非他很具进攻性地将手撑在桌子上或者伸出某根指头）。而身体后仰是自信的表现，但是对这个姿势的解读也要仔细，因为它也可能表示不喜欢、消极态度（这是我们潜意识的反应，远离不愉快的事情是一种本能）或者漠不关心。

漠不关心，或者更进一步，毫无兴趣的另外一个迹象是显而易见地将注意力转移到其他事情上。如果有的受众开始翻阅面前的文件，打开笔记本电脑打字，或者刷起了手机，这表明你已经失去了他们的关注。他们的行为仿佛在大声宣布他们的注意力已经移向他处。看到这种情况，你必须迅速决定是否采取行动。具体情况、具体对象需要具体分析。一场大型演讲只有几名受众注意力不集中，和你需要吸引的关键利益相关者注意力不集中相比，你的行动选择肯定会有不同。

这也是我建议你站着演讲的原因之一。站着演讲能够让你施展一些小技巧。例如，针对注意力不集中的利益相关者，可以走到他们就座位置附近，继续演讲，有时这个方法能够让他们合上笔记本电脑或者放下手机。他们知道，作为演讲者的你在哪里，所有人的目光都会投向哪里，继续做其他事情会令他们感到不适。

演讲中应该改掉的小毛病

虽然我喜欢正向引导你，教你如何做些积极的事情来改进演讲或者提升效率，但是有时指出哪些事情会影响演讲效果，也能给你启发。你要和受众建立良好关系，不要因为你的小毛病惹恼受众，从而影响关系的建立。下面，我来描述一下我最讨厌的演讲者的小毛病。

请不要——

- 以"能听到我说话吗"开头。提前解决麦克风的问题。

- 麦克风能用，却用不好。受众不想听到你"喷麦"的声音，他们希望听到的是你清晰的话语。使用手持麦克风的时候，保持麦克风靠近嘴，但是不要碰到嘴。对于免提麦克风，请在开始演讲之前完成测试，确保它们不会因为与衣服或者头发摩擦产生噪声。

- 站在讲台后面。不要让你和受众之间存在任何物理障碍！请从讲台后面走出来（或者提前布置好现场的家具，扫清挡在你前面的障碍）。不要让任何东西挡住你的脸。确保受众有清晰的视线，方便与你交流。

- 不尊重受众。不尊重受众可能有多种形式。例如，提到的内容令人费解，只有部分受众能够理解或者只与部分受众有关，以及将众所周知的内容说得很新奇。注意你的言行，不要让受众解读为你不理解他们。

- 总是强调技术困难。技术层面的问题，要么不明显，你可以为受众指出；要么显而易见，受众已经注意到。不要总是强调与技术相关的问题。

- 完全念稿。如果演讲只是照本宣科，就无法与受众沟通，这样也会给受众留下你对自己内容不熟悉的印象。偶尔翻翻讲稿或者笔记没有问题（例如，提醒自己某段参考资料或者引文的具体内容），但是一般来说，要避免照着讲稿或者幻灯片念。

- 发表自嘲性的评论。受众希望能对你充满信心。如果你不自信，他们会很难信任你。

- 以"就是这样"或"这就是我演讲的全部内容"结束。正如我们在第9章所讨论的，规划好具有感染力的结尾，强化需要突出的要点，让受众受到启发并做好行动的准备。

受众注意力不集中时，你还可以采取其他行动，特别是你观察到注意力不集中的受众并非一小部分时。可以利用声音吸引受众的注意力，或者安静下来让受众集中注意力。如果你一直在不停地说话、说话、说话……不如干脆停下来。

从喋喋不休到鸦雀无声的转变能够吸引受众的注意力。我们在第 10 章讨论过，改变声音也可以达到相同的效果：放慢语速，加快语速，大声表达观点，以吸引受众的注意力。用你的双手做出一个夸张的手势，甚至跑向受众！

与受众建立联系

当然了，我们不一定要跑到受众中间去。虽然我此前确实做过类似的事情——某次大型会议的演讲中，我走下讲台，走到了观众席之中。这并非为了吸引受众，他们的注意力已经非常集中。我此前的演讲已经为高潮做好了铺垫，我与受众在同一个物理空间中迎来高潮时刻。我希望我可以清晰地看到他们的脸，与他们进行眼神交流，与他们建立联系。

我通过走近受众，将他们带入我的演讲。另一种建立联系的方式是把受众带到你身边，邀请他们进行互动。可以采取多种形式，根据具体情况，形式各有不同。互动可以是当场提问，也可以是会议过程中的讨论。如果受众人数较多，鼓励受众大声说出自己简短的沟通内容，或者安排一位工作人员传递麦克风，让所有人清晰地听到发言者的观点。线上演讲的时候，可以发起互动投票，或者邀请受众通过聊天分享自己的想法。想方设法让受众参与进来，他们会更加投入和专注。如果演讲之后你要做出某个决定，他们也会更加认同。

如果有人想要讨论某个话题或者提出了某个问题，而你想请在场的其他人来讲述这个话题或者回答这个问题，首先要表明你收到了对方的问题："萨拉，你提出的这个问题非常棒！现在我想将发言权交给布赖恩，让我们了解你的想法。但是在此之前，我想先说说现在我脑子里的想法。"在虚拟环境中，这个做法尤其有效，因为布赖恩有可能被他的电子邮件分散了注意力。叫出他的名字，提醒他你要把问题交给他回答，很快就能吸引他的注意力，而且你也留出了时间给他整理思绪。

前面说的这种情况发生在演讲环境相对亲密的时候，即你认识在场的受众。其他情况下，这个方法变通之后也可使用。想象一下，在一个研讨会上，有人提出了一个问题，我想利用这个问题邀请更多参与者进行互动。我可以这样回答："说得好。我想听听大家的看法。不过首先，我来分析我想到的……"这样既能让大家有时间思考自己是否有话要说，又能让他们鼓起勇气说出来。或者，如果我想给自己一些思考的时间，我也可以把发言顺序颠倒一下："这是一个很好的问题。在我发表自己的看法之前，我想先请其他人回答一下这个问题，你们有什么看法？"

处理问题

我已经提到过我回答问题会使用的一种策略。我会转移话题来回答一些不着边际的问题。例如："这个想法很有趣。关于这个话题，大家通常还会提出另外一个问题，那就是……"这种方法并非总是适用，但是你应该掌握这种方法，必要时可以在回应问题的同时维持演讲的秩序。如何处理问答环节，雄辩地回答问题，更多有关的技巧和策略，请参考《用数据讲故事》播客第 46 集《有关问题的问题》（"Questions about Questions"）。

从容应对突发事件

我自己参加会议、工作坊和演讲时，亲眼看到墨菲定律一次又一次地上演：任何可能出错的事情最终都会出错。虽然这种观点似乎略显悲观，但我并不这么认为。我很喜欢出现意想不到的事情——意想不到的事情能够让我关注当下、时刻警惕并且不断学习。

思考如何处理突发情况时，内心可能会非常慌乱，但是如果你能向他人展现出镇定自若的样子，就能产生神奇的效果。此外，看起来很镇定，也能帮助你平静下来。面对突发状况，深呼吸，考虑可行的行动方案。以下是我长期使用的一些策略。

- **笑一笑，坦然面对，然后继续演讲。** 有一次，我在舞台上被电线绊倒了。前一秒，我还在边走边说；后一秒，我就趴在了地上，手持麦克风摔在舞台上，弹跳着发出巨大的声响。怎么办？我花了一点时间努力恢复镇定（内心完全平静下来是不可能的，但我努力表现出一副勇敢的样子），然后站了起来，从好心人手中接过帮我捡起的麦克风，停顿了一下。我深吸一口气，微笑着看着受众，自嘲地说："刚才'优雅'的一摔称得上无可挑剔。"然后，我就继续演讲。（这就是我现在在演讲工具包里放胶带的主要原因——防止我的高跟鞋再绊在电线上！）

- **寻求帮助。** 在一次重要会议的中途，我的电脑死机了，无法恢复正常。幸运的是，我的一位同事也参加了会议。我借用了他的电脑，请他在我下载幻灯片（好在我提前把幻灯片保存到了云端）时主持即兴讨论，直到我准备好继续开会为止，最终我们顺利控制住了局面。

- **改变计划。** 有一次，我正准备开始一场工作坊的授课，但投影仪没法正常工作。其他几个人试图帮忙，但都没有成功。负责视听设备的技术人员显然是唯一知道如何操作投影仪的人，但是他不在场。所以我只能在没有幻灯片的情况下开始工作坊的授课。这就突显了提早到场的另一个重要作用。在开始前的几分钟时间里，我重新整理了内容，从不需要幻灯片的主题开始，在需要视觉辅助的时候在白板上画画替代幻灯片。后来技术人员终于到场，我们稍事休息，然后准备好幻灯片，再开始讲授其余的部分。

- **随机应变。** 还有一次，我要为 100 名受众讲授一次互动课程，而且授课地点不在我们公司。我提前通过电子邮件发送了多页讲义，这些讲义包含课堂上供受众操作的实践练习，我把讲义打印出来以备授课当天使用。结果授课当天我发现讲义被遗忘在了近百公里之外我的办公室里。我赶紧让主办方的一位工作人员把讲义复制到 U 盘里，然后送到附近的打印店打印；让另一位工作人员找来白纸发给与会者，然后我开始制作幻灯片，将实践练习的说明放在幻灯片上，直到纸质版的讲义送到为止。

- **提供另一种解决方案。** 一次虚拟培训授课时，我们遇到了技术问题，导致一些学员在课程进行到一半时才加入进来。为了弥补这一缺憾，我们邀请他们参加下一次课程，还提供了此次课程的录像，涵盖了他们错过的部分。

- **改期。** 有时，活动根本无法按计划进行。我们无法控制或解决一切问题。重要的利益相关者无法出席，视频会议应用程序出现故障，停电，种种情况远超我们控制的范畴。在这些极端情况下，重新安排时间可能是最好的选择。

当事情出现意外时，不要纠结于此，也尽量不要让它影响你接下来的内容。

意想不到的情况有很多种。我曾分享过一些自己出错的轶事，但是有时只是现场的情况与你预想的完全不同。例如，你打算在主题演讲开始时做自我介绍，你以为主持人只会简单地念一下你的名字，然后把麦克风递给你，对方却在此之前全面介绍了你的背景。理想的情况是，你能提前了解主持人会如何介绍你。如果事先不知道，你就需要思考好如何应对。你可以完全跳过开场白，直接进入主题内容。或者用一句补充说明作为过渡，过渡到自己准备好的自我介绍："感谢主持人的介绍，很好地概述了我的情况。我还想再跟大家多说一点自己的情况，不过是以另外一种方式……"（然后按照你的计划进入你准备好的自我介绍的故事。）

还有一次，在我准备发表主题演讲时，现场的情况与计划有些出入。就在我上台之前，组织者要求大家拿出手机，扫描屏幕上的二维码，并完成一份简短的调查问卷。天哪！我最不想做的事情就是在大家分心看手机的时候开始我的演讲。我必须尽快决定如何重新吸引他们的注意力。我走到台上，站在正中央，一言不发，微笑着注视着台下的受众。这可能是一段很尴尬的时间，但我的微笑起了作用。大家都收起了手机，把目光投向了我。当我按计划以极具感染力的方式开场时，我吸引了他们的全部注意力。

我前面讲的这些情况，当然还有其他类似情况，可能会引起一些不适。仅仅是读到我描述的这些情况，或者想到自己的演讲可能会在许多方面出现意想不到的情况，你就可能会感到不舒服。我认为这种不适是"有益的不适"。如果你能舒适地应对这些不适，无论出现什么情况（至少是大多数情况），你依旧能保持语言流利。

拥抱意外情况，它们是你提升演讲水平的最佳时刻。

反思时刻：为下一场演讲改进！

你成功了！你聚精会神地演讲，观察着受众的反应，做出了应有的调整，你和他们建立了良好的关系，优雅地应对了意外情况。你完成了演讲！

你已经完成了最为困难的一部分，但是还未大功告成。要想成为技术精湛的演讲者，就要永远追求进步。每一次演讲都是一次尝试新方法、学习和提高的机会。

　　演讲结束后，花点时间反思一下。你希望达到的效果达到了吗？回顾一下你事先为自己设定的目标，你成功实现了吗？在今后的演讲中，你将吸取哪些经验教训或改进哪些方面？与你挑选出为你提供反馈的人联系，获取反馈。通过反思，看看你的观点和目标是否有变化，如果有，具体发生了怎样的变化。然后为下一次演讲制订计划。再次出发吧，开始准备下次演讲！

　　在你畅想未来的时候，让我们最后回顾一下我们一直在进行的案例研究。

精彩演讲：TRIX 案例研究

　　为了给来自诺什的客户团队做好报告，我精心计划、构建和发表演讲，你也一路陪伴，走过了一段艰辛的旅程。当我写下这些文字的时候，最后的报告已经结束了。我们花费几个月时间做分析，几周时间做准备，所有工作的高潮发生在短短一个小时之内，这场报告仿佛在一瞬间就结束了。

　　报告进行得如何？你可以自己判断。你可以在 storytelling with you 网站的 "the presentation" 页面观看。在随后几页，你可以看到全套幻灯片。①

　　一场精彩的演讲需要走过计划、构建、发表三个阶段，最后我想说的是，请不断努力完善、改进你的演讲。让我们一起为你的下一次演讲喝彩吧！它一定是一场精彩绝伦的演讲！

---

① 报告完整录像与项目全套幻灯片见图灵社区本书主页（ituring.cn/book/3173）"随书下载"。——编者注

附录

TRIX 项目全套幻灯片

如你所想，以下幻灯片的存在是为了支持我的报告。书页中的幻灯片为静态视图，为了避免重复，我省略了动画效果和部分幻灯片，而且我也未将幻灯片后面的附录包括进来。

请访问 storytelling with you 网站的"the presentation"页面观看完整的报告。

图 A-1

图　A-2

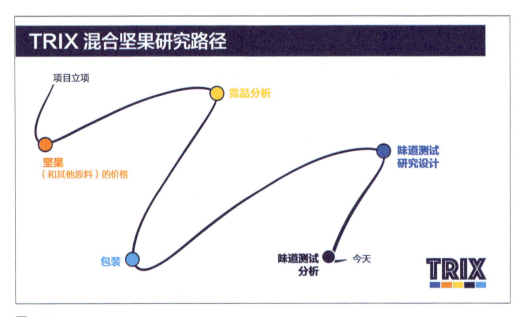

图　A-3

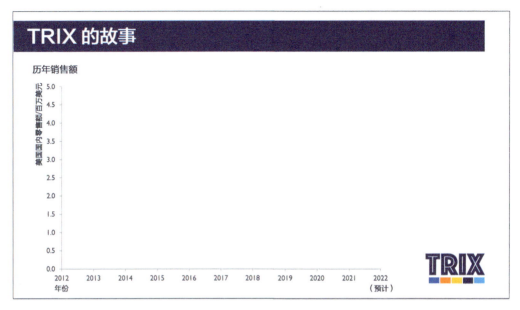

图　A-4

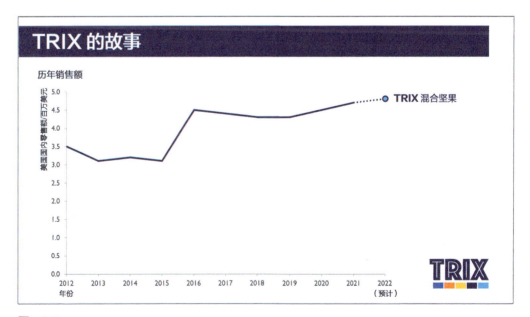

图　A-5

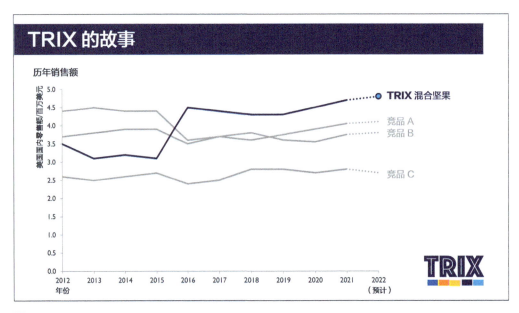

图　A-6

图　A-7

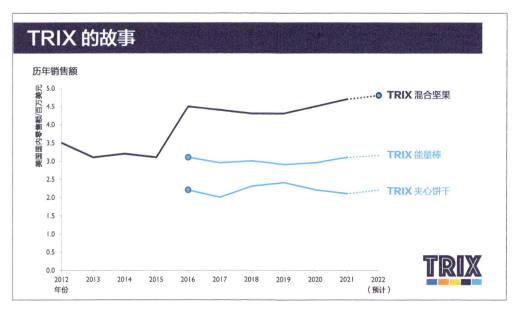

图　A-8

图　A-9

图　A-10

图　A-11

图　A-12

图　A-13

包装升级：开窗促进购买意向

图　A-14

味道测试：评估三种配方

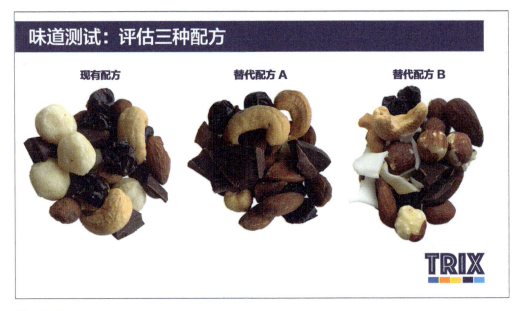

图　A-15

图　A-16

现有配方
更受喜爱
在 1 到 9 的评分中整体满意度

8.1

N=257　行为标准的置信度设定为95%
你对产品整体满意还是不满意？

我们从一个简单的问题开始

您对本样品的满意程度如何？

极其不满意　　　　　　　　　　　　　　**极其满意**

| 1 | 2 | 3 | 4 | 5 | 6 | 7 | 8 | 9 |

TRIX

图　A-17

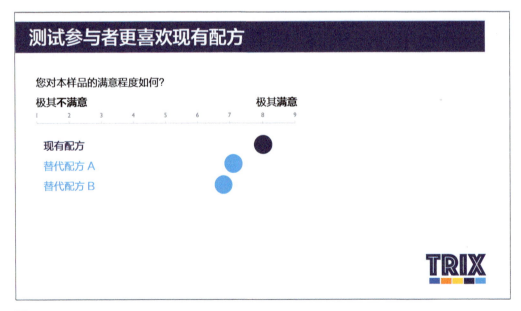

图　A-18

图　A-19

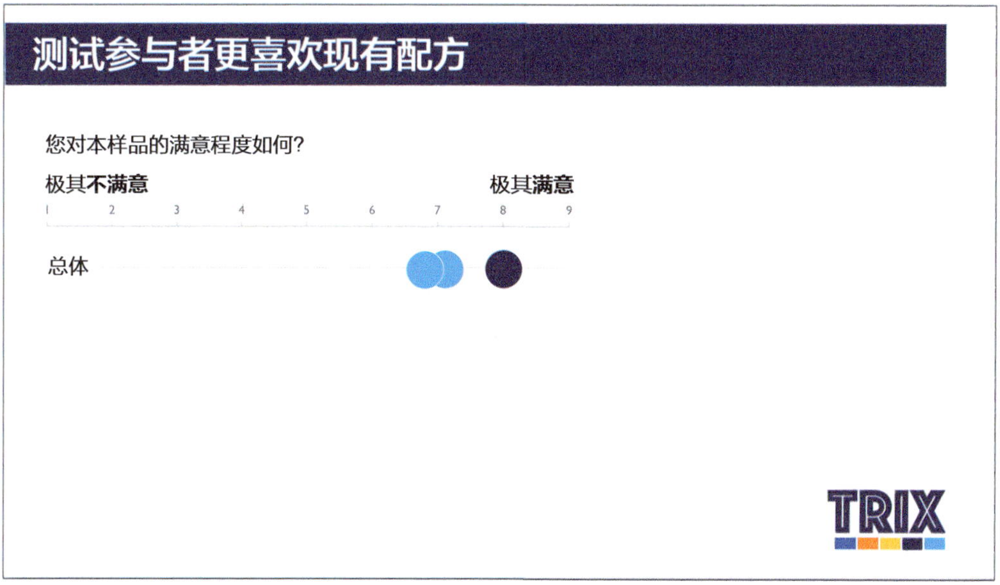

图　A-20

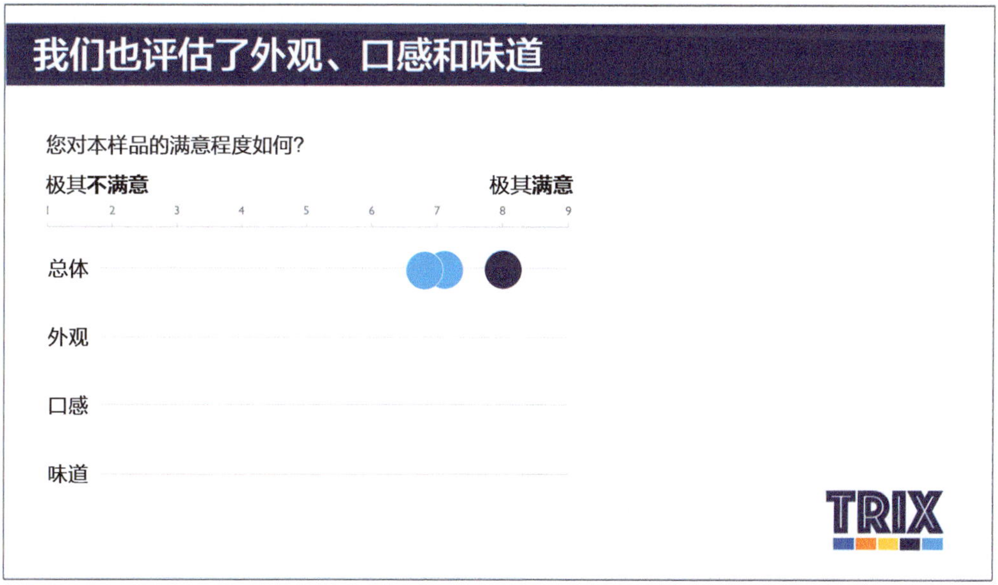

图　A-21

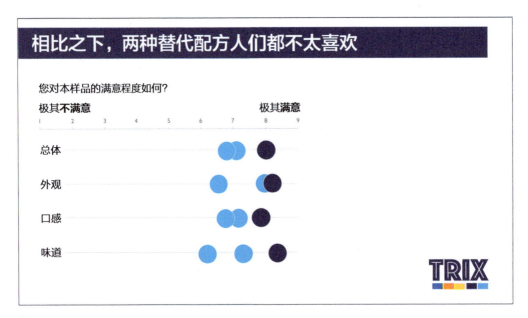

图   A-22

图   A-23

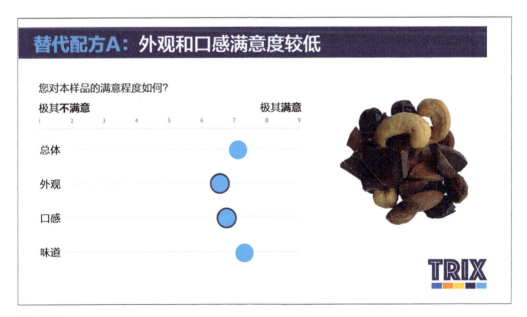

图 A-24

图 A-25

测试参与者还评估了适宜度

……的程度或数量如何?

	不足	适宜	过高 / 过多

外观
　　坚果
　　水果
　　巧克力

口感
　　脆度
　　嚼劲

味道
　　咸度
　　甜度

TRIX

图　A-26

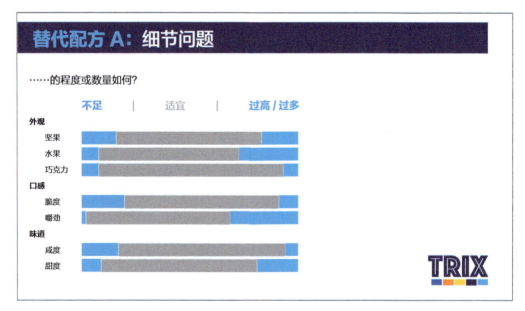

替代配方 A: 细节问题

……的程度或数量如何?

	不足	适宜	过高 / 过多

外观
　　坚果
　　水果
　　巧克力

口感
　　脆度
　　嚼劲

味道
　　咸度
　　甜度

TRIX

图　A-27

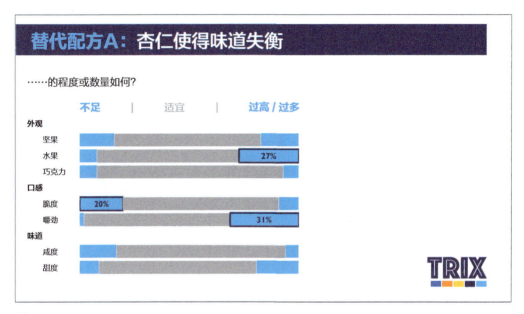

图　A-28

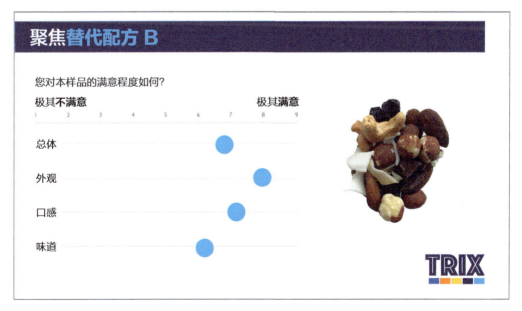

图　A-29

图 A-30

图 A-31

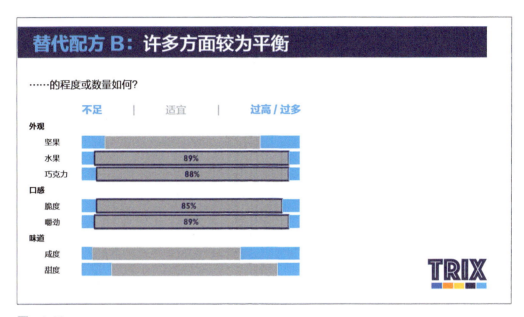

图 A-32

图 A-33

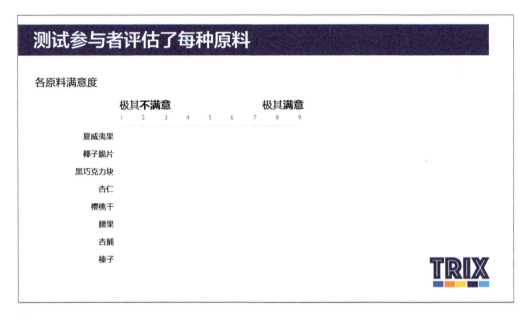

图   A-34

图   A-35

图　A-36

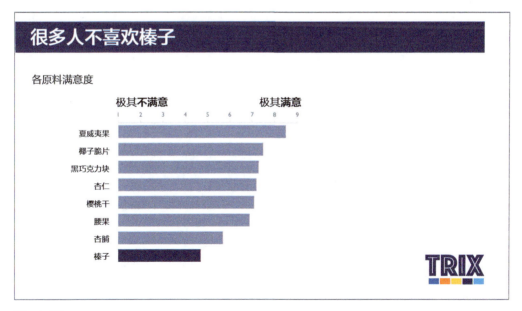

图　A-37

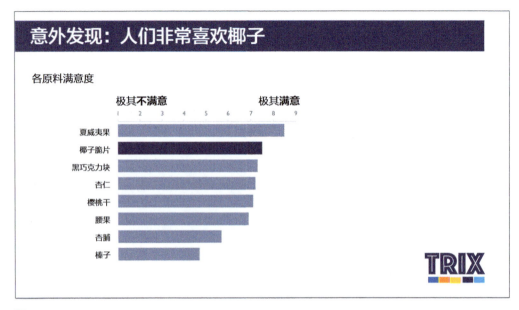

图   A-38

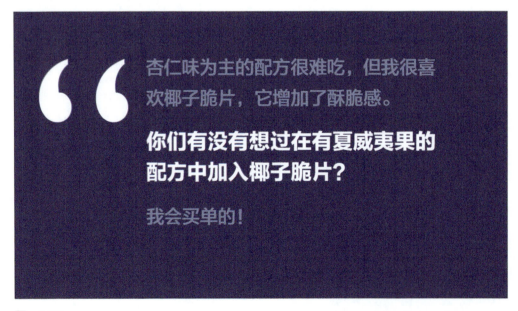

图   A-39

建议：寻求其他替代配方

图　A-40

三个供考虑的选择

1　**提高价格**
　　保持现有配方

2　**直接使用其他替代配方，投入市场**
　　减少夏威夷果，加入椰子脆片

3　**继续进行测试和分析**
　　测试、评估其他替代配方

图　A-41

图 A-42